U0153967

台灣原住民族語教育政策之分析

趙素貞　著

東華大學原住民民族學院　出版

中華民國 100 年 12 月

國家圖書館出版品預行編目資料

臺灣原住民族語教育政策之分析 / 趙素貞著. -- 初版. --
花蓮縣壽豐鄉：東華大學原住民民族學院, 2011.12
面；15 X 21 公分 . -- (東華原住民族叢書：17)

ISBN 978-986-03-0463-3(平裝)

1.臺灣原住民語言 2.教育政策 3.論述分析
803.9903   100025231

台灣原住民族語教育政策之分析

著　　者／趙素貞
發 行 人／吳天泰
出 版 者／國立東華大學原住民民族學院
　　　　　地址：974 花蓮縣壽豐鄉志學村大學路二段一號
　　　　　電話：03-8635754
　　　　　網址：http://www.ndhu.edu.tw/~/cis/
展售門市／國家書店松江門市
　　　　　地址：臺北市松江路 209 號 1 樓
　　　　　電話：02-2518-0207
　　　　　國家網路書店
　　　　　網址：http:// www.govbooks.com.tw
　　　　　台中五南文化廣場
　　　　　電話：04-22260330　　　　傳真：04-22258234
　　　　　地址：臺中市中區中山路 6 號
定　　價／(平裝)新台幣 400 元
出版日期／2011 年 12 月初版

GPN: 1010004381
ISBN：978-986-03-0463-3

感　謝

行政院原住民族委員會

鼓勵及贊助

目　次

謝　詞

　　謹以此論文獻給我的父母和老師，一個山東流亡學生的後代，從小抗拒「女孩子不能讀太多書」的論述，終於在五十三歲拿到博士學位，這雖然不是奇蹟，但是一種夢想，因此，我想藉此文對所有幫助我圓夢的人道謝。

　　首先要感謝我的恩師陳枝烈博士的辛苦指導，陳老師爲學嚴謹、做人謙和，不但逐字逐句的批閱文稿，還讓我有許多揮灑的空間，即便是對某些論述的觀點不同，只要我能說出見解，老師都會給予尊重和支持，在研究遭遇困難時，老師也會助我突破困境。從碩士到博士的十多年時間，老師就像我生命中的明燈，指引著我不斷向學，想當年就是因老師的期許而報考博士班，所以，今日我要用博士的畢業證書來回報老師。

　　其次要感謝口試委員王慧蘭老師、浦忠成老師、陳慶瑞老師、黃宗顯老師，在論文計畫和論文撰寫的指正和建議。尤其是浦老師的學者風範令人敬佩，他不僅包容我的批判，還期勉我要說真話，當口試結束他說：「我在今天十二點十七分宣布妳是 Doctor 趙」！讓我感動到想吶喊：「吾愛真理，吾更愛吾師，浦老師謝謝您」！此外，對於幾位受訪者的真誠，我也要一併致上最高的敬意，其中前主委尤哈尼‧伊斯卡卡夫特的率直、孫大川主委的開明、周惠民老師的智慧，都讓我景仰萬分，原住民「有爲者亦若是」！

　　再次要感謝我的另一半進來，三十三年前許世在老師的無心

· I ·

插柳，促成「山地人」和「山東人」聯姻，一路伴隨我成長，做我最忠實的讀者和諍友，論文寫作期間他是我最佳的助手，不但扮演協談者的角色，也不斷和我漢／原對話，直到我抗議說我不是原住民的敵人／漢人，他也讀了薩伊德、霍米巴巴、史碧娃克等人的作品，我們才有「不管什麼人都是人」的共識，一起揭露族語政策的真相，這篇論文可以說是我們再一次的「心血結晶」。

　　感謝的話說不盡，要感謝人也說不完，限於篇幅，我只能用最深的祝福來感恩：屏東教育大學和高雄師範大學師長的指導、高雄市五權國小和獅甲國小夥伴的相挺，行政院原民會資料提供者的協助以及許多長官和親友的護持。特別是陳志文主任協助電腦操作，曾炳凱老師幫忙英文翻譯，還有同學葉麗錦校長和許明珠園長的關心，讓我能克服障礙，順利完成學業。

　　最後，我要對我的子女弘勳、瑋君說：「媽媽可以，你們一定也可以，加油」！以及我的學生玉鳳說：「別人怎麼看妳不重要，妳自己怎麼做才重要，要勇敢破除污名化，站出來幫助被邊緣化的孩子」！同時我也要勉勵所有受壓迫的人：「永遠不要放棄，只要適時掌握逆轉的力量，未來的天下會是你們的」！大家加油！台灣原住民加油！祝大家平安喜樂、心想事成！

趙素貞 謹誌

中華民國九十九年九月二十七日

摘　要

　　本研究因覺察目前族語教育政策的缺失或問題，根源在族語教育的論述，進而分析族語教育的論述體系，旨在針對族語教育政策的意識型態及權力關係進行批判，希能達成下列之目的：

一、描述台灣原住民族語教育政策制定過程及執行的問題。

二、說明台灣原住民族語教育政策論述的意識型態及權力關係。

三、解釋台灣原住民族語教育政策的論述實踐及社會脈絡關係。

四、反省台灣原住民族語教育政策的發展現況及未來方向。

　　本研究是以 Fairclough 的批判論述分析模式為架構，探討台灣原住民族語教育的論述文本、論述實踐、社會實踐，分別進行文本分析、過程分析、社會分析。研究的結論如下：

一、現行族語教育政策制定與執行過程欠缺評估與監督

二、族語教育隱含我族中心主義的意識型態與權力鬥爭

三、原住民主體性論述是主宰當今族語教育政策的霸權

四、族語論述實踐與台灣族群意識和政治存在辯證關係

五、族語政策論述體系重構原住民族社會的知識信仰

六、族語教育政策和原住民的族群認同應解構

七、從後殖民論述的觀點反省當今原住民族語教育政策

　　本研究的建議有：

一、對原住民族語教育政策的建議

（一）建立族語教育政策評估和監督的機制

（二）尊重學習主體的語言權和家長的教育選擇權

（三）開放學生族語認證應考資格擴大族語使用環境

（四）重啟部會協商將族語條款和升學優待辦法脫勾

（五）追蹤輔導原住民學生的升學進路和生活適應情形

二、進一步研究的建議

　　後續研究可深化研究內容的選擇，研究方法可採用其他分析模式、個案研究法、歷史研究法，並增加訪談對象以擴展研究議題的範疇。

關鍵詞：台灣原住民、族語教育政策、教育政策分析、批判論述分析

Abstract

This research found that the key to the flaws or problems of indigenous language education policy at present lies in the discourses of indigenous language education. It, therefore, analyzed the system of indigenous language education discourses and conducted criticizing on the ideology and power relations of indigenous language education policy. The goals are as follows:

1. Describe the decision making process and execution problems for Taiwan indigenous language education policy.

2. Demonstrate the relationship between ideology and power of Taiwan indigenous language education policy discourses.

3. Explain the relationship between the discourse practice of Taiwan indigenous language education policy and social contexts.

4. Review the status quo and trends in the future for Taiwan indigenous language education policy development.

This research followed Fairclough's critical discourse analysis model to explore the discourse text, discourse practice, and social practice of Taiwan indigenous language education. It conducted text analysis, processing analysis, and social analysis. The conclusions are as follows:

1. The existing decision making and execution process for indigenous

language education policy are lack of evaluation and monitoring.

2. The Indigenous language education has concealed ethnocentrism and power conflicts.

3. The indigenous subjectivism discourse has become the hegemony that manipulates present indigenous language education policy.

4. The existence of dialectic relationship among indigenous discourse practice, Taiwan ethnic consciousness and politics.

5. The indigenous language policy discourse system rebuilds the knowledge and belief of indigenous society.

6. Indigenous language education policy and indigenous ethnic identity should be detached from each other.

7. Review present indigenous language education policy from the perspective of post-colony discourses.

Our suggestions are:

1. For indigenous language education policy

a. Establish evaluation and monitoring mechanism for indigenous language policy.

b. Honor the rights for language learning subjects and parents' education options.

c. Extend indigenous language speaking environment with flexible qualifications for students to attend indigenous language certification examinations.

d. Reinstate negotiations between government departments and unhook indigenous language articles with advantageous school entering measures.

e. Trace and guide indigenous students to receive higher schooling and see how they adapt.

2. For the following research

The following research can deepen the selected study content, adopt other analysis patterns in the research like case study or history study, and increase the number of interviewing objects to enlarge the extent of the study.

Keywords: *Taiwan indigenous peoples, indigenous language education policy, education policy analysis, critical discourse analysis*

國立屏東教育大學教育行政研究所博士論文

研究生：趙素貞

台灣原住民族語教育政策之分析

本論文經審查及口試合格特此證明

論文口試委員會主席　　　浦忠成

委員　　　陳枝烈

委員　　　王慧蘭

委員　　　董宗顯

委員　　　傅茂祥

指導教授：陳枝烈　博士　　　陳枝烈

所　　長：戰寶華　博士　　　戰寶華

中　華　民　國　99　年　09　月　27　日

圖　次

表　次

第一章　緒　論

　　台灣原住民族的語言發展，以歷史的角度而言，始終受到政府權力的影響，從早期荷、西、明、清、日據時期至國民政府時代，長期受到殖民語言及國語化政策的宰制。尤其在日據時期原住民各族群間通用的是日語，光復後國民政府嚴禁日語，改採「獨尊國語並壓抑方言」的語言政策，導致各族群的語言文化都有流失的現象。

　　自 1987 年政治解嚴，國家語言政策朝向多元化，1990 年代興起原住民族語言復振的風潮，1997 年憲法增修條文明示維護發展原住民語言文化，接著「原住民族教育法」和「原住民族基本法」相繼公布，將「族語能力驗證制度」列入法規。此外，行政院原住民族委員會（以下簡稱原民會）在 2000 年制定族語振興的政策，教育部亦從 2001 年開始將原住民族語言納入國民教育的正式課程，並多次修正「原住民學生升學優待及公費留學辦法」，明訂「原住民籍考生應取得原住民文化及語言能力證明」，才可享受升學加分優待（以下簡稱族語條款），以維護並發揚原住民語言文化。

　　可見，近十年來政府已依法執行原住民族語教育政策，族語成為原住民族的身分表徵，台灣原住民族近百年來的語言文化危機，應該有了新轉機。然而，吊詭的是當上位者積極推動族語振興計畫時，原住民族卻從基層部落傳出反對聲浪，甚至要求原民會的主委下台，而且許多學者和教育工作者更是憂心

忡忡，但是政府仍然投入大量經費執行既定政策，原因何在？
現行族語教育政策究竟出了什麼問題？實有研究的必要。

　　教育政策本是政府為解決教育問題所採行的作為，依據Ball
（1990）的主張：教育政策各種方案的形成應基於批判，方能
提升教育政策執行的成效。有鑑於目前國內對教育政策的批判
性研究數量不足，因此，研究者擬以批判論述分析的方法來研
究族語教育政策。茲說明本研究的動機、目的、問題、名詞釋
義、研究限制如后。

第一節　研究動機

尤哈尼要用「功利的箭」搶救原住民母語

> 尤哈尼說：過去父母對母語沒信心，且基於功利的觀
> 點，認為學習母語沒有用，考試不會考。既然如此，
> 尤哈尼·伊斯卡卡夫特也要用「功利的箭」去攻打原
> 住民，不會講母語的原住民學生，聯考別想加分（祖
> 靈之邦／原住民觀點，2000.05.20）。

這樣的言辭出現在網頁上，讓研究者非常驚訝，經查證中國時
報的報導（2000.06.03），尤哈尼·伊斯卡卡夫特主委說的是：
「保存原住民母語一定要從父母做起，...如果父母不教，孩子就
不該享受原住民的身分優待；提出這種看法，是希望以功利的
方法，喚醒對原住民族語的重視，絕對不是不照顧原住民，反
而是要救原住民」（李嘉齡，2005：79）。顯然「功利的箭」

不是出自尤哈尼・伊斯卡卡夫特之口，但是「父母不教，孩子就不該享受原住民的身分優待」，感覺就像是用打小孩來懲罰父母，這樣做有正當性和必要性嗎？

本來原住民族要說族語應該是很自然的事，卻因升學加考族語的新政策，造成原住民族社會不小的衝擊，讓一向捍衛原住民族權益的「原權會部落工作隊」，都發出了「母語考試政策」的聲明，要求原民會主委要為錯誤的母語政策負責，辭官下台。原住民族的語言政策為什麼引起如此激烈的反應？乃引起研究者的好奇。茲摘錄該聲明內容如下：

> 部落工作隊敬告尤哈尼主委
> 請為原民會錯誤的母語政策負責
> 當你執意推動原住民族學生考大學加分要先通過「母語考試」的政策時，你是否檢討過這個國家曾經撥過多少資源給原住民族學生接受母語教育？…你當然要為你的政策負責，你不只要讓每個學生都會講母語，你還要保證每個學生都能通過母語考試…（李嘉齡，2005：83）。

浦忠勇（2001）則從教育的現場發聲，指出：「升學母語條款只是突顯國家對原住民語言政策的鴕鳥心態，在講求競爭力的台灣社會，更是對弱勢的原住民學生施加二度剝削，只會增加原住民學生的惡夢…」（南方電子報，20010.04.11）。令人不解的是尤哈尼・伊斯卡卡夫特在 2000 年受命為原民會主委，他和浦忠勇都想振興原住民母語，為何他的主張會引起原住民族

本身的反彈，甚至對他的立場質疑。原權會部落工作隊說：「原住民的問題出在於制定政策的人見樹不見林，且原住民精英又不自覺的向外來強勢文化靠攏」（祖靈之邦／原住民觀點，2000.05.20），似乎是在控訴原住民精英投靠了外來政權。

非原住民的學者張建成（2001：571）反倒是支持尤哈尼·伊斯卡卡夫特的政策，且認為某些原住民疏於承認和尊重自己，他質問：「有些原住民口口聲聲以復興族群文化為己任，可是當最新的升學優待辦法出爐後，卻對其中要求提驗文化身分證據的規定，如檢核其母語能力等大加撻伐，這豈非怪事？」這真的是怪事，尤哈尼·伊斯卡卡夫特等原住民精英，一向強調原／漢對立，為什麼漢人學者卻是「族語條款」的擁護者？

原住民學者浦忠成曾任原民會的副主委，針對母語考試的爭議，提出說明：只依賴血緣證據的身分認定，缺少接受優惠措施的正當性，同時也使原住民族在無須負擔文化責任的優惠中，鬆懈了傳承文化的心志，所以，主張原住民的身分認定上必須加上「文化證據」（浦忠成，2002）。有趣的是其弟浦忠勇反駁：「要讓原住民的語言產生活力，必須從原住民的社會經濟地位、人口因素和國家的支持制度去檢視，這些都是隱而未見的社會結構性因素，不是弱勢族群可以獨自承擔的文化浩劫」（南方電子報，2001.04.11）。

現今族語教育政策的規劃者和決策者，是不知道如何從社會結構性因素著手？抑或是受制於壓力團體，只好犧牲不會說族語同胞的權益？這種連在部落的原住民都無法接受的政策，對移居都市的原住民又如何呢？研究者曾在服務的學校中，看

到許多都市原住民學生，其父母謀三餐溫飽都不可得，遑論要關注孩子的課業，升學優待對少部份想繼續唸書的孩子，算是一種保障，但是對多數「輸在起跑線」的原住民孩子而言，早就失去求學的信心與動機，怎可能會為加分而學族語呢？原住民學生族語認證考試會有助於族語的振興嗎？不免令人存疑。

可是，儘管原住民族的抗議聲不斷，甚至在 2006 年發起「0118 反族語條款靜坐行動」，控訴教育部和原民會共同修改的升學優待辦法是惡法、死法、壓迫法（土地有心文化行動聯盟，2006.01.16）。當政者卻繼續推動這有爭議的原住民學生族語能力認證政策，其中原因為何？到底現行原住民族語教育政策是怎麼制定的？制定者是誰？其政策的論述是什麼？政策的背後有那些因素存在？對於原住民社會產生怎樣的影響？實值得探究，故激發研究者的研究動機。

近年來許多學者認為：政策是權力相互競逐的結果，教育政策論述的內容反映某種意識型態，也是一種文化選擇與社會控制的機制。例如：施正鋒（1996）指出：語言的使用不只決定了政治權力的分配，語言政策也是政治角力的結果。張建成（2002）則從政策社會學的觀點，主張國家的教育政策就是政治、經濟、文化等結構力量的化身，常是壓迫或宰制處於弱勢地位的群體，或是反映和保障優勢群體的論述與利益。若能透過批判論述，凸顯出結構力量與行動主體間的關係，進而找出問題的癥結，則可促進社會正義的實現。

Fairclough（1992）所提倡的批判論述分析，意圖分析論述如何為社會脈絡中的優勢階級服務，且試圖揭露論述中隱含的

權力關係與意識型態。研究者也認為我國的教育政策長久為執政者服務，旨在同化弱勢族群，因此，台灣原住民的語言文化受到許多壓迫與宰制，應該亦可透過批判論述來獲得平等的地位。

此外，張建成指出：教育政策之成為文化霸權、市場經濟等結構壓迫力量的宰制工具，部分乃因學術研究的偏頗所致。過去有關教育政策的研究太過重實證科學，忽略了歷史詮釋或社會批判的人文觀點，現在批判論述分析已經成為教育研究和分析的新取徑。因此，研究者認為原住民族語教育政策的研究，應該要擴及政治的、經濟的和社會文化脈絡的探討，還要加以批判其中所隱含精英階級或主流文化的論述，並提出有關權力關係與意識型態的問題，所以，擬以批判論述分析作為本研究的取向。

本論文採用批判論述分析的方法，來研究台灣原住民族的語言教育政策，具有以下的重要性：

一、釐清現行原住民族語教育政策的爭議和難題

當今社會大眾對於原住民族加分優待升學的正當性和學生族語認證考試的必要性，尚有許多質疑，而目前國中小學推動族語教學也有困境待突破，尤其在都會地區的學校中，原住民族學生只有少數，且來自不同族群，族語該如何教？如何學？如何提升學習的意願？如何增加族語使用的機會？這些問題都有待釐清，故本研究有其重要性。

二、擴充國內原住民族教育政策的研究領域

目前國內對教育政策的研究數量相當多，但在全國博碩士論文中以「語言教育政策」為研究並不多，而對原住民族語言教育的研究更少；若單從原住民族教育政策的研究來看，尚缺少對語言教育政策的論述內容深入探討，因此，本論文在教育政策的研究領域中，可做為研究方法論或對原住民族語言教育研究之參考。

三、促進原住民族語教育政策的改進

本研究將針對現行族語政策的論述文本、政策實施的內容與配套措施、政策制定的社會脈絡等加以探討，以理解當前族語教育政策論述的意識型態、知識／權力關係，並詮釋其對台灣原住民族群發展產生的影響，所以，本研究係透過批判論述來反省現行的族語教育政策，可做為未來族語教育政策改進的論據。

總之，本研究動機始自媒體報導的啟發，經初步文獻探討發現當今台灣原住民族語教育政策有爭議，學校族語教學有難題，而政府面對各界的質疑，卻以「既定政策無法改變」來回應（郭許儀，2006），讓人不禁懷疑現行族語教育政策有所謂霸權的存在，而族語教育政策論述的意識型態、權力關係究竟是什麼樣貌？應該深入檢視以還原真相，所以，將針對現行的族語教育政策的論述來進行研究。由於本研究具有研究方法上的開創性及對原住民教育政策的改良性意義，對研究者而言有

相當重要的研究價值，因此，期望研究結果能提供教育政策決策者和後續研究者之參考。

第二節　研究目的

李嘉齡（2005）指出：台灣的語言問題從過去到現在一直存續著，它所產生與連帶的影響，必須考慮到其中牽扯不清的族群利益、權力衝突、自我存在的價值意識。因此，本研究試圖從台灣近年來的原住民族語復興運動及族語教育政策的論述中，理解原住民族的語言對於族群認同的意義，分析族語教育政策背後的權力關係和論述形構所產生的社會現象，藉以提供讀者對台灣原住民的族語政策及其在教育場域的實踐上，有更明晰的視野。

綜合而言，本研究企圖從不同的角度，析論台灣原住民族語教育政策背後之政治、社會和文化意涵，呈現其中權力角逐、知識成形與認同意識相互糾纏的形貌，希能達成下列之目的：

一、描述台灣原住民族語教育政策制定過程及執行的問題。

二、說明台灣原住民族語教育政策論述的意識型態及權力關係。

三、解釋台灣原住民族語教育政策的論述實踐及社會脈絡關係。

四、反省台灣原住民族語教育政策的發展現況及未來方向。

總之，本研究除了要探討原住民族語教育政策制定與執行的問題外，還著重對理所當然或習焉不察的文化假定和價值體系做探索，旨在針對現行族語教育政策的意識型態及社會結構

不合理處進行批判，希能透過揭發不正當的權力關係，來提升族語教育政策實踐的公平性、正義性，且基於研究者對於教育本質的關懷，企盼本研究結果對台灣原住民族語教育政策的未來發展有所貢獻。

第三節　名詞釋義

一、台灣原住民

台灣原住民（Taiwan indigenous peoples）指台灣的先住民，是在漢人移民之前散居島內之族群。目前已正名的族別有十四族，包括阿美族、泰雅族、排灣族、布農族、卑南族、鄒族、魯凱族、賽夏族、雅美族、邵族、噶瑪蘭族、太魯閣族、撒奇萊雅族、賽德克族。

二、族語教育政策

本研究稱之族語教育政策（indigenous language education policy），係爲原住民族語言教育政策之簡稱，指自 1997 年修憲後，政府有系統的規劃、制定與執行之有關族語教育的計畫或辦法，包括：發展與改進原住民教育五年計畫、發展原住民族教育五年中程個案計畫、九年一貫課程總綱、原住民族文化振興發展六年計畫、原住民族語言振興六年計畫、原住民族語能力認證辦法、原住民學生升學優待取得文化及語言能力證明要點、原住民族語言巢計畫、原住民族語言書寫系統等。

三、教育政策分析

　　本研究定義教育政策是政府機關為解決教育問題或滿足公眾對教育事務的需求，所採行的相關作為之動態歷程。教育政策分析（education policy analysis）是指運用多元的研究方法及技術，來探討教育制度或教育情境中的問題，尋求可行的解決方案，達成預期的教育目標。

四、批判論述分析

　　批判論述分析（critical discourse analysis）簡稱 CDA，比其他論述分析更強調「批判」的取向，目的是揚棄一般研究文本時，對價值客觀中立的要求。本研究採用 Fairclough（1992）所提倡的批判論述分析，強調論述文本與社會脈絡間的辯證關係，而試圖揭露論述中隱含的權力關係與意識型態。這樣的分析不但要以描述論述的文本為出發，也要詮釋論述實踐的生產與消費的過程，進一步解釋論述在其社會脈絡中生產的條件與詮釋的效果。

第四節　研究限制

　　本研究係以 1997 年修憲後，政府規劃制定之原住民族語言教育政策為範圍。因為研究者本身是都會區的國民小學校長，且研究者的碩士論文曾以高雄市的都市原住民為對象，對於都市原住民的生活已有些瞭解，希望能站在都市原住民的立場為

其發聲。但因既有的知識經驗可能成為後續研究的框架，因此，研究者將盡可能以不同角度的觀點來分析政策論述的內涵。根據初步文獻探討得知，本研究主要的限制有：

一、在文本選擇上：基於個人的能力、寫作時間的限制、文獻資料不足等問題，研究者雖盡量採用具代表性的資料，但仍難免受有限選擇的影響，需再補充不同觀點的資料，以免研究結果不能逼近「真實」。

二、在研究方法的限制上：由於批判論述分析是跨學科與跨理論的新興研究取徑，它以研究者為分析的工具，致力於從不同的角度與觀點解讀或批判文本。在處理文本時，研究者得面對不同觀點與立場的跨界與聯繫問題，也勢必處理對立觀點間的敘事張力問題，所以，研究者要能在不同的論述觀點間進行詮釋，且在辯證中使自身立場不失真而又具說服力。因此，研究者必須不斷的充實自己的論述分析素養，經常檢核自己的批判角度，使研究不失偏頗及加強研究的深度。

三、在官方資料的蒐集上：受限於政府機關人員更替、檔案流失，或因職務的保密要求，不便發言及提供資料，恐會影響文本資料的完整性與系統性。因此，研究者必須從政策的演變過程中，透過各種管道，找出關鍵事件的資料或人員，整合政策文本和訪談資料，交互比對分析，才能呈現當今族語教育政策的全貌。

第二章　文獻探討

　　根據本研究的動機與目的，以及所欲分析的問題，本章主要分爲五個部分：第一節探討教育政策分析的意義與取向及教育政策分析的模式和方法；第二節說明論述的意涵和重要性並評析國內以論述進行研究之論文；第三節描述原住民族教育法制定的背景及族語教育政策的演變；第四節檢討現行原住民族語教育政策，並解析原住民族語振興六年計畫的法理基礎、信念價值、現存問題、計畫目標、實踐的制約與執行的策略；第五節列舉台灣語言教育政策的相關研究，以確立本研究的必要性；最後，再總結本章文獻探討的結果及其對本研究的啓示，希能從文獻回顧中建構本研究的理論基礎，進而掌握本研究之方向。

第一節　教育政策分析之理路

　　政策係公共政策(public policy)的簡寫，乃是許多活動的連續行動，是政府在某個環境中所擬訂行動計畫，也是政府選擇作爲或不作爲的行爲。林水波、張世賢（1991：325）指出：一般政策過程所涉及到的活動有：問題的認定、方案的規劃、政策合法化、政策執行、與政策評估；政策過程的最後是政策評估，其關注焦點在於政策內容、執行與效果的估計、評估或評

鑑。由於公共政策是一種行政機關之間的網絡關係，它可能在不同的層級之間相互影響，而教育政策是很重要的公共政策，對於社會各階層都有深遠的影響，因此，教育政策的制定與執行的過程，要經過審慎的分析與評估。

　　朱志宏（2004）指出影響公共政策制訂環境因素有：政治文化、公共輿論、精英態度、政黨、利益團體、民意代表、行政人員、外來因素等。政策制定之後，也不一定能永續存在，常受到政治結構的演變、主政者思維歧異的影響，所以，政黨輪替是為政策變遷的動力（林水波，2006）。近年來由於民眾參與教育決策的意識高漲，教育決策過程也逐漸透明化，因此，學者對於教育政策分析的重視有逐漸增加的趨勢。然而，教育政策的制訂與執行是複雜且動態的過程，所以，學者對教育政策的界定不同，且教育政策分析也有許多不同的取向和方法。本節將針對教育政策分析的意涵、特徵與取向、方法和技術及分析的模式，分別說明之。

一、教育政策分析的意涵

　　公共政策(public policy)包含「公共」與「政策」兩個名詞，前者是以多數民眾所要解決的問題與需求而言，後者是指政府所設定且要解決該問題的策略，透過策略來解決人民的公共問題。Nagel（1984）認為公共政策是一種政府針對某種社會特定問題陳述，並尋求方案解決。Jenkins（1978）認為公共政策是政府產出（output），即政府針對重要的社會問題提出的解決方案及方向（引自張芳全，2003）。

　　教育政策是一種公共政策，不僅是推展教育工作的指導方針，也是達成教育目標的行動策略。張芳全（1999）對教育政策的定義是：(一)教育政策是公共政策的一環，其目的在解決教育問題。(二)教育政策在教育情境中產生與運作。(三)教育政策是政府作為或不作為的活動。(四)教育政策的推動機關應與其他的社會團體配合。(五)教育政策的推動旨在使受教主體可以滿足教育的需求。(六)教育政策的最終旨意在達成教育目標。

　　吳政達（2002）則認為教育政策具有以下要點：(一)教育政策係由政府機關所制定。(二)制定教育政策的目的在於解決問題及滿足民眾的教育需求。(三)教育政策包括政府的政策行動。(四)教育政策必須考量其所產生的結果及其對公眾的影響。簡言之，教育政策是政府機關為解決教育問題或滿足公眾對教育事務的需求，所採行的相關作為之動態歷程，其所為或不作為的活動，均需符合教育目標。

　　至於政策分析乃是一種技術性與經濟可能性的系統性評估，也是對備選方案的可能性分析。公共政策分析則是在評估政府的備選方案或政府決定，旨在達到政策目標，林水波、張世賢（1991：12）認為：「政策分析蘊含著一項任務：發展一套科學知識，用以解釋促成公共政策的因素，預測政策設計或規劃的後果」。因此，公共政策分析要掌握社會及國家的發展脈絡，且應了解整體社會價值。綜言之，公共政策分析的特點有：(一)分析時採目標導向，主要在如何能以最好方式達到目標。(二)在尚未達到政策目標之前所進行的分析。(三)是跨時間及空間評估決定，而非在既定時空中進行。

由於教育政策的制定是要解決學生、教師及家長的問題，所以，教育政策的領域與公共政策不太相同，而且教育是服務的產業，其政策目的與營利性的公共政策也不一樣，因此，教育政策分析的定義與公共政策分析也有所不同。例如，Haddad（1994）指出：教育政策分析包含政策前的決策活動、決策過程本身及決策後的活動。學者吳政達（2002）認為：教育政策分析是指對教育政策的形成、執行與成效加以系統化的研究，以累積教育政策相關知識，俾助於教育政策問題的有效解決。張芳全（2003）則將教育政策分析定義為：運用科學方法及技術，在相關的架構下，運用系統分析步驟及方法，對某項教育問題、計畫、方案、政策進行分析，提供可行的教育政策、計畫及方案，使教育政策可以達到預期的教育目標。因此，張芳全主張：好的政策分析應統整質性及量化的資訊及方法，對問題分析採取多元觀點，並運用適當方法考驗所提出論點。

綜合上述學者的看法，研究者將教育政策界定為：政府機關為解決教育問題或滿足公眾對教育事務的需求，所採行的相關作為之動態歷程，其所為或不作為的活動，均需符合教育目標。而對教育政策分析定義是：運用多元的研究方法及技術，來探討教育制度或教育情境中的問題，尋求可行的解決方案，達成預期的教育目標。總之，教育政策分析主要目的是在發現教育的問題、檢視政策規劃的論據、解釋影響教育政策制定的因素、評估政策執行的後果，最終達成解決教育問題的目標，因此，在教育政策制定與執行過程中，需要不斷地對階段性的問題進行探討，以即時掌握政策的變異和有效解決現實環境所

產生的教育問題。

二、教育政策分析的特徵與取向

綜合許多學者的看法（吳政達，2002；丘昌泰，2005；張芳全，1999），歸納教育政策分析具有以下的特徵：

（一）教育政策分析是應用科學取向：應用科學強調社會問題的解決，並不強調理論的建構，也正是教育政策分析的發展目標。

（二）教育政策分析是受教主體需求導向的：教育政策在滿足受教主體的教育需求，故教育政策分析有其特定的對象、目的及方法。

（三）教育政策分析是與決策相關的：教育政策分析可提供決策者做出合理的政策決定。

（四）教育政策分析是科際整合的：教育政策分析需要採納各專業領域學門的專業知識，並採統合分析的方法來看待各項議題。

（五）教育政策分析是多元主義論的：多元主義（pluralism）認為政策是利益團體間的彼此討價還價與協商的結果，因此，在做教育政策分析時不可忽略利益團體之間的價值差異與衝突對立。

（六）教育政策分析是多元觀點的：教育政策分析必須以統合的方法來分析問題，並試著以多元的觀點（multi-perspective）來獲取問題的解決方案。

除上述特徵之外，教育政策分析依所要解決的問題不同，

就有不同的思考與分析的方向。學者張芳全（2003）提供五種不同的取向，用來瞭解如何進行教育政策分析。茲說明如下：

（一）問題中心取向

學者 Dunn 提出問題建構的政策分析法，主要是透過問題建構的步驟，政策分析者先對於問題有察覺、敏感及對問題感到重要性等充分的認知之後，隨後透過相關資訊將問題找出。當問題找出之後，分析者會感到該項問題中仍存有問題，即有「問題中的問題」感，此時分析者應運用具體客觀的方式將問題定義，就如在政策研究之中有對研究變項的操作型定義。最後才變成一個實質的問題，也就是將問題明確化與成為正式的問題。

Dunn 主張在進行政策分析時，要進行政策論證（Argu-ment），而每種論證其所持焦點不同，如：權威模式強調專家學者或權威學術機構進行的政策論證；統計模式則經由母群的樣本抽樣調查，了解樣本對政策問題了解及支持或反對情形；直觀模式主要是讓政策分析者或行動者以自我本身的直觀臆測得到的結果；分析模式是數學家或是經濟學者運用計量模型所進行的分析；解釋模式是針對政策結果進行原因的深入分析；價值判斷模式則是政策分析者以其是非好壞對問題指陳出立場。

（二）投入歷程產出取向

此取向是以系統模式進行，將系統分為投入、歷程及產出。政策的投入係指在一個運作的系統之中，所投入的相關資源。歷程係指政策投入的相關變項或資源，在政策環境或政策制訂系統中進行調整、改變或整合的歷程。政策產出是在某一項政

策執行之後，所得到的結果，它重視政策產出的數量多寡。另外，系統分析模式還強調政策的外在環境對投入、歷程及產出的回饋功能。

投入歷程產出的分析重點，在政策投入方面有：是否以最少的政策投入，可以達到最多的產出？是否投入的資源可以具體的量化，並可以比較？是否開始設定的目標具體可行？是否投入的人員具有專業及負責的態度。政策歷程方面有：是否已將投入的資源有效運用？組織人員在執行態度及行為上是否需要調整？是否執行進度應調整？在政策產出方面有：是否投入最少已有最大產出？是否與預期設定的標準有出入？是否產出的數量有標準可比較？是否有非政策預期的效果。在政策回饋方面則分析：政策是否已滿足政府所預期的目標？如果有達到預期的目標，如何延續後來政策？如果未達到目標，應如何調整？

所以，系統分析應掌握的面向很多，就如 Krone 指出政策及行動應直接由以下的情形導致結果：過去政策、社會與政治意識型態、權力動機、文化整體性、人類需求統整納入決策、歷史原因等。

（二）知識核心取向

政策面臨的環境極為不確定，因此，進行政策分析需要有透過知識反映出的價值，來解決政策環境的不確定性，政策知識即提供對不確定性的指引。Krone 指出知識可以讓吾人更聰明的在複雜系統中進行選擇。Caplan 將知識分為硬性知識及軟性知識。前者主要是以專業科學語言所表達出來的知識。後者主

要是普通常識及直覺知識，它主要是透過個人的經驗而來的知識，因爲每個人的經驗及成長的環境不一，所能解決的政策問題亦有不同。

胡薇麗（1995）指出：在政策知識運用中，常爲人提及的是兩界論（two community），乃是 Snow 於 1950 年代引介文化差異觀念衍生而來，主要是強調自然科學與人文學科之間的差異，因爲二界不同，在運用政策知識亦有不同。Webber（1992）指出：政策知識可協助決策者了解政府政策產出原因及結果。其建構八個知識次級領域，即生態、法律、倫理、政治、社會及心理、科學與工程等，八個領域之間相互的溝通，影響決策者的決策品質。可見政策知識對於政策分析頗爲重要。

（四）官僚體制取向

官僚體制取向主要在強調政策分析應以何種方式呈現。官僚體制分析的重點有二：一爲由上而下的政策執行方式；另一爲由下而上的執行方式。由上而下的政策執行方式，是政策在上級單位規劃或審議完成，再交由下一層級單位或機關執行。政策分析人員應分析的重點是：上級與下級的政策認知程度爲何？是否二者在政策認知有差距？下級的人員是否有能力執行上級所交代的政策？下級的人員是否在態度及政策支持度都能接受？下級機關的權責是否與上級交代的權責相稱？下級機關是否有能力在規定時間內完成上級交代的政策？

由下而上的政策執行方式，是由下級單位研擬政策、規劃政策，並執行政策。因此在分析政策應注意：該層級人員對於教育政策規劃的能力及執行的能力爲何？該層級單位是否具有

規劃該項政策的責任及能力？該層級規劃之政策，在執行時是否會有資源的支持或執行人員的配合？該層級執行時是否有相關法規配合？該層級執行政策時在計畫、組織、協調、溝通及管制的能力為何？該層級的執行是否能夠不斷的修正及調整？該層級執行政策時是否有面對群眾，並能有危機處理的能力？

（五）教育研究取向

教育的問題產生於教育情境中，為了要讓教育問題獲得解決，應對教育問題進行分析，同時提出問題解決策略，這是教育政策分析的重要任務，政策分析學者應對社會變遷、社會主體及整體資訊掌握，如此才可以得到好問題，而問題解決步驟正是教育政策問題分析的重要過程。

杜威（Dewey, 1933）主張問題解決有以下幾個步驟：對於問題產生敏感、確定所要解決的問題、提出問題的合理假設、蒐集與問題有關的資料、進行驗證、獲得結論。問題的選擇階段應陳述問題目標、解釋該項政策研究重要、了解該問題限制及界定所要討論的題材。將問題界定之後，應對問題進行合理的猜測，並適當的預估其可掌握的解答。蒐集資料應掌握要以何種的方法進行研究？研究方法的選擇，需考量研究時間及研究成本等問題，應視所要解決的問題而定。

此外，吳政達（2002）指出：教育政策分析目前主要有三個典範，換言之，教育政策分析可說是由以下三個主要的思考模式所組成：

（一）政策制定過程取向

此取向視教育政策為政治的過程，而非政府行動的產物。

政策制定包括五個階段即：問題形成、政策形成、政策採納、政策執行、政策評估。分析政策制定過程，通常將焦點放在進出政府的利益團體，因為瞭解這些利益團體的價值觀、立場、資源等，對於瞭解政策制定過程而言是相當重要。由於政策制定過程之分析，試圖指出並描述特定政策之所有政治行動者間重要的互動，因此，常利用深度個案研究作為該取向的研究方法。

（二）政策因果取向

此取向重視政府的決策或非決策、所預期及非預期的影響。這種取向的教育政策為結果取向，而結果通常考慮教育政策的輸出，對人或問題所產生的影響，企圖找出決策的結果，以擬定特定的行動方案。此種分析取向試著判斷什麼原因導致政府進行特定政策，主要重點在了解過去發生了什麼。研究時通常以一些基本檢驗假設為開始，蒐集相關變項的資料，然後將所得資料進行系統化的統計分析。

（三）政策處方取向

此取向試圖應用不同的學科所使用的研究技術，以挑選出最好的行動方針，其與其他二種取向最主要的不同點是：認為政治有礙理性與有效率的決策，並試著將政治因素排除在政策制定之外。此取向分析極具技術性，使用如：電腦模擬、線性規劃、估計未來成本效益等，以指出未來行動的最佳方針，希望使政策成為更理性的過程。

總而言之，各種分析取向各有其特徵及其對教育政策隱含的定義，並發展各自的研究方法、術語及基本假設。每種取向

對於瞭解特定政策議題均有其獨到的貢獻，例如：政策制定過程取向假設政治是政策決定的主要因素；政策因果取向則懷疑政策制定過程取向的假設；政策處方取向乃認為政治是非理性的，故會尋求改善或找出政治的方法。基於國家的語言政策通常是和政權結合的，所以，政治可能是族語教育政策決定的關鍵因素，因此，本研究將以政策制定過程為分析取向，希能描繪出族語教育政策之所有政治行動者間的互動，所以，本研究將針對近年引發最大爭議的族語條款做深度個案的研究，以瞭解此族語政策制定過程的真相。

三、教育政策分析的模式

政策分析是針對政策問題，設計解決方案所進行的科學智識活動，因此，必須要有一個參考的架構（referential framework），以作為分析規劃和評估政策問題的準則，此架構有的學者稱之為模式或模型，而且不同的學者從不同的角度，會建立出不同的政策分析模式。例如：林水波、張世賢（1991：18）從決策者的角度指出：模型的建立是解決問題的基本、分析資料的先決條件、瞭解決策過程的關鍵、發現重要變數的良方；但是模型只是真實社會的一種類比，而類比不能期望其為全真。所以，在應用模型分析公共政策不能掉以輕心，最好能利用多個分析模型來追求解決問題的方案。

由於影響教育政策制定與執行過程的因素很多，無法以單一的量化或單一質化的分析模式來涵蓋所有的政策層面。因此，學者基於觀察角度和研究取向的不同，而提出許多不同的

分析模式,列舉說明如下:

(一)理性分析模式

　　張鈿富(2004)指出:此分析模式的主要結構包括資訊蒐集、問題分析、解決分析與溝通分析(如圖2-1)。問題分析主要在瞭解發生了什麼事?其次是選擇與解釋有關的目的和限制,而目的間的限制及如何權衡,將影響解決的方法。在解決分析中首先要選擇評估的準則,再確定政策的備選方案,進而評估備選方案的影響,然後建議決策者應採行的行動。

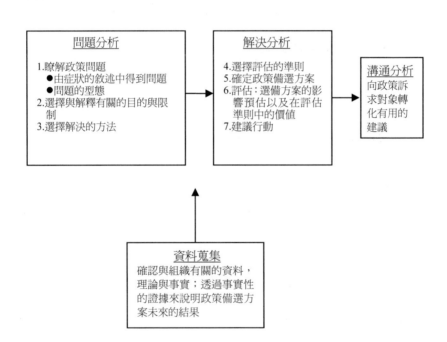

資料來源:張鈿富(2004:27)

圖 2-1　理性分析模式的主要結構

（二）問題中心分析模式

此模式是由 Dunn(1994)提出以問題為中心的政策分析架構（如圖 2-2），其認為政策分析過程是由五項政策相關資訊和五種政策分析方法所組成：

1. 政策相關資訊(policy-relevant information)：指政策分析時必須要充分掌握與政策相關的資訊和知識，包括：政策問題、政策行動、政策結構、政策績效與政策未來。

2. 政策分析方法(policy-analytical methods)：指為了產生五種政策相關資訊所採取的方法，分別為問題建構(problem structuring)、推薦(recommendation)、追蹤(monitoring)、評估(evaluation)、預測(forecasting)。

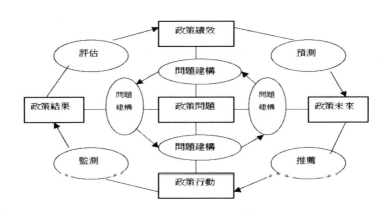

資料來源：吳政達(2002：28)

圖 2-2　Dunn 的問題中心分析模式

　　此模式強調政策分析過程乃是以問題建構法掌握政策問題的性質，以推薦法建議正確的政策行動，以追蹤法觀察政策結果的方向，以評估法評斷政策績效的良窳，最後，以預測法推估政策未來的發展方向。

（三）教育政策分析過程模式

　　吳政達（2002）根據 Haddad（1994）對教育政策分析定義，以政策制定過程的概念，發展出政策分析過程的架構，此架構和林水波、張世賢（1991：56）所提出的公共政策分析架構相似，而洪湘婷（2005）再修改為教育政策分析過程模式，如圖2-3 所示，其分析過程說明如下：

1. 政策問題的界定與診斷：此為教育政策分析的第一步驟，主要是希望了解教育政策問題何以發生？其根本的問題癥結為何？過去與目前針對該問題的解決方案有何問題？國家條件、政治環境、經濟環境等，對教育問題所產生的影響也要進行分析。

2. 備選方案的發展與評估：方案的研擬為政策分析過程中最需要發揮創意與想像力的階段。備選方案的設計過程中必須要盡量蒐集相關資訊，了解問題癥結所在。方案一旦形成，可以由可欲性(desirability)、可投資性(affordability)、可行性(deasibility)這三方面來評估其適切性(Haddad,1994)。

3. 理想方案的選擇：選擇理想方案的規準有二，其一為評價性規準(evaluative criteria)，其二為實踐性規準(practical criteria)。前者涉及價值問題，如效率或效益、公平正義、是否符合社會制度或社會價值，後者著重於方案是否可行，

包括降低合法性的風險、政治風險和成本及降低執行風險和增加執行成功的機率。

4. 政策合法化：所謂合法化係指政策制定成法律的過程，中央教育行政機關，基於憲法或法律或職權，將某項教育政策擬定成教育法律條文，經教育部內部研議與討論程序，報請行政院審議後，送請立法院三讀通過，並由總統明令公佈實施的立法過程（顏國樑，2002）。

5. 政策執行：政策執行是政策過程的樞紐，教育政策的成功與失敗，端賴政策執行是否徹底。林水波和張世賢(1991)指出：影響政策執行的因素有政策問題的特質、政策本身的條件、政策本身以外的因素等。

6. 政策評估：評估是衡量公共政策成效的重要工具，政策評估一方面檢視政策實行以後，是否達成了制定政策時所欲達到的目標；另一方面，政策評估的工作亦是發現並修正政策的錯誤，以免浪費政府人力、資源在沒有效果或不當的政策上。

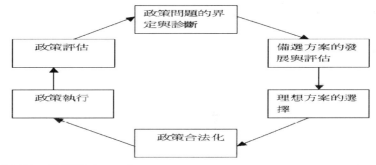

資料來源：洪湘婷（2005）

圖 2-3　教育政策分析過程模式

（四）綜合分析架構

鄭燕祥（2003）指出：一般的政策分析架構並不缺乏，但專為教育政策分析的架構則極少。過去社會科學家多半集中概念方面及宏觀層面的政策分析，用來分析教育政策，則不能全面及明確的兼顧教育的特性，實用性不算很大。所以，他提出一個專為分析教育政策的四個間架（Frames），如圖 2-4 所示：

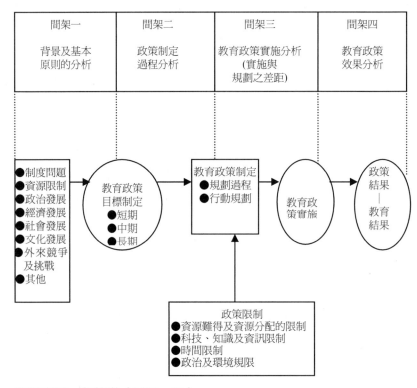

資料來源：鄭燕祥（2003：80）

圖 2-4 四間架概覽

研究者認為此模式的每個分析間架中，所強調的研究焦點明確且步驟具體，可以做為分析族語教育政策時的參考。茲節錄各間架的分析重點如下：

間架一：背景及基本原則的分析

間架一的重點在分析影響教育政策發展的背景及基本原則，研究焦點在教育政策的背景、政策的問題、及政策目標設定的內在原則等的分析。本間架包含以下部分：

1. 辨認現存問題：重點在分析如何辨認及證實教育政策範疇裡現存的問題。與教育政策有關的問題有多種，要考慮的問題有教育制度內、社會上、本地以外等層面。教育制度內的問題，通常直接涉及前線教育工作者及制度內人士的利益，較易引起關注和迴響。社會層面的問題可能是由社會經濟發展、政治需求及相關因素引起。外來的問題，則往往由於外在競爭及全球化趨勢的衝擊引發。

2. 分析政策目標所用的原則：政策目標的分析，有助制定政策者澄清要達到甚麼目的，設立政策目標所用的原則常涉及教育本質、學校過程本質、教育與社會需要等。

3. 傳統信念價值：在設定教育政策目標時，社會人士對教育、學校及社會本身的傳統價值信念，往往支配政策制定者的思路（Kogan，1985）。他們假定這些信念價值反映社會大部份人的取向，理應作為該項教育政策發展的指引，因此，這些價值觀念必然影響政策制定者的判斷。

4. 教育功能及隱蔽功能：功能主義的觀點認為教育有個人、社會、政治、經濟及文化層面的功能。但是衝突理論的觀點認

為教育除了外顯的功能外，還有隱藏的功能。所以，分析教育政策時首先要澄清對教育功能的信念。

5. 哲學因素：哲學思想影響個人對教育及學校裡想學習環境、輸入、過程及結果的想法。每個人有不同的哲學觀點，且根據不同的假設，提出不同的方法，設定不同的政策目標，所以，在分析政策目標設定的內在原則時，要考慮教育哲學、教育目標及政策目標間的統一性。

6. 法律因素：教育政策目標及計畫的制定，須在法律架構之內，否則，必須在設定政策目標前先考慮立法的問題。同時，必須考慮的是一些重要的法律價值，例如：人權、平等、自由、利益平衡等。

7. 實際的制約：制定政策目標時，必然會遇到資源、時間、理念、政治及環境等方面的制約。政策制定者因應這些制約而提出短期、中期或長期目標。實際情況的制約會妨礙長遠政策目標的設定，分析時也不能忽略。

間架二：政策制定過程分析

　　間架二關注教育政策目標、策劃過程、各種不同的約束或限制。分析的範疇有：教育政策制定者的特性、政策制定過程的特徵、所採取的觀點及技術、所制定的教育政策的整體素質。茲分述如下：

1. 教育政策制定者的特性：政策要能平衡各有關方面的利益，政策制定者的組成過程、成員代表性、專長經驗、個人素養，都會影響政策之發展。

2. 政策制定過程的特徵：可分析政策是如何制定的？是否給與

公眾參與機會？是否提供不偏不倚的資料？如何尋求政治談判及社會共識？

3. 所採取的觀點及技術：分析在過程中所採取的觀點和技術，需要考慮幾方面：

（1）生態分析：研究提出的政策與制度現行作法間的互動。

（2）制度分析：分析政策實施時教育制度的輸入、結構及過程。

（3）經濟及管理分析：注意資源如何分配、人力資源和其他資源的供求、政策的成本效益，並考慮管理的問題。

（4）理論建立與決策技術：分析政策制定者如何在政策與目標間建立因果關係，焦點在理論建立和資料的運用。

4. 所制定的教育政策制定的整體素質：素質的考慮包括適合性、可行性、接受性等。

　　第二間架強調政策制定者特性、決策過程、所用的觀點與技術、政策制定的整體素質等，任何一方面出現差距，都會影響政策的預期效果。

間架三：教育政策實施分析

　　間架三指引政策實施的分析及找出實施計畫間的差距。政策的策劃與實施間往往存在著差距，需找出造成差距的原因，可從政策實施的準備和教育政策的改革層面來探討：

1. 政策實施的準備：

（1）有關人士的準備：指教育官員、學校行政人員、教師、學生、家長及專業人士在認知上、心理上、技術上，準備面對政策的轉變與實施。

（2）資源的準備：教育政策實施的重要資源有人力、裝備及設施、空間、財力等資源，資源充足對政策實施有很大的幫助。

（3）政策實施期限：為讓有關人士有足夠時間作好準備，期限方面要考慮可用的時間、實施階段的層次及進度表的可行性。

（4）法理的準備：政策制定者有責任保護及尊重有關人士的法律權利，若未能得到現存教育條例章則的足夠法律保障，應先進行立法。

2. 教育政策的改革層面：

（1）教育系統制度層面：進行改革時，應充分留意成本效益，分配的社會資源，要力求避開政策的偏頗。

（2）組織或機構層面：包括管理方法、組織結構及物質環境或條件的改變，焦點在同一制度組織間資源的分配平衡與否。

（3）課室或機構層面：課室佈置、教學、輔導、學習及活動等，政策的安排或改變，若無充足的理由，不應存有偏袒或不公。

上述每個層面政策實施的成效，需要三層面間改變的協調，所以，分析教育政策時，層面間改變的協調是一個重要的焦點。

間架四：教育政策效果分析

間架四集中分析教育政策實施與教育政策結果間的關係，包括在不同層面的預期政策效果和教育結果，以及可能隱藏的

政策後果。評估教育政策的效能和效率，需衡量實施過程、後果及代價。評估過程時需計算政策實施的得與失，後果指教育政策結果、教育結果及隱藏的後果，代價就是政策實施中付出或失去的，代價不得抵銷正面結果，也不能在教育制度內產生嚴重的不利後果。

（五）量化的教育政策分析模式

　　量化的政策分析模式是過去從事政策研究者最常使用的模式，通常透過問卷設計與調查，來取得統計資料以供分析。Blake（1999）指出：量化的教育政策分析是以教育政策研究為基礎，研究的過程分為計畫及執行階段。前者包含對問題及假設與變項的陳述、決定研究設計、認定母群及樣本、設計研究工具、選用統計方法；後者包含了研究計畫的執行與資料的蒐集和分析，其研究的步驟如圖2-5。

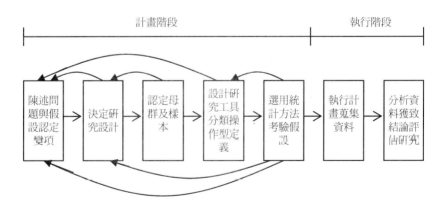

資料來源：Blake (1999：51)

圖 2-5　量化的教育政策分析模式

　　以上五種分析模式或架構，是屬於過去傳統的政策分析，乃是從政策制定者的角度出發，企圖根據教育問題的界定，找出政策制定與執行過程的變因，進而評估政策的績效及提出未來政策規劃的建議。近年來許多學者（如：歐用生、張建成、王慧蘭）認為：政策是一種文本，政策也是一種論述；教育政策分析的重點並不只在理解具體的條文或檔案，更在於揭露文本與其背景脈絡的相互(between)關係。由於教育政策論述中常隱藏著意識型態，若能透過批判論述分析，找出政策問題的癥結，則可促進社會正義的實現。因此，批判論述分析已漸為教育政策研究者所使用，本研究擬採用 Fairclough（1992）的批判論述分析模式，故簡介於后。

（六）批判論述分析模式

　　Ball（1994）認為：「政策」可概念化為二個類型：「政策作為一種文本」(Policy as text)及「政策作為一種論述」(Policy as discourse)。前者將焦點置於不同讀者依其對政策文本的詮釋，使文本產生不同的意義；後者強調文字的排列方式、用字、措辭等，都有論述的意涵，因此，不能單從文字本身來看政策。王慧蘭（1999）指出：根據後結構主義的觀點，教育政策可被視為一種特定類型的「文本」，植根於社會時空的諸多深層因素或條件，經由政府機構或權力精英在互動過程中產生，而學校師生和社會大眾則是解讀者，擁有對政策解讀的權利。因此，教育政策的研究不只是研究「誰說了什麼？」，也在探究「為何誰不說什麼？」「說」與「不說」之間所透露的社會網絡和權力訊息，更是政策研究中特別值得關注的面向。

　　批判論述分析簡稱 CDA，Fairclough（1992）所提倡的批判論述分析，是以政策論述的文本分析為起點，再從分析論述文本的生產與消費過程，來理解論述在社會脈絡中生產與詮釋條件。歐用生（2006）指出：批判論述分析不僅探討誰可以說？何時說？說些什麼？用哪些語言、概念、問題或爭議來爭論？用什麼權威說？更要分析：政策是如何形成的？論述的實際如何生產、消費和分配？以及論述形成的社會、政治、經濟的脈絡。

　　由於 CDA 重視語言形式和意識型態的關係，並從各種論述文法結構中，證明權力和控制間的種種關係。其中 Fairclough 的研究採取批判社會學取向，關注社會脈絡與語言間的連結，Fairclough 的研究廣泛而細緻，詳盡周延且自成體系，其研究具有指標性的價值（Wood & Kroger , 2000）。倪炎元（2005：74）則指出 Fairclough 的分析架構，採用 Althusser 的意識型態論、Gramsci 的文化霸權論、Foucault 的論述理論、Bakhtin 與 Kristeva 的互文性理論，強調論述是透過特定觀點再現既定社會實踐的一種語言運用，它與社會結構間呈現辯證（dialectical）的關係，一方面社會關係、階級結構、制度機制、規範約制等對論述的塑造與制約發揮作用；一方面透過論述實踐可以建構社會認同、主體位置、社會關係、知識與信仰體系等。

　　Fairclough（1992）強調：權力是透過論述的運作，因此，應關注論述的霸權、意識型態、權力關係。論述概念包含三個面向，即文本、論述實踐、社會實踐，如圖 2-6，相應於這三個層面有三個分析方式，即：描述 (description)、詮釋

(interpretation)、解釋(explanation)，描述是針對文本的特性進行分析，詮釋是探討文本與主體互動的關係，解釋則是研究互動與社會脈絡的關係。這三個分析又稱為文本分析（text analysis）、過程分析（processing analysis）、社會分析（social analysis）。文本分析主要是探討論述所使用的關鍵字、詞、概念等；過程分析則將文本視為互動過程的產物，著重論述文本的生產和消費；社會分析則是關注文本和主體（人）互動，以及文本與社會脈絡之間的關係，主要在解釋產生和詮釋文本的社會決定與社會條件（馬向青，2008）。

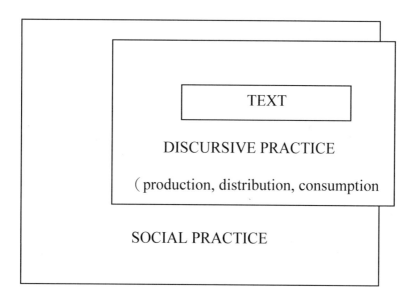

資料來源：Fairclough（1992：73）

圖 2-6　Three-dimensional conception of discourse

　　Fairclough 主張：在文本描述的分析時，須注意文句的意識型態、文本企圖要形塑的社會關係、文本生產者希望傳達的認同意義。在文本與互動關係的詮釋上，Fairclough 以圖（1989：146）來說明詮釋者如何根據事件的情境來理解文本。在互動與社會情境關係的解釋上，Fairclough 則強調有三個問題，其一是社會決定（social determinants）：在制度、情境及社會層面上，權力關係如何塑造這些論述？其二是意識型態（ideologies）：來自關係人的論述帶有那些意識型態？其三是效果（effects）：這些權力關係彼此之間如何鬥爭？論述形構是被外界塑造的還是自我創造的？它是用來支持或轉化權力關係？由此可知：Fairclough 從文本到互動，再到社會情境結構，如同剝洋蔥般的層層剖析其肌理（引自李嘉齡，2005：21-23）。

　　Fairclough（1989）認為：在考量語言作為社會實踐的一個元素時，必須同時思考其他如：物質環境、制度結構、意識型態、權力關係等，其如何與語言結合在社會發生作用。Fairclough（1992）主張論述實踐是社會實踐一個特定形式，在某些情況下，社會實踐可以完全由論述實踐所構成（殷曉蓉譯，2004：66）。論述作為一種社會實踐，不僅可再現事件和賦予事件意義，甚至也參與建構或改變社會。

　　此外，Fairclough（1992）將社會實踐分為二層面，第一個層面採取了辯證互動觀，認為論述是透過特定觀點，再現社會實踐的語言，它與社會結構間呈現一種辯證的關係，論述的塑造一方面受到社會結構的制約，另一方面論述對社會也有建構的作用。在第二個層面上，則注重論述再製的建構效果，這個

論述建構效果，是繼承了 Althusser（1971）及 Gramsci（1985）兩人對「意識型態」和「霸權」的觀點，主要在探討論述背後的意識型態與霸權運作的機制。換言之，Fairclough 將霸權視為一種控制論述的權力，其支撐意識型態的論述實踐，並藉意識型態的競爭以形成認知、完成整合、獲取同意，且據以獲得權力。因此，霸權必須藉由意識型態來建構，而以不同的形式嵌入論述中，再藉由其運作機制實踐出來，以自然化的方式生產、再製、轉化宰制關係，尤其是以共識或常識出現時最具影響力。

　　由上述可知：Fairclough 一再強調論述霸權（hegemony）的建構效果，主要是權威參與者以控制或界定內容的方式，將權力加諸於無權者身上。論述形式主要有三種，三種論述形式分別能夠達成建構知識與信念、社會關係、主體身分的效果，這就是意識型態的運作機制。分別說明之：

（一）主體（Subjects）：是指論述參與者的角色、地位或身分。通常主體是被假設為具有自主意識的，透過主體的界定，能建構身分與認同。

（二）關係（Relations）：是指論述參與者彼此的關係，透過論述內容的界定，能夠促進主體間關係的建構。

（三）內容（Contents）：注重文本生產者再現的社會與世界觀，因為透過論述的再現，能夠影響人們的認知與信念系統，進而影響人的行為。

　　這三種論述形式不僅密切相關，也經常重疊或同時出現在論述中，其社會關係與主體的身分認同間，更沒有明確的界線，因為主體本身就是被語言系統中的關係所構成的。同時，

Fairclough 認為：論述除了能藉由「建構」認知信念、關係、主體身分外，也同樣能夠藉著「解構」轉變社會。

綜合而言，Fairclough 把語言的使用視為一種社會實踐，而非單純的個別行動或情境反射，他認為論述內容反映「政治操作」（political work）的過程，其目的在藉由精心的論述修辭來動員人民。因此，要瞭解政治操作的本質，必須瞭解論述是如何被編織構造，才能拆解政治與政府的操控意圖。社會實踐分析的焦點是：（一）社會脈絡如何對論述產生作用？此為論述與社會結構的辯證關係；（二）社會權力與宰制的關係如何？乃是指霸權和意識型態的運作，這兩個問題都是批判論述分析首要關注的課題。

基於對 Fairclough 的批判論述分析之理解，研究者將其應用在族語教育政策的研究時，必須要針對族語教育政策的主要論述，分析其文本中的意識型態與權力關係，並探討現行族語教育政策的論述實踐與社會實踐的脈絡條件。研究焦點是在找出「誰說了什麼？」，「為何不說什麼？」，並分析「說」與「不說」間的權力訊息，從而，揭露政策文本與其背景脈絡的相互(between)關係。至於研究者如何應用 CDA 模式，做為本研究的架構及分析方式，將於第三章進一步說明之。

四、教育政策分析的方法與技術

學者 Bruno（1976）指出：過去的教育研究以質性研究與實證性研究為重，但若是僅以量化或質性研究方式，在心理學、教育研究、教育政策中進行研究，會面臨問題解決的困境。現

代的教育研究應以量化研究，並輔以電腦，加上與政策有關問題進行研究。所以，現代的教育政策分析更應以多樣理論、多種觀點、多種思維爲基礎研究，結合經濟計量研究進行分析。他提出幾個常運用的量化分析法，例如：迴歸分析法、多元迴歸分析法、區別分析、個體經濟學的邊際理論分析、計畫評核術（program evaluation and review technique）、線性規劃、羅倫茲曲線（Lorenz curve）。

　　Kaufman（1996）則提出幾個可運用於教育政策分析的技術，例如：作業研究（operational research）主要是在多種方案中找出一個最佳方案；計畫方案預算系統是運用成本效益的方式，進行政策分案的優先順序排列，它是以理性爲基礎，促使組織可以更有效的運用資源；模擬與遊戲理論則將現實情境中的政策，以模擬各種合於情境的因素，對一項政策或方案進行沙盤推演；等候理論是運用統計及數學的模式，找出在人群中的最佳等候時間；決策樹乃運用層級節制的方式，將目標轉化爲次目標，次目標又轉化爲次次目標，然後依每一層級目標之可能完成的機率進行評比，再選擇一個可以進入下一個次目標最好時機。

　　前述的分析方法及技術，都是教育政策分析領域常使用的方法。至於教育政策的研究方法，常見的有下列幾種：(一)個案法：用於了解一個政策執行情形、政策計畫的執行或背後的環境。(二)實驗法或準實驗法：運用教育方案進行實驗，以了解方案的可行性。(三)歷史法：分析過去的教育政策在執行時的困難及可能的優點，供決策者參考。(四)內容分析法：從國內外的學

理、文獻、報章媒體、檔案等分析有關的教育政策。(五)調查法
研究法：針對一項教育政策，了解社會大眾的滿意度、支持及
反對程度。(六)焦點團體法：用在針對相同的對象，進行某一項
政策研究。(七)三角測量法：運用質性與量化研究之優點，進行
政策研究。

　　張芳全（2004）指出：調查法又稱爲蓋樂普調查（Gallop
servey），該方法在教育政策研究運用很多。另外政策分析技術
尚有政策德懷術（Delphi technique）、政策論證或辯論（public
argument）。政策德懷術是運用設計問卷，多次徵詢專家學者以
匿名方式提供對某項政策的意見，再由研究者進行分析，這是
一種專家學者對於政策問題及政策形成共識的方法。政策論證
或辯論是爲瞭解政策問題及支持與反對的理由，所進行的分
析。論證過程是以事實及客觀的資料，參酌政策環境、利害關
係人、政策資源與政策執行時間等進行論證。

　　政策論證是指導公共政策議題討論的主要工具，其足以反
映出一個社會中，利害關係人對於政策方案，爲何有著不同的
意見與爭議。Dunn（1994）提出政策六段式論證結構，其中有
六項要素分別爲：

（一）政策相關資訊（policy relevant information）：是由分析
　　　者利用各種不同的方式蒐集而得，包括政策問題、政策
　　　未來、政策行動、政策結果、以及政策績效等，依情況
　　　的需要，以不同的方式表達出來。

（二）政策主張（policy claim）：係爲政策論證之結論，也是
　　　方案設計的指導方向或政策爭辯的基本態度，換言之，

即資訊經由「論證建構」過程，所得的綜合觀點。

（三）立論理由（warrant）：係一項政策論證所根據之假定，而經由此種假定，政策分析者，可以由政策相關資訊轉成政策主張。立論理由可以包含數種不同的假定。

（四）立論依據（backing）：具有證據力可用來證明前述假定之依據，這些支持立論理由的資訊常由科學的法則、專家的權威、倫理與道德的原則中獲得。

（五）反證理由（rebuttal）：反證是另一種結論、假定或論證，說明爲何原案不能被接受的理由，而這種反證可以幫助在政策方案設計時，預測出政策未來可能遭到的反對理由，並分析批評者可能採用的假定及依據。

（六）信賴度（qualifier）：政策分析者對政策主張表示確信之程度，通常用可能性或顯著水準來表示。

此外，根據 Dunn（1994）之歸納，至少有八種論證的模式，可將政策相關資訊轉變爲具體政策主張，說明如下：

（一）權威型模式（Authoritative Mode）：其政策主張以權威爲論證基礎，利用行爲者本身的權威地位而做爲論證可信度基礎。

（二）統計型模式（Statistical Mode）：其政策主張來自母群體抽取樣本爲論證基礎，進行蒐集、統計、分析。政策主張則在說明樣本的適當性，並足以代表母群體。

（三）類別型模式（Classificational Mode）：其政策主張乃以成員所具有的特質爲論證基礎。認爲屬於某一團體的成員因其特質相似，所以，推論該團體對某一特定議題也會有相

同的主張。

（四）直覺型模式（Intuitive Mode）：其政策主張以洞識為論
　　　證基礎，認為洞察力與判斷力或未彰顯的知識是可信的。
　　　直覺的模式適用於不同社會角色的人，有時會比政策分析
　　　來得迅速有效。

（五）分析型模式（Analycentric Mode）：其政策主張以方法為
　　　論證基礎，對於假定資訊所採用的方法或法則是具有效度
　　　的，就可能被轉化為主張。

（六）解釋型模式（Explanatory Mode）：其政策主張係以原因
　　　為論證基礎，著重於公共政策之間因果關係的推理。此模
　　　式強調政策的影響因素，以檢驗及解釋公共政策的主張。

（七）實用型模式（Pragmatic Mode）：其政策主張以動機、平
　　　行與類比做為論證基礎，動機指政策利害關係人對於政策
　　　具有很強的目標、價值、意向等，其對政策主張極為堅持。
　　　平行指個案之間的相似性，在相類似的環境下，政策的仿
　　　效是具有參考價值。類比指政策間彼此具有很高的相似
　　　性，便可參照。

（八）價值批判型模式（Value-Critical Mode）：是以道德規範
　　　和倫理價值為論證基礎，其所關懷的是政策結果的是非善
　　　惡，係從價值的可欲性為衡量論述意見的標準，指出意見
　　　方案的應然面。

　　　總之，Dunn 的六段式論證結構，事實上是以論證為體，以
論述為用，論證結構可衍生多元的觀點，做為支持論證的基礎，
甚至可以結合政策論述來證明論證的可用性，並彌補其不足。

然而，Dunn 的政策論證須透過不同的論證結構模式，才能得到貼近合理或共識的結論，一般至少需要過經過兩個以上的論證。綜合而言：八個政策論證模式共同的目的是在找出「異中求同」的結果；政策論述則屬於較模糊性的立論表達，多半爲各自表述。但是爲尋求共識主張，就必須透過正反論證的交集擴散作用，並經由可信度的過濾及篩選，才可提供政策制定之參考。此外，運用同質性高的論證模式可以做爲謬誤檢證，運用異質性高的論證模式則可做爲尋求共識；價值批判型論證，甚至可以結合政策辯論、政策談判、政策對話等機制，達成政策的共識。

五、對本研究的啓示

　　綜上所述可知：教育政策分析是以教育研究爲基礎，教育研究的步驟、方法及技術，皆可運用於教育政策分析。教育政策分析主要目的在推介政策及追求合理化的政策，且政策執行過程中可能會有協商及利益的問題。量化研究運用在教育政策分析上，常用實驗研究法或調查法，但因量化的結果無法反應真正的教育現象，所以，同時也需要運用質化技術，如：田野調查、文獻蒐集、內容分析、專業會議、政策論證等。因此，教育政策分析時應根據多樣的觀點、多元的方法，並從不同論證中選取適當的政策。

　　1997 年版的《韋氏新國際字典》對論證的解釋有：具有正反意見的論據；提出證據來源；以證據爲基礎的立論與反證過程及證明；一種立論的爭議、辯論及討論；在邏輯學上演繹推

論的過程中；學術研究的構思或要點；在統計學上由表列中的數值找出任何有意義的價值；在數學上一個自變項由另一個數量所推演出來或為一種計算的依據；一種論述或討論題目的主觀見解（吳定，2003）。所以，論證也是一種論述，也是一種正反兩造意見交互辯論的過程，透過論述的表達、證據的引用、對話的機制、溝通的管道、說服的技巧、辯證的模式，達成共識的主張。

　　根據 Dunn（1994）主張：論證模式乃是另一種形式的論述策略，可經由一定的方法，得知在何種情境中，應使用何種論證模式，以達最佳的說服效果。Fischer & Forester（1993）亦認為：依案例情境來論證各種主張與反駁理由，就是一種論述。所以，論述也可謂為一種論證的方式。Ball（1990）指出：論述會檢測專業精英及官僚體系的權力偏見，若以此作為教育政策規劃的基礎，則能夠建立管理者與教師間的互信基礎，進而提升教育改革的助力。由此可知：論述對於教育政策扮演重要的角色，是為教育政策實踐的重要機制，至於論述的意義與特質、論述對教育政策的重要性與功能，以及如何進行論述分析研究，則於下節探討說明之。

第二節　論述分析之研究取徑

　　本節首先闡述論述的意義與特質並分析其對教育政策的重要性和功能，其次再評析國內有關論述分析的研究論文，以吸

取前人的研究經驗，提升研究者的論述分析的研究知能。

一、論述分析的意涵與重要性

《韋氏新國際字典》對論證的解釋有九種，其中有「是一種論述或討論題目的主觀見解」，換言之，論述也是一種論證。然而對論述的解釋，學者各有不同的定義，綜合言之，論述具有以下的意涵和重要性：

（一）論述的意義與特質

論述是一種語言運用的型態，強調以語言邏輯的重組來進行啓蒙（Mills, 1997）、詮釋的行動（Berten, 1995），以及建立複雜的社會調適系統（Cameron, 2003），若以論述來進行教育政策的分析，能夠促進教育政策的實踐。黃乃熒（2006）歸納論述的意義與特質有：

1. 論述即具啓蒙意圖語言邏輯的表達：論述強調著重對理所當然或習焉不察之文化假定或價值體系的探索，故其透過語言邏輯的重組以探索更有意義的事物。論述會對意識形態進行批判，此乃爲論述的重要特質，因論述會檢測權力的偏見，並進行社會不公平關係之察覺反省，故此機制會避免僵化的意識型態且可催化社會互動。

2. 論述即詮釋的行動：論述強調對個體所處之文化生活意義加以尊重，由於詮釋基於理解，所以論述是一種替他人尋找理由的語言運用，會把自己置身在社會情境進行詮釋，因此，體諒、憐憫、同情、關懷、務實成爲論述的特質。論述會致力於其他價值立場之探討，並透過詮釋來探索新意義及體察

某種制度或政策可能對某文化群體的限制。

3. 論述即複雜社會調適系統的建立：論述是一種對話的行動，強調沒有預設立場、更高層次共通性抱負的建構。論述會對社會結構之不合理性進行批判，並補充社會協調的機制。由於論述強調對意識型態及差異無可避免性的探索，且論述能揭露工作條件的差異，並回應人們不同的需求，故關注有效策略的選擇、共演化關係的建立、尊重差異等，也是論述的重要特質。

（二）論述對教育政策的重要性

黃乃熒（2006）主張：論述對教育政策的重要性，在於可彰顯教育政策的正面意義，其理由如下：

1. 論述能激勵教育政策的之實踐：教育政策的推動必須以形塑理念為基礎，由於論述目的在探索更合理的權力關係，提升教育實踐的公平性、正義性、人文性及大愛性，其對教育本質的關懷，能建立更合理的社會關係，促進教育政策的實踐。

2. 論述能提升教育決策之品質：教育政策是由各種決策所形成，決策品質攸關政策的成敗。由於論述強調對權力結構不合理性的批判，故會對教育決策的價值進行反省，而且會收集多元立場的資訊、會根據社會脈絡來選擇不同的策略，同時會對教育決策生態賦權，以增進決策的品質。

3. 論述能促進教育政策合理規範之建立：教育政策是一種規範也是一種文化儀式，而論述可透過可能性價值的探索，促進合理規範之建立，進而促使人員展開信守規範之行動，減少理想與現實間的落差。

（三）論述對教育政策的功能

Mitchell（1992）指出：論述的功能在達成教育政策之目的，因為：

1. 論述會促使教育政策克服權力不正當性：由於論述會揭發權力結構的不公平、會以憐憫態度來理解各種文化世界的價值、會透過對異質性立場的肯定，故可促使教育政策推動更具道德性，增進人們對教育政策的認同度，因此，具有克服權力正當性不足的功能。

2. 論述會促進教育政策之秩序維持：教育的問題是失序的問題，必須透過教育政策來解決。由於論述能減少利益團體的權益被犧牲後再補救的迷失，並能提升權力對稱關係及消除爭議，且著力於改善有問題的關係，以免教育體系混亂，故有促進教育政策之秩序維持的功能。

3. 論述會促進教育政策目標之達成：教育政策除了透過解決問題來設定目標外，更重要的是能解決問題以達成目標。論述會檢測意識型態或主流文化的偏見，能創造利害關係人的有利條件及提升教育政策的可行性，尚可選擇合理的策略來發揮影響力，故可促進教育政策目標之達成。

（四）論述對教育政策的執行

Ball（1990）認為：假如教育政策之意識型態呈現倫理、整合及反省的價值，則人們會秉持正面的意識型態來執行教育政策。Fairclough（1992）則指出：教育政策價值體系形成的歷程與結果若具論述性，則會促進權力關係對稱性之探索，所以，論述可提升教育政策之執行力，茲說明如下：

1. 論述可透過倫理來提升教育政策執行力：論述會使政策執行者對教育政策有正面的認知，喚起其教育熱情並實現教育理想。因此，教育政策價值體系形成的歷程與結果若具道德性，會讓教育政策的執行力增加。

2. 論述可透過整合來提升教育政策執行力：論述可促進階級間的整合效應及建立群體間的平衡關係，且以創造有利執行的條件，來提升執行者的配合意願，故可增進執行力。

3. 論述可透過反省來提升教育政策執行力：論述會提升教育政策的反省機制，且著重制度的反省，故能從執行者所處的環境改善做起，同時管理者也會透過關懷執行者的處境，來修正自我的堅持，而當教育政策執行者具有責任意識時，教育政策的執行力便提升。

　　總之，教育政策論述的正面意識型態是基於批判，因為探索權力的不合理關係，可提升政策推動之倫理性；透過整合互動來建立共識，可提升政策推動之效力性；引發自我覺察的動機，可提升政策推動之反省性。所以，論述的批判對於教育政策而言，具有很高的實踐價值，因此，啟發研究者對於批判論述分析的研究興趣，所以，將再蒐集相關之文獻加以評析，以建構對族語教育政策論述分析研究的理論基礎。

二、以論述進行研究之論文評析

　　為有系統地掌握論述分析的學術研究脈絡，並使本研究有可資借鏡的研究取徑，故透過「全國博碩士論文摘要檢索系統」及「中華民國期刊論文索引系統」檢索國內的教育論文，再從

論文的研究性質及研究取徑，分為「論述分析取徑」、「批判論述分析取徑」及「Fairclough 的 CDA 模式」三大類來加以評析。

（一）論述分析取徑

此類論文係以 Foucault 的論述理論為基礎，運用論述實踐和論述形構等概念，分析各種論述的意識型態宰制或權力／知識關係等問題，尤其重視權力議題。例如：蘇峰山（2003）在〈教育市場化論述分析：教育鬆綁的雙重詮釋〉文中指出：「教育鬆綁」以去除國家對教育的管制為起點，但「因何」及「如何」去除國家管制卻有不同的立論，即「教育市場化」和「反教育市場化」的論述，而其理論基礎則是分別強調「市場經濟」與「市民社會」。這兩個相互對立的論述形成不同的論述實踐，各在社會生活及價值選擇上，產生重要的影響。

該文先從「教育鬆綁等於教育市場化嗎？」進行申論，再以台灣和英美等國教育改革經驗，演繹出以「市場經濟」VS.「市民社會」兩種觀點，來論辯「教育鬆綁」的實踐意涵。本文並非只採取某一特定的論述理論或分析方法，而是藉由教育改革的實踐經驗，來分析「教育鬆綁」與「教育市場化」兩概念間的關聯，提供研究者從事族語教育政策論述分析時，可資參考的範例。

謝卓君(2005)在〈對師資培育政策中市場化論述的批判反省〉文中，引用 Foucault 的論述分析，對台灣師資培育政策的市場化論述進行批判和反省。該論文首先說明了市場化論述的特徵，並據以分析台灣師培政策文本的市場化論述，再借重英

國的改革經驗和國外學者對其之批判，作為反思我國師資培育改革之參照。

　　該文指出：師資培育市場化論述是由「多元開放」、「需求」、「專業」三股政策論述，彼此妥協和互動下的產物，而修訂通過的師資培育法即是這些政策論述互動下的產物。其論文的特色是：將分析和批判焦點置於論述互動、競逐和妥協的情形，除可了解各論述的論述形構外，更能洞悉在教育政策形成時，官方論述中所隱含的意識型態，同時揭露社會中的利益衝突。

　　卯靜儒、張建成（2005）的〈在地化與全球化之間：解嚴後台灣課程改革論述的擺盪〉一文，乃為國科會專案的成果，該研究將課程改革視為一個論述場域，運用 Foucault 所提出的論述實踐和論述形構等概念，分析台灣從解嚴至今課程改革論述的轉變。分析的文本是以立法院從 1987 年至 2003 年的會議質詢紀錄，並輔以歷年的教育部公報、相關媒體報導及訪談紀錄。

　　此文的研究取徑乃植基於 Foucault 的論述理論，研究旨在考掘教育政策論述形成的背景脈絡及其斷裂和矛盾處，進而揭露其間的權力運作、意識型態和宰制現象。該研究中所運用的一些概念，以及其所建構的問題架構，雖不盡然從 Foucault 知識考掘學的角度出發，但對於該如何進行教育政策論述分析之研究，確實提供了諸多值得借鏡之處。

（二）批判論述分析取徑

　　馬向青（2007）指出：批判論述分析與其他論述分析最大

不同處是在於它不僅包含了脈絡中論述的描述和詮釋，也提供
了論述為何及如何有效運作的解釋。此類論文乃奠基批判語言
學與法蘭克福學派的學說，除了意圖去描述、詮釋和解釋語言
形式和功能之間的關係，亦強調語言使用與社會脈絡的互文
性，試圖揭露其中所潛藏的權力運作關係，其目的即是要批判
埋藏於語言表象下的不公不義，為正義的伸張發揮力量。

　　諸如：翁秀琪（1998）的〈批判語言學、在地權力觀和新
聞文本分析：宋楚瑜辭官事件中李宋會的新聞分析〉一文，乃
是以批判語言學家 Fowler 和 Kress（1979）所發展出來的文本
分析法則，針對《自由時報》對於李宋會的新聞做三層次的分
析。該論文首先是以批判語言學的分析策略，揭示文本所隱含
的權力觀，之後則從文本中捕捉記者和其消息來源間的權力關
係，最後再從社會結構和歷史情境等角度，剖析新聞文本與外
在結構之間的辯證關係。其研究目的有三：第一是藉以展示批
判語言學在新聞文本分析上的運用，第二在於凸顯語言在建構
社會真實上的力量，第三則是檢驗「在地權力觀」用於分析新
聞文本的可行性。

　　此文可視為台灣在 CDA 研究領域中，採用批判語言學的分
析方法，對新聞事件做批判論述分析的代表作品，文中雖然沒
有明確對李宋會的報導方式和報導內容有所論斷，但是透過批
判語言學的文本分析，仍可讀出《自由時報》所持有的政治立
場和意識型態，顯然新聞界常自詡所謂「中立客觀」的報導，
似乎還只是一種口號。

　　該論文雖是以政治新聞報導為研究文本，但對研究者而言

其提供了可參照的語言學分析方法，尤其是作者揭露新聞報導中所潛藏的意識型態或權力關係，提示研究者在做族語教育政策分析時，不可輕忽語言在建構社會的力量，也應分析新聞報導中的意識型態或權力關係。

張建成（2002）在《批判的教育社會學研究》一書中，以結構的壓迫、主體的解放、文化的生產，來呈現批判教育社會學的理論軸線，並以政策社會學、批判教學論、文化研究等觀點，逐一對照前述三條軸線，來批判教育社會學的理論內涵，可說是近年來國內極具批判性的教育社會學代表著作。

在其〈結構的壓迫：政策社會學的觀點〉一章中，張建成從「政策社會學」或「批判的政策研究」的觀點，來說明結構的壓迫情形，進而反省教育結構中的壓迫現象，主張國家的教育政策就是政治、經濟、文化等結構力量的化身，常常不是壓迫或宰制處於弱勢地位的群體，就是反映和保障優勢群體的論述與利益，若能透過批判論述，凸顯出結構力量與行動主體間的關係，進而找出問題的癥結，還給社會行動者更多的自由，則可促進社會正義的實現。研究者認為我國的教育政策長久以來，係為執政者服務，旨在同化弱勢族群，因此，台灣原住民的語言文化受到許多壓迫與宰制，應該亦透過批判論述來獲得平等的地位。

此外，張建成指出：教育政策之成為文化霸權、市場經濟等結構壓迫力量的宰制工具，部分乃因學術研究的偏頗所致。過去有關教育政策的研究太過重實證科學，忽略了歷史詮釋或社會批判的人文觀點。若從後結構主義的觀點而言，政策是權

力結構用來規訓思想與言行的論述(policy as discourse)，也是行
動主體就其生命體驗參與辯論與詮釋的文本(policy as text)，若
能從關心受政策影響之個人及群體的文化生活世界，尤其是處
於邊緣地位的個人及群體，則所制定的教育政策較能符合社會
正義。這樣的觀點提供研究者可參照的理論基礎，注意在進行
原住民教育政策分析時，探索其政策文本產生和詮釋過程中可
能面臨的結構力量，及其中所蘊含的意識型態和知識／權力關
係。

　　林純雯（2003）的〈批判的教育政策分析─以高等教育整併
政策為例〉，係以高等教育整併政策為文本，分別從結構與主
體之抗衡、意識型態與文化之滲透、文本與歷史之框限等三方
面，對照政策形成的相關理論，深具濃厚的批判論述分析旨趣。
該研究的分析架構以政策理論為基礎，其在教育政策研究上，
呈現出動態的批判和反省，充分掌握了教育政策實然面，可說
是理論與實務結合的佳作。

　　歐用生（2006）的〈台灣教科書政策的批判論述分析〉一
文，乃利用批判論述分析的概念，檢討台灣教科書「一綱多本」
的政策，探討論述者如何站在各自有利的位置上，提出或不提
出某些批評，質疑或不質疑某些問題，並探究這些論述形成的
社會和政治因素，批判其論述隱含著哪些利益、慾望和意識型
態，明示政策研究或課程研究的新方向。

　　文中首先針對傳統的政策分析予以反省和檢討，隨後引介
詮釋的、文化的和文化人類學的政策分析方法，以及個案的歷
史傳記法或集體傳記法，開啟了教育政策新研究方法的可能

性。其後，該文介紹批判論述分析與政策研究之關係，其中有Foucault、Codd、Fairclough 和 Ball 等人的理論，並運用其理論進行台灣教科書政策的批判論述分析。本文雖未呈現出明顯的分析架構或特定的分析方法，然而其所提出的一些觀點，諸如：政策乃為一種文本、一種論述，論述過程中牽涉到不同身分和立場人士的權力競逐，以及論述潛藏著政治權力和經濟利益的社會脈絡等，對於本研究的方向具有很大的啟發性。

王雅玄（2008）的〈CDA 方法論的教科書應用：兼論其解構與重建角色〉一文，旨在應用「社會領域教科書的 CDA 架構」，對教科書中的《認識台灣社會篇》進行有關族群論述的分析，其特色是建立了嚴謹的 CDA 分析架構，作者透過理論探析和文獻探討，先建構出該研究的論述範疇，然後透過「摘要、闡述、架構」三個分析程序及四個分析路徑，來針對文本中「如何敘說」的問題進行分析，最後以五組論述型態，引出其批判論述分析之結果。此論文所建構出的分析架構，為該研究實質議題分析之進行，奠定了明確的研究步驟。

所以，本研究在進行族語教育政策之批判論述分析時，可參考運用其分析程序，先就族語教育政策文本的論述予以「摘要」，之後從摘要內容加以「闡述」族語教育政策的實踐，再進行實質議題的分析，最後再透過「架構」的程序，呈現族語政策論述的類型和論述形構。藉由這些分析來理解族語教育政策文本中的語言意義和論述結構，並進而對族語教育的論述深入省察和批判。

（三）Fairclough 的批判論述分析

　　此類論文係依據 Fairclough 的批判論述分析模式來建構研究的方法論和分析架構，例如：黃月美（2004）的《Goodson 課程史研究之批判論述分析》可說是台灣第一本以 CDA 取徑來研究教育議題的博士論文。作者依據 Fairclough 的批判論述分析模式和 Foucault 的論述理論，建構了該研究的 CDA 方法論和分析架構，並以此架構來評析 Goodson 課程史研究、評述 CDA 在課程史研究方法論的蘊義，以及檢討 CDA 架構的適用性。

　　黃月美以文本分析、產生／詮釋文本的過程分析、產生／詮釋文本的社會條件分析為主要架構，從文本的結構分析、過程的權力分析、以及社會條件的系譜學分析，理解 Goodson 課程史研究的知識層面、主／客體形構、知識權力關係以及各種社會條件。其研究步驟、分析層次、分析面向、問題焦點、具體研究問題及分析架構，有助於研究者理解 Fairclough 的批判論述分析模式，及如何實際運用在教育政策研究上。而其所設計的研究模式，對於欲採取 CDA 取徑來研究教育政策者，具有相當明確的指引。

　　李嘉齡（2005）的博士論文《語言運動在近年臺灣認同政治上的角色》，則是以 CDA 的方法來分析原／客語族的語言運動、多語言政策草案等事件，其所呈現的台灣本土語言政策與國族／族群認同意識演變間的論述形構，以及此一論述形構與權力關係互動所產生的社會現象與問題。本研究的研究目的有三：其一探討台灣本土語言政策的論述實踐及其間權力消長的關係；其二探討台灣本土語言運動與國族／族群認同意識之形構過程；其三反省台灣本土語言政策的發展現況及其未來走向。

　　此研究以本土語言運動與語言政策的發展，作為研究台灣內部主體認同的差異與辯證的材料，從一些細小的外緣、周邊、斷裂的局部論述出發，找到凌駕與塑造論述的生命權力，拆解人為操弄的假意識與錯覺，使我們更清楚自身的觀看位置與視域，同時，創造合乎自己生命價值與公正意義的論述形式與力量。

　　此論文對於研究者而言具有很大的啟蒙價值，因為其研究指出：近年來的台灣兩個政黨、兩種意識型態的鬥爭，從文學、政治到教育場域，最後延燒到象徵資本（文化、語言資本）的攻防，語言運動與語言政策的論述與主張，幾乎被所謂國族／族群認同的真理所貫穿和籠罩，所有的主體與論述規則，也都必須在這個標準下進行分類與檢視。研究者對此觀點亦有同感，為了理解原住民語言在族群認同意識的功能，及揭露其族語教育政策論述背後的意識型態和權力關係，本研究決定採同樣的研究取徑，希能透過分析族語政策和族語教育政策的相關論述，檢視其中的論述形構和意識型態。

　　黃書祥（2007）的碩士論文《國小社會教科書家庭概念之批判論述分析－以 K 版第一冊第一單元為例》，主張教科書是普遍為大家所接受的官方知識，它是一種文本，也是一種意識型態與權力關係的再現，因而教科書的分析應該從內容分析發展成批判論述分析，才能發現教科書論述中的不當意識型態與偏見，及其如何置入社會實踐與社會脈絡之中。

　　此研究乃針對教科書中的家庭概念進行批判論述分析，目的在理解家庭概念是否為一種主流的精英論述，潛藏何種潛在

假設與意識型態？提出的問題包括：第一，國小社會教科書中有關家庭概念的論述內涵為何？第二，國小社會教科書有關家庭概念的論述是如何實踐的？第三，影響社會教科書家庭概念的論述形成的社會脈絡為何？此文完全依據 Fairclough 的批判論述分析模式，將其實際運用在教科書的研究上，分析架構和步驟條理分明，堪稱佳作。

馬向青（2008）的博士論文《台灣一九九O年代以後國民中學升學制度改革之批判論述分析》，研究旨在透過批判論述分析，對國中升學制度改革的政策文本和改革論述及論述過程，其中所蘊含的知識／權力關係、形成背景和時代脈絡，有所理解和釐清，進而對未來的改革方向，提出反思和參考的依據。此研究的設計係根據 Foucault 的論述理論與 Fairclough 以文本為導向的分析模式建構，而其分析的方式，則是採用了 Fairclough 的描述、詮釋和解釋。

馬向青指出：目前 CDA 的方法論仍在建構中，尤其是如何在理論與實踐、主觀和客觀、理論和實證、社會學和語言學之間尋求突破和發展，為能體現出其學術的原始旨趣，又能符合批判性社會科學之學術規準，尚有待 CDA 學術社群的努力。此論文結合了 CDA 研究方法、Foucault 的論述理論、Fairclough 的批判論述分析模式，建立了研究架構與研究問題，再從三個層面來對自願就學與多元入學方案進行分析。

該論文詳述 Foucault 的論述理論及 Fairclough 的批判論述分析模式，提供本研究有用的概念架構，有助於理解原住民族語教育政策論述文本、論述實踐和政策所蘊含的知識／權力關

係，及其所處的時代和教育脈絡。因此，研究者將引進 Foucault
論述分析觀點，從知識／權力的角度，來詮釋不同位置和立場
人士的發聲或論述，同時藉由政策文本及訪談文本，來解釋影
響族語教育政策形成和執行時所植基的社會脈絡。

王音萍（2009）的《學校生活世界言談之批判論述分析》，
是最近發表的一篇碩士論文，乃運用 Fairclough 的批判論述分
析模式，探究學校生活世界的相關論述，其目的在解析教師和
學生交錯複雜的圖像，及其所展現的權力關係。此研究是以一
所國小爲場域，進行六個月的田野觀察和錄音後，再分析該校
的生活世界論述內容和論述形式，而其研究發現：學校使規訓
權力和懲罰權力合理化；師生間權力不平等現象明顯；而學校
論述形式以否定句和命令句爲多。此研究可當作運用 Fairclough
的 CDA 模式的入門之作。

綜合上述十三篇以論述進行研究的論文，可發現這些研究
的理論基礎大多是以 Foucault 的論述理論爲主，研究方法特別
重視文本、結構、互動和脈絡的分析，關注於考掘教育政策論
述形成的背景脈絡及其斷裂、矛盾處，進而揭露其間的權力運
作、意識型態和宰制現象。這些研究中的概念工具，諸如：文
本、論述、論述場域、論述形構、論述實踐、陳述、陳述主體、
稀釋性原則、語言、發話者位置、主體客體化、知識／權力關
係等，用於族語教育政策分析之研究，應是相當契合的。

研究者認爲：Foucault 的論述分析，對於族語教育政策文本
和論述的分析極具意義和價值，用於探究族語教育政策的論述
形構時，更能覺察族語教育政策形成中各個論述競逐和妥協的

情形，以及其所基植的社會脈絡，有利於洞察各論述主體的意識型態和利益糾葛，以及其中所可能潛藏的知識／權力關係。而 Fairclough 的 CDA 模式應用到本研究上，可作為本論文的研究架構，從文本分析、過程分析、社會分析三層面，運用描述、詮釋、解釋等方式來進行研究。最後，歸納本節的文獻探討對本研究的啟示有：

（一）教育政策是文本也是論述，不僅要進行文本分析、意識型態分析、傳統的論述分析，更要進行批判論述分析。

（二）批判論述分析不僅是分析文本或論述中的語言，更將語言視為一種社會實踐，所以也要分析論述與社會關係、權力關係、社會結構間的辯證關係，以解構隱藏在被視為「常識」或「自然」的假定，破除不平等或壓制。

（三）語言不是價值中立的，在許多看似中立的報導中，往往隱藏了太多的意識型態和權力關係，只有在充分掌握了「批判的語言警覺性」後，才能產生洞察。

（四）批判論述分析已被認為是教育研究、課程研究或政策分析的重要途徑，國外已有顯著的成果，但國內相關研究正在起步，其理論、概念、內容等宜細緻化，而用於對原住民議題的研究更待充實。

（五）「族語是原住民的身分證」的論述中，隱含著政治權力和經濟利益的爭奪。許多族語教育的論述偏於權威性和情緒性，卻忽略了學生的主體性，而這些假定被視為「真理」，很少被質疑。

　　總之，批判論述分析結合了 Foucault 的論述理論和批判語

言學與法蘭克福學派的研究旨趣，著眼於政策文本、論述實踐與社會脈絡關係的分析，較能掌握到整個教育政策的形成、修正和執行的底蘊與脈絡，而 CAD 的分析架構，尤其是 Fairclough 的批判論述分析模式，可作為本論文的研究架構，故將在第三章進一步說明之。

第三節　台灣原住民族語教育政策之發展脈絡

　　臺灣原住民族在學術分類上屬於「南島民族」（Austronesian），是在台灣最早定居的族群。目前原民會公告的原住民族總共有 14 個族群，包括泰雅族、賽夏族、布農族、鄒族、魯凱族、排灣族、卑南族、阿美族、雅美族、邵族、噶瑪蘭族、太魯閣族、撒奇萊雅族、賽德克族等。

　　回溯歷史，台灣原住民族教育政策歷經了荷西、明清及日本的皇民化殖民政策（1945 以前），到國民政府的山地平地化（1945-1962）、融合整體（1963-1987）、開放發展（1987 以後）等四個時期（教育部，1997）。高德義（2000）指出：在開放發展時期，主政者才開始有了文化相對的觀點，強調對原住民族文化的尊重。在台灣光復初期並沒有針對原住民族教育的法令規章，直到 1969 年頒布「改善山地教育實施計劃」，才開始有原住民族教育政策的初步規劃。然而，此計畫主旨在加強山地國語的推行，自 1970 年後原住民的語言變成被消滅的對

象（陳美如，2000）。

　　此後，政府陸續頒布了許多原住民教育相關辦法，諸如：1973 年制訂「台灣省各縣山地鄉國語推行辦法」，第一條即規定徹底糾正山胞使用日語、方言之習慣，藉以灌輸祖國文化，增加國家觀念。1980 年修訂的「台灣省加強山地國民教育辦法」，其中規定教師教學及日常講話均應使用國語。直到 1987 年政治解嚴後，教育部公布「台灣省山地族籍學生升學優待辦法」，以及 1993 年的「獎補助山胞母語研究實施要點」，1995 年的「補助民間團體辦理原住民社會教育實施要點」等，台灣原住民族的語言教育才受到重視。

　　不過，上述都僅是行政命令，台灣原住民族語教育並沒有法律的依據，直到 1997 年通過憲法增修第十條，及 1998 年公布之原住民族教育法，乃成為原住民族語教育政策的法源。2005 年 2 月政府再公布「原住民族基本法」，對台灣原住民族而言這是一項重大的突破與變革，依據基本法第九條規定政府應設置原住民語言研究發展專責單位，並辦理族語能力驗證制度，積極推動原住民族語言發展。因此，行政院據以核定實施「原住民族語言振興六年計畫（2008-102 年）」，顯示我國政府已依法推動原住民族語教育。

　　為能瞭解現行族語教育政策制定的背景及基本原則，茲從「原住民族教育法」制定的背景、台灣原住民族語教育政策的演變，探討如下：

一、原住民族教育法制定的背景因素

　　長期以來台灣原住民族教育欠缺以原住民族爲主體性的政策思維，加上複雜的政治、經濟、文化、學校等因素影響下，原住民學生的民族自信、生活適應與教育成就，歷年來遠落於非原住民的學生，因此，需立法以提升原住民族教育的品質。分析本法制定的背景因素有：

（一）政治環境因素

　　自 1979 年 12 月 10 日爆發「美麗島事件」，突顯出黨外的活動已經高度組織化，1986 年 9 月 28 日民進黨成立，本土勢力在台灣各角落蔓延，也促成了原住民權益受到重視。1987 年政治宣告解嚴後，鬆動了權威的政治體制，政府爲了回應民間團體的訴求及抗爭，標榜著「尊重原住民文化與多元參與」的政策與方案，也得以有發展的空間（翁福元、吳毓真，2002）。此後，在 1994 年憲法增修條文將「山胞」正名爲「原住民」，1997 年再將維護發展原住民語言文化條款增修入憲，這都成爲通過原住民族教育法的有利背景。

　　此外，原住民立委利用各種議題的機會，爲原住民族教育法催生，也伺機爭取最大的權益。其中以蔡中涵對本案的影響最大，他主張原住民的教育經費應佔中央主管教育行政機關的百分之三以上。另一個重要立委是巴燕達魯，則大力主張原住民族的教育主管行政機關是行政院原住民族委員會，希望在學制上採行與漢族有別的雙軌制。總之，原住民族教育法是由原住民地區所選出來的立委提案，以爭取人事、經費等各項權益（顏國樑，1998）。因爲社會大眾認爲原住民族弱勢，且位於文化不利地區，加上原住民族在爭取權益上相當團結，所以，

該草案於 1997 年 11 月送到立法院，在 1998 年 5 月就通過，並於 1998 年 6 月 17 日公布這原住民族的第一個法律專文。

（二）經濟環境因素

根據行政院主計處（2000）的統計，從 1986 年至 1998 年止，台灣地區的國內生產毛額為正向的增加，從 1986 年的 28,552 億成長到 1998 年的 89,390 億，成長幅度達到 3.13％，代表我國在這段時間內的經濟持續成長。另根據教育部統計處與行政院院主計處（2000）有關教育經費與經濟情況的統計，顯示我國在 1986 年至 1998 年這段時期，政府教育經費成長速度高於國家經濟的成長，且教育經費占歲出比例也呈現逐年成長的趨勢，這都有利於原住民族教育法案的形成與通過。

（三）社會環境因素

陳美如（1996）指出：在 1970 年代，出現了「鄉土文化論戰」，強調以自己的語言從事寫作，並透過文學作品描寫台灣的現實社會，期望透過本土的關懷與反省，凝聚台灣意識，這股本土文化的浪潮，當然也促成了原住民本土意識的更加抬頭。而從 1980 年開始，台灣社會進入了社會力反動的時期，社會力在國家發展的過程中取得自主的地位，社會對於「反壟斷、反特權、反投機」的覺醒，逐漸展現在地方性的自力救濟抗議行動以及較有組織的社會運動中（蕭新煌，1996）。

社會力的發動造成社會運動的興起，更加劇了原住民權益的爭取。1984 年台灣原住民族權利促進會成立，這是第一個台灣原住民運動的組織，爾後還我土地、正名、自治等運動，成為原住民社會運動的核心，許多以保障原住民權益為號召的社

團逐漸成立並向社會發聲，而這些社團也成為影響原住民族教育法制定的利益團體。來自各界對於原住民族教育的關心，加上原住民對自身權益的爭取，產生一股公共意見的氛圍，並且成為一種推力，因此，也促成原住民族教育法的加速制定。

（四）文化環境因素

多元文化教育是多元文化社會下的產物，它希望藉由教育的力量，肯定文化多樣性的價值，尊重文化多樣性下的人權，增加人民選擇生活方式的可能性，進而促進社會正義與公平機會的實現（劉美慧、陳麗華，2000）。譚光鼎（2002）指出：學校教育是中上階級運用政治與經濟的優勢，創造文化霸權，掌握課程的篩選機能，灌注其自身文化，所以，主流文化強迫加諸於少數原住民族群，使得大多數的原住民學生產生明顯的學習障礙，限制其學業成就。檢視台灣整個教育體制的設計，包括師資、課程、教學方式等幾乎是以主流社會的觀點和價值為主，原住民學生在整個學習過程常遭遇到挫折和困難，實有賴立法以改善原住民的教育品質。因此，原住民族教育法的制定，除了是對原住民之民族教育權的保障外，也要致力於發展原住民文化。

綜合上述的背景因素，可知本法的制定有其歷史脈絡，1987年的政治解嚴不僅鬆動了權威的政治體制，也讓本土意識得以抬頭，加上這段期間國家經濟也穩定的成長，原住民族教育法因而誕生，台灣原住民族教育自此邁向新的發展階段。2002 年12 月瓦歷斯貝林等立法委員再提出部分條文修正草案，最後修正案在 2004 年 8 月 19 日三讀通過。其修正重點如下：

1. 增加專款預算：明定中央政府應寬列預算，專款辦理原住民族教育；其比率由原來佔教育部預算總額的 1%提升至 1.2％。同時要求各級政府應鼓勵國內外組織、團體及個人捐資興助原住民族教育。

2. 照護幼兒教育：規定原住民族地區應普設公立幼稚園，提供原住民幼兒入學機會，並明定原住民幼兒有就讀公立幼稚園之優先權。同時宣示政府對就讀公私立幼稚園之原住民幼兒，應視實際需要補助其學費。

3. 明定運作機制：增定中央主管教育行政機關應設置原住民族一般教育專責單位，也就是教育部應增設原住民族一般教育專責單位。

4. 提供就學補助：增訂各級政府對於原住民學生就讀高級中等學校，應補助其助學金，就讀專科以上學校，應減免其學雜費。

5. 保障原住民學生入學及就學機會：修正為高級中等以上學校，應保障原住民學生入學及就學機會，必要時，得採額外保障辦理；公費留學並應提供名額，保障培育原住民之人才。

　　總之，法令是民主國家政府施政的最重要依據，原住民族教育法的制定可視為對於原住民的教育政策具有決定性的影響，尤其是明定各級各類學校課程及教材，應採多元文化觀點並納入原住民各族歷史文化及價值；對當前教育及國民教育之原住民學生提供族語及文化機會；有關各級各類學校實施原住民族語言、文化及藝能教學，得遴聘原住民耆老或專長人士擔任等，乃成為原住民族語教育政策的重要法律基礎。

二、台灣原住民族語教育政策的演變

　　台灣原住民族的語言發展，以近百年的歷史觀之，始終受到外族統治勢力的影響，從荷、西、明、清、日據時期至國民政府時代，長期受到殖民語言及國語化政策的宰制。在日本統治時期，由於各族群語言迥異，各族間的通用語為日語；光復後國民政府嚴禁日語，改推行國語且禁止方言，直到 1987 年解嚴後，原住民族的語言才逐漸復振。

　　1997 年憲法增修第十條明示：「國家肯定多元文化，並積極維護發展原住民語言文化」，從此原住民族的語言取得國家憲法的保障，其後「原住民族教育法」和「原住民族基本法」相繼公布，且開辦「族語認證」、「原住民學生升學優待取得文化及語言能力證明考試」，顯然政府至今已將族語做為原住民族的身分表徵，目前認證考試的族語已有十四族和四十三個方言別（原民會考試簡章，2009.9.15）。

　　綜合許多文獻以及政府公布的法規、計畫、辦法、新聞稿，研究者將台灣光復後有關原住民族語言教育的政策，依時間先後次序及重大政策公布的年度，區分為五個階段說明如下：

（一）光復後至國民政府遷台（1945－1949）

　　1945 年國民政府開始實施山地平地化政策（陳枝烈，2008），1946 年中國國民黨政權成立「國語推行委員會」（尤哈尼‧伊斯卡卡夫特，2002：95），1947 年教育部指定台灣大學開辦國語專修科，翌年改由省立師範學院接辦。此外，教育部通令各級學校授課以國語為主，禁用日語，違者嚴懲；省政

府推薦各小學採購「新編初小國語手冊」，以利推行國語；山地學校課程增加音樂體育時數，以協助推行國語，使國語自然融入其他課程來教學（林英津，2008）。

1948 年教育部訂定「中等學校國語文教學實施綱要」，山地職業補習學校招生以國語口試，省教育廳與民政廳委託省訓團調訓及招訓山地國民學校師資，語文課程由國語會設計並派員講授，由精通國語者擔任「國語教材研究」科目（林英津，2008）。此時期為掃除皇民化遺毒，以推行國語和去除日本化為首要工作，當時語言教育政策強調「恢復台灣語應有的方言地位」（廖傑隆，2008），同時為使國語能順利推行，也允許原住民學校教學時兼用原住民語言（陳美如，2000）。

（二）國民政府遷台至宣布解嚴（1949－1987）

此階段屬於國家統合時期，以復興中華文化為主軸，貫徹國語推行以凝聚國家意識，原住民教育則以「同化」和「融合」為主，初期因國語師資不足，故以母語為輔助教學。1949 年省教育廳發布「山地教育方針」，第一條為「徹底推行國語、加強國家觀念」；實施各師範學校應屆畢業生國語文統一考試，凡不及格不准畢業；國語會還於台灣廣播電台開設國語廣播教學。1950 年省政府發布「非常時期教育綱領實施辦法」，規定各級學校及社教機關應加強推行國語運動；省教育廳訂定「播音教育實施辦法」、「教育機關設置播音教育分站辦法」，且正式核准語文補習學校，以輔導小學教員進修（林英津，2008）。

1951 年省政府公布「台灣省各縣山地鄉實行國語辦法」、「山地施政要點」，其第廿條為「積極獎勵國語、國文，以各

項有效辦法啓發山胞學習國語文的興趣，嚴格考核山地國語文推行進度」。省民政廳檢討山地行政業務，目標之一爲獎勵推行國語運動。省教育廳規定師範學院各科系一年級國語（國音）爲必修四學分課程，不及格不能畢業。國語會爲加強山地推行國語，曾邀集臺大教授凌純聲、董同龢、芮逸夫、周法高、吳守禮等語言學家多人，研討山地方言符號問題（林英津，2008）。此外，教育部規定投考專科以上學校的原住民學生，准予降低25%錄取標準，這是對台灣原住民最早的加分政策（周惠民，2008），當時採降低錄取標準 25%計算，乃是以原始總分乘以4/3，即爲加分後的分數（陳誼誠，2007）。

1952 年教育部公布「山地國小改進教學方法應行注意事項」，規定教學用語除低年級外，一律使用國語且嚴禁使用日語（陳美如，2000）。此外，教育部規定原住民學生投考高中或同等學校，准予降低 10%錄取標準（周惠民，2008）。1954年各縣市設置「國語推行員」、各山地鄉組織國語推行小組（廖傑隆，2008），原住民學生投考高中或同等學校改爲增加總分20 分，且專科入學標準降低 25%錄取（周惠民，2008）。1955年各山地鄉組織國語推行小組，並禁止教會以羅馬拼音傳教（陳美如，2000）。1956 年開始推行「說國語運動」（廖傑隆，2008），禁止台灣各族群講母語，並鄙視母語爲方言（尤哈尼·伊斯卡卡夫特，2002）。

1957 年大專聯招，原住民、蒙藏生、邊疆生降低錄取標準25%，優待升學（廖傑隆，2008）。國民黨禁止原住民族教會使用母語羅馬字（尤哈尼·伊斯卡卡夫特，2002），另公布「山

地鄉組織國語推行小組設置辦法」，規定本省傳教士以國語傳教，傳教文字應加注音符號，且於次年訂定「台灣省加強山地鄉教室實施辦法」並全面禁止教會以日語傳教（陳美如，2000），1962 年更明文規定教學不得使用母語（廖傑隆，2008）。1968年教育部規定原住民國中畢業生投考高中職，享有加總分 20 分優待；參加五專、師專考試錄取標準降低 25%（周惠民，2008），1969 年訂頒「改進山胞教育實施計畫」，加強山地國語推行，以普及山地國語（高德義，2000）。1970 年之後，國家語言政策轉為獨尊國語，原住民語言成為被消滅的對象（陳美如，2000）。

　　此外，1973 年制訂之「台灣省各縣山地鄉國語推行辦法」，第一條開宗明義的規定：「本省為普遍推行國語，徹底糾正山胞使用日語、方言之習慣，藉以灌輸祖國文化，增加國家觀念」，此命令限制了原住民族的共通語及母語的使用（陳美如，2000）。1975 年台灣版羅馬字母語聖經被沒收（尤哈尼‧伊斯卡卡夫特，2002），接著 1980 年修訂「台灣省加強山地國民教育辦法」，規定國語科教學應特別加強，並注意低年級之說話教學，教師教學及日常講話，均應用國語。整體而言，1970－1986 年是推行國語最積極的時期，所推行的措施包括社會及學校，並以考核獎懲等辦法達到目標，且限制學校、會議、宗教、社會之公共語言的使用，因此，原住民語言完全沒有生存的空間（陳美如，2000）。

（三）解嚴後至原住民教育法實施前（1987－1998）

　　1987 年台灣政治解嚴，台灣社會進入多語言時代，國家語

言政策除保留統一的語言外，尚同意方言的使用，此外，教育部公布「台灣地區山地族籍學生升學優待辦法」，專科以上原住民學生錄取總分降低 25%，高中則增加總分 20%錄取（廖傑隆，2008），而山地族籍學生係依「台灣省山胞身分認定標準」，原非山地族籍之養子女，不得享受優待（歐秀梅，2009）。

　　同年原住民團體於嘉義火車站前集合，要求拆除吳鳳銅像和刪除有關吳鳳故事的教材，接著在 1990 年開辦烏來鄉國中小學泰雅族雙語教育（廖傑隆，2008）；教育部且函示：政府對各地方言並未禁止，國小教師應使用國語教學，方言可利用課外時間學習（陳美如，2000）。陳枝烈（2008）指出：1990 年代之後，台灣吹起一陣原住民語言復振的風潮，起因有來自政府的鼓勵，也有來自原住民的內部，亦有來自世界原住民族群的推波。

　　1993 年教育部頒布「國民中小學課程標準」，規定方言教學可利用鄉土教學活動和團體活動等時間實施，顯示政府已開放學校的語言教學。同時，教育部也頒布「獎（補）助山胞母語研究實施要點」，且陸續在花蓮、新竹、台中、屏東、台東等師範學院成立原住民教育中心，進行原住民教育、語言、文化等資料蒐集與研究（陳美如，2000）。此外，教育部在 1993－1998 年間實施「發展與改進原住民教育五年計畫」，其中「強化原住民教育課程與教學」重點有：原住民鄉土文化教材及母語教材、鄉土語言教材之編輯；設置鄉土資源中心，提供教材、媒體等教學資源。內容雖未提及原住民語言政策，但學者認為這是自有原住民教育以來，最具全面性與完整性和可行性的計

畫，成為原住民族語教育實施的前身（廖傑隆，2008）。

　　另外在 1993 年 9 月，人文及社會學科教育指導委員會，接受教育部委託著手規劃鄉土語言輔助教學，且為使鄉土語言免於消亡，教育部長郭為藩也提出「母語教育與鄉土教材專案報告」，這是我國鄉土教育的開端。1994 年憲法增修條文將「山胞」正名為「原住民」（高德義，2000），教育部通過「國民小學新課程標準」，使族語教學有了法定位置（陳枝烈，2008），並發布李壬癸教授編訂之「中國語文台灣南島語言的語音符號系統」，文建會也開始推動「社區總體營造計畫」（黃樹民，2008）。

　　1995 年教育部訂定「國民小學原住民鄉土文化課程」、「補助國民中小學鄉土教學實施計畫」、「補助民間團體辦理原住民社會教育實施要點」，鼓勵編輯鄉土和母語教材及教學設計，並補助各縣市編輯族語教材，且委託教師研習會和八縣市，分別編輯十三種不同族群的鄉土語言教材，成為族語教學重要的資源（陳美如，2000；廖傑隆，2008）。另外，教育部還成立「鄉土文化教材編輯小組」，出版十族的《國民小學原住民鄉土文化教材》（黃樹民，2008）。同年教育部公布更名之「台灣地區原住民族籍學生升學優待辦法」，原住民族籍是依「台灣省原住民身分認定標準」，該辦法第三條規定：報考專科以上錄取標準降低 25%；報考高中增加總分 35 分（歐秀梅，2009；周惠民，2008）。

　　1996 年開始實施「國民中小學課程標準」，國小 3-6 年級每週有 40 分鐘的鄉土教學活動；教育部首次召開「全國原住民

教育會議」，且實施「教育優先區計畫」，補助原住民集中地區的學校，對提升原住民教育頗有助益（廖傑隆，2008）。此外，1996 年 12 月 10 日成立「行政院原住民族委員會」，專責統籌規劃原住民事務，成為我國民族政策史上新的里程碑（黃樹民，2008）。該會目前設有五處(企劃處、教育文化處、衛生福利處、經濟及公共建設處、土地管理處)，三室(秘書室、人事室、會計室)，一局(文化園區管理局)；另有國會聯絡組及法規委員會等兩個任務編組單位（原民會，2007）。

教育文化處設有原住民族教育科、原住民族文化科、社會教育與傳播媒體科及原住民族語言科。其主要業務包括：1.原住民族一般教育政策及法規之規劃、擬訂、協調及審議；2.原住民族文化資產、傳統技藝之發掘、研究、保存與傳承之規劃、協調及審議；3.原住民族歷史及語言研究、保存與傳承；4.原住民人才培育與輔導；5.原住民族傳播媒體、教育文化團體之聯繫與相關活動之輔導、推動及獎助；6.原住民族教育文化機構之規劃、協調及審議及其他有關原住民教育文化事項（原民會，2009b）。

1997 年憲法第四次增修規定：「政府應積極維護發展原住民族語言及文化」；改稱為「原住民族」，正式賦予各族「民族」的法律地位，原住民族條款入憲，使台灣原住民族的主體權利首次出現在台灣歷史的行政版圖（黃樹民，2008）。然而，這時期原住民的母語教育仍處在輔助國語教學的附屬地位，並非真正的多元語言的教學（吳天泰，1999）。廖傑隆（2008）也認為：此時期已從國家統合進入社會統合時期，但尚未達多元文化時

期，主因是壓力團體尚未形成，原住民教育政策的走向，還是由官方整合各原住民團體的利益，再納入政府的施政措施中進行。

（四）原住民族教育法實施後（1998－2005）

1998 年 6 月「原住民族教育法」公布實施，其中第 19 條（2004年改為第 21 條）規定：「**各級政府對學前教育及國民教育階段之原住民學生，應提供學習其族語、歷史及文化之機會**」，學校的原住民族語教育從此合法化。同年，教育部公布「發展與改進原住民教育第二期五年計畫」，執行要項包括：研修原住民教育課程、改進原住民教育之教材教法、推動原住民語言文化教學（含語言文化教材編擬、選定學校進行實驗教學、於都會區設立原住民文化教學中心）、推動多元文化課程與教學、評鑑各種實驗課程與教學之成效（陳美如，2000）。此外，公布九年一貫課程語文課程綱要，將鄉土教學納入正式課程，可謂原住民語言政策之濫觴（劉唯玉，2002）。

1999 年政府修訂「國民教育法」並公布「教育基本法」，且將台灣省政府原住民事務委員會裁撤歸併在原民會，另於中興新村設置中部辦公室。而教育基本法（1999.6.23 公布，2005.11.30 修正公布）第四條規定：「**人民無分性別、年齡、能力、地域、族群、宗教信仰、政治理念、社經地位及其他條件，接受教育機會一律平等。對於原住民、身心障礙者及其他弱勢族群之教育，應考慮其自主性及特殊性，依法令予以特別保障，並扶助其發展。**」從此，原住民受教育機會與其他弱勢團體一起併列為政府保障及扶助的對象。原民會開始推動「1999-2004年原住民族文化振興發展六年計畫」，第一期項目有：建立原

住民各族語言符號系統、編纂原住民各族語言辭典、編輯原住民各族語言教材、培訓原住民各族語言師資、製作原住民各族語言教學視聽媒體、推展原住民族語言教學及傳播。

　　2000年九年一貫課程語文課程總綱將鄉土語言（含原住民語言）由選修列為必修（陳美如，2000）。教育部（2000.04.14）修訂「台灣地區原住民族籍學生升學優待辦法」，規定依台灣省原住民身分認定標準之原住民族籍學生，報考專科以上學校按一般錄取標準降低總分 25%；報考高中依考試成績加總分20%優待（歐秀梅，2009）。2001 年「九年一貫課程」實施，將原住民語言納入本國語文和英語同屬語文領域課程，從此族語成為正式課程的一部分，且強調尊重各族語文、培養兼用族語和國語的習慣，並以資訊科技和工具書的方式來提升族語學習成效（廖傑隆，2008）。

　　林修澈（2007：11）指出：本土語言教育正式進入教育體制，也進入國語（共通語）、外國語、本土語言三種力量的多元競爭時代。同年，教育部為培訓族語教學師資，開辦族語種子教師研習，並依據原住民教育法第16條修訂公布更名「原住民學生升學優待及原住民公費留學辦法」（2001.1.20），第三條規定各校得於核定名額外加1%供原住民入學，且為配合多元入學方案實施而修正升學優待方式，規定大學考試分發入學者，指定考科降低錄取標準25%，參加高中、五專、四技二專、二技登記分發者，依各校錄取標準降低 25%，並增訂自辦法生效第四年起，原住民籍考生須取得文化及語言證明，以維護並發揚原住民語言及文化（歐秀梅，2009）。

　　原民會方面，除了制定「原住民族語言能力認證辦法」外，並開始辦理族語認證考試，且分別在 2002 年和 2003 年，辦理族語支援教師研習。林修澈（2006）指出：為了因應鄉土語言課程的師資需求，教育部委託原民會協助辦理師資認證，為族語復興帶來契機，不但為後來順利推動族語教育提供師資來源，也帶動了族語學習的風氣，形成一股語言復興運動。因此，原民會不但補助地方政府編輯各族語言教材、辦理族語能力認證相關研習活動，且舉辦族語教學教材教法觀摩會。

　　2002 年「行政院原住民族委員會」更名為「行政院原住民族委員會」，其中教育文化處主要目標是：建構原住民族教育體系、推動原住民族文化發展、實踐終身學習及傳承原住民族語言。推動工作有：發展原住民族傳播媒體事業、振興原住民族語言及文化、建構原住民資訊及網路學習平台（原民會，2009b）。另為「推動原住民族教育文化與語言發展」，在原住民較多的縣市開辦原住民部落大學（黃樹民，2008）；並委託六所大學院校辦理「原住民族語言教學支援教學人員研習」；且訂頒「補助辦理原住民語言研習及族語著作出版要點」，鼓勵機關學校辦理族語研習觀摩活動。

　　同年 5 月 8 日，教育部再修正公布「原住民學生升學優待及公費留學辦法」第三條，增列報考高中及五專原住民考生，以其他各類方式入學者，參採國中基本學力測驗分數標準及第二階段非學科測驗分數標準者，均降低 25%（歐秀梅，2009），並與原民會共同委託政治大學編輯原住民族語言教材。

　　2003 年原民會委託台師大辦理族語師資、族語教材編輯、

族語字辭典編纂、原住民族文化、電腦媒體等研習。教育部則訂定「補助直轄市縣（市）推動國民中小學本土教育要點」，鼓勵各縣市落實中小學本土教育，各縣市也自訂母語教學實施計畫，並派員至學校訪視。至於什麼是母語？則因縣市執政者的政黨而有不同的認定，例如：高雄市將閩南語界定為台灣母語，訪視人員非但要求行政人員說母語，還將教師使用母語上課情形列入評分，不及格的學校要再追蹤，學校人員只好努力配合，感覺就像複製過去國語政策的霸權。此外，教育部訂定「辦理原住民英語及族語教學補助要點」，協助中小學辦理原住民族語及英語教學。

2004 年 8 月立法院再修正通過「原住民族教育法」，修正重點在保障原住民學生入學及就學機會，其第 24 條規定擔任族語教學師資，應通過族語能力認證。同年，原民會增設置原住民族語言科，並委託學者規劃「原住民族語言能力認證分級制」，教育部（2004.10.29）再次修正「原住民學生升學優待及原住民公費留學辦法」第三條，明定自 96 學年度招生考試開始起，原住民學生欲享有升學優待必須取得文化及語言證明，優待方式仍以依各校錄取標準降低 25%、外加招生名額 1%為原則。

原住民教育法可說是學校族語教育法制化的開始，但李季順（2005）指出：該法有「規劃與執行」、「審議與監督」權責不分，及多元文化課程未落實等缺失。然而，同年原住民電視台創立，原住民開始有了自己的媒體，所以，原住民族語的發展至此已成為原住民族社會的主流價值。

（五）原住民族基本法通過後（2005－）

2005 年 2 月「原住民族基本法」於立法院通過，對台灣原住民族而言，此法最大的進步不是更多的福利或優惠制度，而是給原住民族更多自由和尊重民族意願，因為其中第 4、7、11、14、31 條都明文規定「依民族意願」，所以，原住民的主體性有了法理依據，對於族語教育的發展也有所規範，其中第 9 條規定政府應辦理族語能力驗證制度。因此，教育部制定「發展原住民族教育五年中程個案計畫」（2006-2010 年實施），其中配合升學優惠辦法，規劃原住民學生「族語認證制度」即為其執行內容之一。

同年，原民會停辦「原住民族語言能力認證」工作，並規劃語言能力認證分級制度，另與教育部（2005.12.15）會銜公告「原住民族語言書寫系統」，改採用羅馬拼音為書寫文字。此外，原民會尚編列 900 萬經費，補助「地方政府辦理族語家庭化、部落化－原住民語言研習計畫」，以結合地方政府和民間團體力量，達成族語復振的目標，該計畫以教會、部落教室、活動中心、會議室為地點，利用暑假、例假日或夜間實施，招收對象不限戶籍，以全國原住民為主，或有心學習原住民族語言者。

2006 年「台灣原住民族網站學院」開啟線上學習族語；原民會設置原住民族語言發展會，以審議語言事項。由於基本法已將原住民語言研究發展專責單位、族語認證制度和原住民優惠措施等納入，所以，儘管在 2000 年 6 月，原權會部落工作隊曾發出「母語考試政策」的聲明（李嘉齡，2005），2006 年 1

月還有人發起「反族語條款靜坐行動」（土地有心文化行動聯盟），都無法阻止「學生族語能力認證考試」的執行。教育部（2006.09.08）又公布修正原住民學生升學優待辦法第三條，增列「**未取得原住民文化及語言能力證明者，自 99 學年度招生考試起，其加分比率逐年遞減 5%，並減至 10%**」（簡稱族語但書）。這是原住民族主體性發展以來，對族語教育政策影響最大的法案，從此，原住民學生要享受升學優待，必須先通過族語認證的考試。

原民會除了與教育部（2006.09.11）會銜公告「96 學年原住民學生升學優待取得文化及語言能力證明要點」外，且修訂「甄選評分表」，規定公務人員通過族語認證者，參加原民會對外徵才可加分；原住民族電視台也針對欲報考語言能力證明考試的原住民學生，每日下午 5 點至 6 點推出族語教學新節目「族語學原」。原民會與教育部（2006.12.15）會銜公告修正「96 學年原住民學生升學優待取得文化及語言能力證明要點」第五點，各族方言別由中央主管機關核定公告，考生可自由選考（不限所屬族別）。

同年，政大原住民族研究中心編輯完成原住民族語言教材，共九階 40 語 360 冊，這是我國族語教育發展的重要里程碑，林修澈（2006）指出：在世界各國中，許多國家皆將少數民族語言列入保護，但是以國家力量進行少數民族語言課本編輯者，我國為首例。

2007 年 1 月起原民會實施語言學習暨語言巢計畫，開辦族語學習營和語言巢（語言中心）及輔導考生參加能力考試研習，

且開始分年編輯「原住民族語字詞典」，也復辦「原住民族語言能力認證」考試。此外，原民會於 3 月份舉辦首次的全國分區「原住民學生升學優待取得文化及語言能力證明考試」（簡稱學生族語認證），同年 6 月再與教育部會銜公布「原住民學生升學優待取得文化及語言能力證明要點」（簡稱族語證明要點），考試科目方言別由考生自由選考，12 月再舉辦第二次考試。教育部（2007.04.16）再修正公布升學優待辦法第三條，將優待方式區分為：報考高中、五年制專科、技術校院四年制、二年制或專科二年制、大學，其他規定不變。

2008 年原民會開始執行「原住民族語言振興六年計畫」，訂定了十項主要工作，堪稱是歷年來推動原住民語言教育最具體的政策，所以，將再下節深入探討之。另再推動「2008-2113 年原住民文化振興發展六年計畫第二期」，目標中詮釋：「振興，強調由被殖民與同化的困境振起，並以主體的思維進行文化創新發展」。劉璧榛（2008）認為：「振興」的定義不再是發展單一的中華文化，而是從非漢人原住民的觀點，強調原／漢差異與邊界區隔，來復振與創新原住民部落歷史文化，以豐富台灣文化內涵。可見，原住民語言或文化的振興是同時並進，而且是由原住民主體發展的，不再受制於漢人的中華文化。

同年，教育部再修正「補助直轄市縣（市）推動國民中小學本土教育要點」，項目有編輯教材、辦理研習、辦理活動、製作媒體、蒐集建檔、培訓師資等。另再修訂「國民中小學本土語言指導員設置要點」，規定教育局應置本土語言指導員，到學校輔導推廣本土語言之教學。

2009 年的「原住民學生升學優待取得文化及語言能力證明考試」，由台師大進修推廣學院於 12 月辦理。此外，原民會尚辦理原住民族語言教材及教法觀摩研討會、全國原住民都會型族語班教材及教法觀摩研討會。教育部則委由康軒文教基金會負責增補及退換原住民族語教材，僅提供各校原住民學生和授課老師 1-4 階教材，不提供教師自行研究或圖書館藏書用（高市教三字，第 0980046351 號函）。另再補助各縣市族語教學支援工作人員經費，依開班族別及開班數總節數計算，每節單價 320 元，外加勞健保及勞退提撥 6%（教育部台國二字，第 0980168682A 號函）。

2010 年 2 月原民會發布新聞稿，提醒未取得族語能力合格證明者，其原先享有的 25%加分優待，自 99 學年度開始，逐年遞減 5%。同年 5 月 5 日原民會與教育部再會銜發布「族語證明要點」修正規定，其應考資格以能力考試舉行當年就讀國中二年級、三年級、高級中學，或職業學校二年級、三年級、五專四年級、五年級學生，或具同等學力之原住民學生，雖然不再限為參加新生入學考試者，可是仍為原住民學生才能應考。教育部另推出「補助辦理家庭親子共學母語教育活動計畫」，鼓勵各縣市開辦本土語言研習班，由學校、原民會、客委會提出申請，教育部補助每班 15000 元，另外 15000 元由教育局（處）、原民會、客委會自籌，可見：教育部與原民會在族語教育上都投入相當多的資源。

綜合上述政策文本，研究者將各階段族語教育之發展歸類為五個時期：

（一）臺灣光復至 1949 年：推行國語、兼用族語時期

1945 年國民政府開始實施山地平地化政策，此時期以推行國語和去除日本化為主，同時為使國語能順利推行，允許學校教學時兼用原住民語言。

（二）政府遷台至 1987 年：獨尊國語、消滅族語時期

1949 年政府遷台發布「山地教育方針」，開始推行「說國語運動」，禁止台灣各族群講母語、規定教學不得使用母語，族語成為被消滅的對象。

（三）政府解嚴至 1998 年：母語教學、族語復振時期

1987 年政治解嚴後，台灣興起鄉土語言復振的風潮，但是教學用語及共同語文，以國語文為主，族語教育仍處在附屬地位，極待復振。

（四）原住民教育法實施至 2005 年：族語教育法制化時期

1998 年「原住民族教育法」公布，奠定族語教育政策的法制規範，1999 年通過「教育基本法」，規定原住民教育依法令予以特別保障並扶助發展。

（五）原住民基本法通過後：族語教育規訓化時期

2005 年「原住民族基本法」通過，原住民的主體性有法理依據，教育部和原民會共同修改原住民升學優待辦法，增訂族語但書，並於 2007 年開辦學生族語認證考試，以「規訓」不會族語的學生，進而於 2010 年開始遞減升學優待加分比率。

最後，研究者將台灣政府自 1895 年以來，推動有關原住民族語言教育的重要政策或措施，以及原住民升學優待辦法的變革，整理如附錄一，請讀者參考。

第四節　台灣原住民族語教育政策之執行現況

　　台灣是個多族群、多語言、多文化的社會，過去五十多年來，政府採行「獨尊國語、壓抑方言」的語言政策，導致各族群的語言都有流失之現象。自 1987 年政治解嚴，語言政策也鬆綁，1990 年台北縣烏來國中小開始試辦原住民族語教學，直到 2001 年 9 月，原住民族語言才納入國小語文學習領域中，成為國民教育的正式課程。

　　現行有關台灣原住民族語言教育的政策，散見於教育部與原民會的若干計畫當中。教育部的內容偏重在本土語言教學，原民會有關族語的措施則附屬於教育文化政策當中，較為完整的原住民族語言教育政策，應屬 2006 年 12 月行政院核定的原住民族語言振興六年計畫。以下分別列舉教育部與原民會，近年來推動有關原住民族語言教育的重要政策或措施，並逐一檢討其執行的問題如下：

一、教育部推動之原住民族語教育

　　教育部實施二期「發展與改進原住民教育五年計畫」後，又再於 2006－2010 年實施「發展原住民族教育五年中程個案計畫」，其執行項目包括：落實原住民族語教學、檢討改進入學制度、建立原住民族學校教師進修制度等，而配合升學優惠辦法規劃原住民學生「族語認證制度」和訂定原住民語言、文化

支援教學人員之認證辦法，即為其執行內容之一（教育部，2005）。

　　此外，教育部在 2001 年推出九年一貫課程，將族語納入正式課程的一部分，2003 年訂定「補助直轄市縣（市）推動國民中小學本土教育要點」，鼓勵地方政府自主推動本土教育。在 2008 年修正「國民中小學本土語言指導員設置要點」，規定縣市設置本土語言指導員到學校輔導，以加強推動本土語言之教學、推廣及研究；訂定「辦理原住民英語及族語教學補助要點」，以協助中小學辦理原住民族語及英語教學。歸納教育部歷年推動有關原住民語言教育的政策內涵有如下：

（一）在族語課程方面

　　教育部並未特別為原住民族語言教育設計課程，而是在 1998 年 9 月公布「國民教育九年一貫課程總綱綱要」，規定各校得彈性選擇語言主題於「鄉土教學活動」中實施，再於 2001 年 9 月起實施九年一貫課程，規定國小學生必須就閩南、客家、原住民等語言任選一種修習，國中則依學生意願自由選習。

（二）在族語教學方面

　　教育部將原住民語言和閩南語、客語等同視為鄉土語言，所以，研訂鄉土語言課程綱要、補助鄉土語言教材之編輯、研訂鄉土語言師資培訓課程、培訓鄉土語言教師、研發鄉土語言教學評量模式。另在大學校院設置鄉土語言相關系所、委託學者編訂鄉土語言的語音符號系統、成立原住民族語言教學因應小組、辦理鄉土語言認證等。

（三）在族語教材方面

　　教育部除委託李壬癸教授編訂「台灣南島語言的語音符號系統」外，每年還舉辦原住民母語研究著作之獎(補)助活動，並且自 1995 年起委請教師研習會和八縣市，分別編輯十三種不同族群的鄉土語言教材，2002 年再與原民會共同委託政治大學原教中心，至 2006 年編輯完成九階 12 族 40 方言別的原住民語言教材，因其中 2 族（平埔巴宰、噶哈巫）未經認定，故原民會宣稱只編輯 38 個方言別。

（四）在族語書寫方面

　　過去原住民語言傳承單憑口傳，並沒有文字書寫系統，為使原住民族語言文字化，且因應族語課程教學及語言能力認證考試所需，各族語言書寫有統一的必要，因此，行政院原住民族委員會與教育部，歷經四年十餘次的協商，最後在 2005 年 12 月會銜公告「原住民族語言書寫系統」，確認以羅馬拼音、以族為單位、一音一字母、尊重族人語感和文字書寫習慣等原則，解決了族語書寫方式歧異的問題（原民會，2005）。

（五）在配套措施方面

　　教育部於 2001 年 1 月公布「原住民學生升學優待及公費留學辦法」，將取得原住民文化及語言能力證明列入升學優待的條件。在 2006 年 9 月修正定案於 2007 年實施。主要內容有：招生核定錄取名額外加 2%名額錄取；與其他特種考生一致採加總分 25%；取得族語能力証明者，再加 10%的優待；未取得族語能力証明者，自 2010 年起，逐年減少 5%優待。教育部說明此項政策的目的，在彌平原住民學生經加分優待後，排擠一般生錄取機會的爭議，以兼顧原住民學生及其他學生的升學權益

（周惠民，2008）。

　　由上述觀之：教育部對於原住民族語教育政策並沒有特別的規劃，僅將原住民族語和閩南語、客語統稱為鄉土語言或本土語言，讓學生可以自由選習，結果只有使閩南語人口倍增，因為閩南語在當今台灣社會，尤其是民進黨執政的縣市已是強勢語言，家長自然會希望孩子學習閩南語以融入主流社會，因此，自由選擇的結果反而造成原住民族語更加弱勢。此外，教育部雖在三種鄉土語言課程教學、師資培訓、教材編輯上皆投入大量的經費，卻唯獨將原住民族語列入升學優待條件，理由是為化解多年的爭議。

　　然而，觀諸國際原住民族相關的教育措施，很少類似我國以人口比例作為資源分配的依據，原住民升學外加名額的方式，需要一個在理論與實務上更站得住腳的論述（周惠民，2008）。而且原住民學生的升學優待政策加上了族語門檻，教育部指稱其目的在保障原住民學生的升學權益及延續保存原住民族的語言文化，原民會則強調要讓家長教孩子族語，但這對原住民族語的發展是利是弊？為何會引起原住民族的反彈？當政者應省思之。

二、原民會推動之原住民族語教育

　　行政院原住民族委員會自 1996 年成立以來，即視族語振興為最大使命，尤其是在 2000 年尤哈尼・伊斯卡卡夫特擔任主委之後，特別強調振興語言及母語政策，且確立語言能力認證採「書面審查」、「薦舉」及「筆試及口試」等方式，並擬訂「原

住民族語言能力認證作業實施計畫」，規定語言認證的命題方式及辦理原住民語言能力認證（國立教育資料館，2009.09.21）。茲列舉原民會歷年來推動的重要計畫或方案如下：

（一）實施「原住民族文化振興發展六年計畫」

此六年計畫自 1999 年至 2004 年執行，辦理成果如下表：

表 2-1 原住民族文化振興發展六年計畫成果表

項次	工作項目	執行情形
1	建立原住民族語言符號系統	94 年 12 月 15 日本會與教育部於會銜公告「原住民族語言書寫系統」乙種。
2	編纂原住民族語言詞典	未編纂，僅編纂部分族語語料彙編。
3	編纂原住民族語言教材	完成「國民中小學九年一貫原住民族語言教材」計 38 種方言九階教材。
4	培訓原住民族語言師資	培訓合格之教學支援工作人員 3181 人。
5	製作原住民族語言教學視聽媒體	建置「國民中小學九年一貫原住民族語言教材」線上學習及測驗系統。（已完成前三階）
6	推展原住民族語言教學及傳播	辦理 4 年 52 校之族語教學觀摩並配合教育部協辦「國語文競賽」。

資料來源：行政院原住民族委員會（2006：11）

目前原民會將族語振興計畫和文化振興計畫分開，推動「2008-2113 年原住民文化振興發展六年計畫第二期」，乃是以全力發展知識經濟，逐步減少傳統低收益的產業，改善族群的生計為目標（劉壁榛，2008）。

（二）研訂「原住民族語言能力認證辦法」

依原住民教育法第 24 條規定：擔任族語教學之師資，應通

過族語能力認證，故本辦法於 2001 年 11 月 5 日發布，乃是爲保存及傳承原住民族語，並落實族語推動工作，同時也爲因應九年一貫課程中國小一年級學生開始學習族語，需要大量稱職之族語教師而訂定。

（三）辦理「原住民族語言能力認證」工作

爲保存及傳承原住民族語言，原民會乃自 2001 年起委請政大開辦族語認證工作，2002 年由台灣師範大學承辦，2004 年改由東華大學承辦第四次認證試務工作，2005 年和 2006 年停辦，2007 年再恢復辦理。由於 2001 至 2004 年舉辦的認證考試，無法區辨應試者真正族語能力的高低，原民會乃委託學者規劃「原住民族語言能力認證分級制」。

（四）補助並督導地方政府辦理族語家庭化、部落化

原民會於 2005 年編列 900 萬預算辦理此項工作，主要是結合地方政府及民間團體，設置「原住民族語言巢」或「部落教室」，及辦理「原住民族語言文化成長班」和「原住民族語言文化生活體驗營」，以達成復育族語之目的。2007 年 1 月起原民會實施語言學習暨語言巢計畫，開辦族語學習營和語言巢（語言中心）及輔導考生參加能力考試研習。

（五）辦理族語教學師資培訓相關工作

正規原住民族語教師培育及在職族語教師培訓，係屬教育部之職責，原民會負責配合辦理族語研習班、族語教學觀摩、族語教學師資研習班、族語教材編輯研習班等。另於 2002 年起委託六所大學院校辦理族語教學支援工作人員研習，以培訓族語支援教師。

（六）推動族語教材媒體製作

2001 年辦理原住民族語料彙編，2006 年委託政大完成「九年一貫原住民族語言教材」，目前已出版四階只適用於國中小學生。而且架設原住民網路學院，提供線上學習族語。另外，各縣市文化中心、原住民族人及學者專家也陸續加入了族語教材編纂工作，因此，原住民族語、鄉土文化教材及光碟片和幻燈片等教學輔助媒體增加不少。

（七）辦理「學生升學優待取得文化及語言能力證明考試」

2007 年 3 月舉辦首次的全國分區考試，到考的有 8,521 人，及格率為 77.22%（陳誼誠，2007）。12 月舉辦第二次考試，到考 12,732 人，合格率 76.6%（歐秀梅，2009）。2008 年第一次應考人數為 8,220 人，合格率為 74.2%（原民會新聞稿，2008.12.26），第二次到考人數為 5,308 人，合格率 61.8%（原民會新聞稿，2009.03.27），報考率和及格率有逐年降低趨勢。而為表揚及鼓勵族語能力考試之績優考生，原民會在 2008 年 12 月於台灣師範大學舉行「各族榜首授證頒獎活動」。2009 年 12 月委託台師大辦理 98 年度原住民學生語言能力證明考試，分為 14 族 43 方言別，共 7542 人通過，合格率 72.2%，總平均 68.5 分（原民會新聞稿，2010.02.03）。

（八）執行「原住民語言振興六年計畫（97 年-102 年）」

此計畫是原民會於 2006 年 12 月核定，預定六年內完成十項主要工作，經費來源是每年的中央公務預算，六年總預算為七億一千九百萬元，其中「成立原住民族語言發展會」每年預算一百萬；辦理「原住民族語言能力認證」每年預算三千五百

萬。因本計畫可視為近幾年來最為完備的族語教育政策，故於下單獨探討之。

三、原住民族語言振興六年計畫

　　本計畫是行政院原住民族委員會於 2006 年 12 月核定，係以語言權的實踐為基礎，依循「口說」與「書寫」並行的發展趨勢，及語言「保存」、「傳承」與「發展」的脈絡，擬訂自 2008 年至 2013 年的 10 項重大工作，企圖六年內能將原住民族語言朝三個方面發展（行政院原住民族委員會，2006）：

（一）發展原住民族語言是一個可以聽、說、讀、寫的語言。

（二）全面復振原住民族的語言能力，強化積極的語言態度。

（三）提升原住民族語言為國家語言或官方語言。

　　由於此計畫主導著台灣現在與未來的族語教育，故為本研究的重要政策文本，茲從傳統的教育政策分析所關注的焦點，分析其主要內涵如下：

（一）**法理基礎**

　　教育政策目標及計畫的制定必須在法律架構之內，台灣原住民從 1997 年之後，推動族語教育是有法律根據的，而本計畫制定的法源有：

1. 1997 年憲法增修條文第 10 條第 11 項

　　國家肯定多元文化，並積極維護發展原住民族語言及文化。

2. 1998 年公布實施原住民族教育法（2004 年修正版）

　　第 20 條：各級各類學校相關課程及教材，應採多元文化觀點，並納入原住民各族歷史文化及價值觀，以增進族群間之瞭

解及尊重。

第 21 條：各級政府對學前教育及國民教育階段之原住民學生，應提供學習其族語、歷史及文化之機會。

第 24 條：原住民族教育師資應修習原住民民族文化或多元文化教育課程，以增進教學之專業能力；…擔任族語教學之師資，應通過族語能力認證；其認證辦法，由中央原住民族主管機關定之。

第 26 條：各級各類學校為實施原住民族語言、文化及藝能有關之支援教學，得遴聘原住民族耆老或具相關專長人士；其認證辦法，由中央原住民族主管機關定之。

第 32 條：各級政府得設民族教育研究發展機構或委託相關學校、學術機構、團體，從事民族教育課程、教材及教學之實驗、研究及評鑑、研習以及其他有關原住民族教育發展事項。

3. 2005 年公布原住民族基本法

原住民族基本法第 2 條定義本法的用詞如下：

原住民族：係指既存於臺灣而為國家管轄內之傳統民族，包括阿美族、泰雅族、排灣族、布農族、卑南族、魯凱族、鄒族、賽夏族、雅美族、邵族、噶瑪蘭族、太魯閣族及其他自認為原住民族並經中央原住民族主管機關報請行政院核定之民族。原住民：係指原住民族之個人。

原住民族地區：係指原住民傳統居住，具有原住民族歷史淵源及文化特色，經中央原住民族主管機關報請行政院核定之地區。部落：係指原住民於原住民族地區一定區域內，依其傳統規範共同生活結合而成之團體，經中央原住民族主管機關核

定者。原住民族土地：係指原住民族傳統領域土地及既有原住民保留地。

　　另外，第 9 條規定：「政府應設置原住民語言研究發展專責單位，並辦理族語能力驗證制度，積極推動原住民族語言發展。政府提供原住民族優惠措施或辦理原住民族公務人員特種考試，得於相關法令規定受益人或應考人應通過前項之驗證或具備原住民族語言能力。原住民族語言發展，另以法律定之。」

　　總之，台灣自 1997 年之後，推動原住民族語言教育是有憲法保障的，而且在師資、課程、教材、研究發展等方面都於法有據。至於族語能力認證的規定，在原住民族教育法中只是規定「擔任族語教學的師資，應通過族語能力認證」；到了 2005 年原住民族基本法中規定：政府提供原住民族優惠措施，得於相關法令規定受益人或應考人應具備原住民族語言能力，使得原住民學生升學優待辦法修正是有法律根據的，難怪僅管抗議聲不斷，本計畫依然將「升學優待取得文化及語言能力證明考試」列為每年例行工作。

（二）信念價值

　　在設定教育政策目標時，社會人士對教育、學校及社會本身的價值信念，往往支配政策制定者的思路（Kogan，1985）。這些信念反映出大部份人的取向，因此，也必然會影響政策制定者的判斷。從本計畫對未來環境的預測，可知現行族語教育政策制定者的價值信念是：

1. 原住民族社會發展與台灣社會發展的關係密切

　　台灣社會是原住民族與主流社會所共同創建，原住民族豐

富多采的文化，增添了台灣社會多元的文化內涵。所以，原住民社會的發展關係著台灣社會的整體發展。未來「共存、共榮」將是原住民族社會與台灣社會發展的永恆關係。

2. 族語要「全球接軌、在地行動」的發展

　　台灣原住民族的語言，有「古南島語」的優越特質，讓台灣南島語朝向「科學化」與「國際化」的方向發展，使台灣成為「國際南島語言研究」的重鎮。

3. 語言權的落實有助國際形象

　　從西方國家的語言發展趨勢來看，多已朝向「國家／官方語言」的定位與「語言權」的落實。台灣原住民語如能趨同於西方多民族、多語言的國家，將有助於我國的國際形象提升。

　　由此觀之，本計畫制定者視原住民文化為台灣社會的資產，並且相信台灣原住民族的語言，具有存古的優越價值，若能向國際發展將有助於台灣社會的多元化發展，且可提升國家形象。

（三）現存問題

　　影響教育政策發展的問題很多，可分為教育制度內、社會上、外來的等層面的問題。教育制度內的問題，通常直接涉及前線教育工作者及制度內人士的利益，較易引起關注和迴響。社會層面的問題可能是由社會經濟發展、政治需求及相關因素所引起的。外來的問題，則往往由於外在競爭及全球化趨勢的衝擊引發。本計畫制定者所考慮的現存問題有：

1. 族語能力流失的現象

　　過去 50 年在「獨尊國語、壓抑方言」的語言政策下，造成

30 歲以下的原住民族人的族語能力明顯的降低，甚至完全欠缺。所以，原住民族語言的復振，非但關係著原住民族社會、文化的發展與民族的認同，也檢驗我國「語言權」的保障與落實。

2. 語言發展的單線問題

　　自基督教會使用羅馬拼音翻譯聖經，並教導原住民學習以來，各族原住民耆老大都可以使用羅馬拼音，並且決議以羅馬拼音為原住民族的文字書寫系統，但是年輕的原住民可能要重新學習羅馬拼音。所以，如何在原住民族語言的發展上兼重「口說」與「書寫」的發展，是一個重要的課題。

3. 原住民族語言書寫專才的不足

　　原住民族語言在「書寫」方面的人才明顯的不足，這可從「族語教材」、「字辭典」的編纂，「文字書寫系統」的整合困難看出，所以，培育原住民族語言的「書寫專才」是當前族語發展刻不容緩的問題。

4. 原住民族與政府對語言的態度

　　目前台灣社會欠缺使用「非國語」的舞台，甚至在「國際語言－英語」的強勢壓力下，族人學習族語的意願不高，甚至覺得學族語沒有用。所以，如何強化語言的「認同」與「人格形塑」功能及「文化的本質」意涵，是原住民族語言發展上不可忽視的難題。

　　總之，一般人將語言界定在溝通的功能上，常忽視語言在認知的、情感的及人格形塑的功能，而全球化的風潮，突顯出語言工具化與競爭性的功能。為了避免原住民族語言的流失，

造成「原住民族」變成一個不具實體的專有名詞，所以，本計畫著重在強化語言的「認同」與「文化的本質」意涵，而且認定原住民族文化在社會中的權力關係上，所牽引的語言力量不足，是目前原住民族語言發展上不可忽視的問題。

（四）計畫目標

本計畫是原住民族語言發展的第一個整體性計畫。總目標是達成原住民族語言的「活化」和落實「語言權」的實質內涵。具體來說，有以下目標：

1. 形成原住族語言的復振運動

本計畫的各項工作，尤其是「推動原住民族語言家庭化、部落化及社區化」，就是希望透過族語在家庭、部落與社區的推動，進而形成整個原住民族社會「說、學族語」的風潮，以帶動族語的復振，進而突破長期以來「獨尊國語」的語言不公平現象。

2. 厚實原住民族語言「文字化」的基礎

原住民族的語言，在民間積極努力保存、傳承與發展的情形下，已具備了「口說」與「書寫」的條件。然而文字書寫系統、字詞典編纂及教材編輯等工作，乃至於各族語言「方言群」差異的界定上，仍有待政府資源大力的挹注。所以，本計書即仕厚實原住民族語言「文字化」的工作，作為未來永續發展語言的基礎。

3. 語言權的落實

語言權的定義與內涵有不同的界說，但是本計畫主張語言至少是一種「自由權」，不容國家干涉人民使用；而且語言也

是一種「社會權」，國家有義務積極的推展；語言也是「集體權」，關係著一個民族的永續發展。所以，本計畫即希望透過10項工作，落實語言權的內涵。

4. 營造台灣成為國際南島語言的研究重鎮

台灣原住民族語言，保留最多古南島語的詞彙，而且台灣有20餘種的南島語言，再加上台灣的經濟實力與長期累積的研究成果，都是目前南島語言在台灣的絕對優勢。所以，本計畫希望營造台灣成為南島語言研究與發展的重鎮，讓台灣原住民族語言的推展成為南島國家語言發展的典範。

5. 落實多元文化

台灣原住民族歷史經過幾次重大的變遷，但仍保有最基本的形象與容貌，可是，目前原住民30歲以下的族人幾乎不會說自己的母語，而母語的本質若不存在，台灣多元文化的質素也將不復存在。所以，本計畫除了要復振原住民的語言外，也是為了維繫永續的台灣多元文化。

總之，為解決現存的問題，本計畫預定要達成族語振興、族語文字化、落實語言權、成為南島語言研究與發展的重鎮、落實多元文化等五大目標。其中在族語文字化方面，採用羅馬拼音系統做為各族的書寫文字，是否符合國情？是否會造成原住民學生的壓力及學習的障礙？實值得深入瞭解。

（五）實踐的制約

政策實踐時必然會遇到資源、時間、理念、政治及環境等方面的制約，政策制定者為因應這些限制而提出短期、中期或長期的目標。實踐的制約常會妨礙計畫目標的達成，因此，政

策制定時不能忽略，本計畫考量實踐的制約有：

1. 原住民族的語言態度消極

　　有人認為語言只是溝通的工具，既然原住民社會已可以用「國語」來溝通，又何必再學沒有競爭力的「族語」？而且自94 學年度起，國小從三年級全面教授英語，未來還可能向下延伸至一年級，在原住民族語言實用性較低的情況下，要如何說服家長讓學生花時間學族語？族語勢必再度面臨功利主義的挑戰，而英語將會是語言競爭的最強對手。

2. 族語文字化專業性的困難

　　原住民族語言要發展成「書寫」語言，有許多的基礎工作，如：「書寫系統的建置」、「字詞典的編纂」、「教材的編輯」及「分級認證題型的建置」，需要諸多專業的語言學知識。然而，近年來「民粹」與「專業」的爭議不斷，且學者都身兼教學與研究工作，專業協助時間有限，更增添本計畫執行的困難。目前族語書寫系統已經完成，但是僅止於拼音系統，原住民仍然欠缺自己的文字。

3. 都市原住民學習族語的困境

　　「集居」是一民族語言有效傳承與發展的條件。目前，台灣原住民族約有三分之一的人口散居在大都會，形成語言文化傳承與凝聚空間上的阻礙。如何讓都會區的各級地方政府與原住民族各種民間社團，彼此合作，建立都會區的語言學習機制，也是一個難題。況且當今都會原住民和部落原住民間的差異性，日漸拉大，無論在生活型態、價值觀、需求等都不同，族語環境更是迥然不同，許多都市原住民父母本身就不會說族

語，族語家庭化很難。

4. 地方與中央行政的配合不易

　　各級地方政府及各級學校普遍將「族語復振」視爲中央政府應辦的事項，有關「族語復振」的工作，都認爲事不關己，更遑論預算的編列與執行，一切都仰賴中央政策的擬訂與經費的補助。所以，如何建立中央與地方政府的「夥伴關係」，在經費編列與業務執行上能彼此配合，是這個計畫執行績效提升的基礎。

（六）執行策略

　　計畫的推動要有成效，除了在規劃時要先做問題及現況分析外，尚需提出解決問題的策略，以增進執行的成功率，本計畫的執行策如下：

1. 健全原住民族語言法規

　　訂定「原住民族語言發展法」、修訂「原住民族語言能力認證辦法」、修訂「補助辦理原住民族語言研習暨著作出版要點」，以規範原住民族語言保存、傳承及發展事項，並建立分級認證制度、統整補助項目。

2. 成立推動原住民族語言組織

　　成立「原住民族語言發展會」、「原住民族語言推動小組」，負責審議原住民族語言發展有關事項；委託或補助成立「原住民族語言推展中心」，辦理原住民族語言能力認證及原住民族語言研習、字詞典編纂等工作。

3. 編纂各族語言字詞典及發展原住民族語言教材

　　組成「原住民族語言字詞典教材編輯推動小組」，編纂原

住民族語言字詞典，研發「族語課程及教材」及訂定「原住民族語言教材審查基準」除了教材編纂者可依此作爲教材編纂時之具體參考準則外，各級學校、部落及社區選用教材時亦有較明確之標準。

4. 推動原住民族語言研究與發展

　　委託辦理「原住民族語言方言群的差異調查及語言分析」、「原住民族語言使用狀況及使用態度調查」，供制定語言復振措施之參考。補助大學院校設立原住民族語言相關課程，以促進原住民族語言研究及培育族語支援教學人員等。

5. 培育原住民族語言振興人員

　　教育部負責培育正規的原住民族語教師及在職族語教師，原民會則負責配合辦理開設相關課程；辦理族語師資、教材、教法等研習觀摩活動；辦理原住民族各族語言書寫系統種子教師之培育等工作。

6. 推動原住民族語言家庭化、部落化及社區化

　　族語學習單靠學校一週一節課是難以見到成效的。而且從西方國家的經驗與理論得知，族語的復振唯有在家庭和部落中，父母子孫傳承才可以看到成效。因此，激發家庭及部落族人對族語之重視，重新營造良好的族語學習與使用環境，並且提供社會大眾修習原住民族語言機會，才能提升族語的存活機會及使用空間。

7. 利用傳播媒體及數位科技實施原住民族語言之教學

　　爲因應資訊與數位時代的發展及語言學習的趨勢，製作原住民族語言教學輔助媒體、電視教學節目、設置線上族語教學

與測驗系統，並開設「原住民族語言線上教學課程」，以利於與一般語言教學課程同步發展，促進族語的學習。

8. 辦理原住民族語言能力之認證

族語認證機制的建立，具有四項功能：1.檢測各族族人對於族語「聽」、「說」、「讀」、「寫」的能力。2.強化族人對於族語「讀」與「寫」的能力與族語使用與復振的積極態度。3.培育族語教學的師資。4.配合各項優惠措施附帶族語能力證明條件。因此，族語認證制度朝向分級發展。

9. 原住民族傳統及現代歌謠創作收集及編纂

對一個原來沒有文字書寫的原住民族來說，各族的傳統歌謠，其實記述著一個民族的文化與歷史。不論是獨唱或者合唱，都是對民族歷史文化記憶的方式。

10. 重要政策、法令之翻譯及族語翻譯人才之培育

重要政策與法令的翻譯，是語言權所要求府機關「行政雙語化」的落實，也是促進原住民對「公」領域的親近，保障其對政府資訊「知」的權利，進而擴大其對政府政策的參與，促進施政的正當性與民主性的措施。所以，重要法規之翻譯及族語翻譯人才之培育，是當前刻不容緩的一件工作。

（七）預期效益

整體而言，本計畫希望能初步完成原住民族語言的「保存」與「傳承」工作，以做為未來「永續發展」的基礎。其預期效益與影響如下：

1. 編纂各族語言字詞典及各類教材，建立原住民族語言發展的基礎。

2. 族語的學習經由家庭和社區，進而擴展至學校，並透過學校教育促使族人對族語之重視，重建一個良好的族語學習與使用環境，使族語復振。

3. 透過各種方式培育原住民族語言師資，並積極與教育部合作，以提升原住民族語言師資素質。

4. 彙整失佚散落與漸不復記憶的傳統與現代歌謠，藉歌謠「民族集體記憶文化與歷史」的功能，以尋索文化與歷史的發展軌跡。

5. 翻譯重要及基本權益法令與政策，建立原住民族相關政策雙語化工作，滿足原住民族知的權利。

6. 確立原住民族語言文字書寫系統並致力書寫語言的發展，確認「羅馬字」為原住民族語言的書寫文字，並趨同西方國家語言發展的方向。

7. 透過家庭、部落、社區及學校族語環境改造，加強族人對族語的態度，促進各族語言、歷史及文化發展，引導族人認同自己語言文化，進而推展原住民族語言是一個可以「聽、說、讀、寫」的語言。

8. 本計畫的 10 項工作，在語言的保存與傳承上的績效，將會是未來在「國家語言」的定位與規劃上建立良好的基礎，可落實語言權的實踐。

　　綜而言之，若以 Dunn（1994）的政策論證結構來分析，本計畫的主要政策論證在「語言權」的落實，其政策主張：語言權是自由權、社會權、集體權，但不知其政策的立論依據是什麼？至於「語言權」的定義是什麼？語言權是否高於家長的教

育選擇權和學生的學習權？原住民族語言權的申張是學習主體的自由意識，還是被迫屈從的集體意識？尚待進一步分析之。

　　此外，現行族語教育政策的制定者認為：族人對族語態度消極是功利主義的作崇，這可謂是一種權威型的論證模式，以原民會官員的權威地位做為政策論證可信度基礎；而其強調原住民族語言的優越性，且為了避免族語的流失，主張要強化語言認同和文化本質的意涵，並將原住民族語言地位提升至官方語言，再從 Dunn 的論證模式來看，這是一種價值批判型模式，乃是以道德規範和倫理價值為基礎，指出政策的應然面。由此可知，本計畫至少運用權威型論證模式和價值批判型模式，來達成族語政策的共識，成為原住民社會的規範。然而，許多研究發現族語政策執行至今已產生許多的問題，故再進一步探討之。

四、現行族語教育政策執行問題之檢討

　　根據原民會（2006）及學者（黃美金，2004；陳枝烈，2008；周惠民，2008）對現行相關政策及方案的執行檢討有：

（一）族語教材的編輯方面

　　原民會（2006）指出：教育部花了四年時間和五千多萬元經費，編輯 13 種不同族群的鄉土語言教材，現在都已束之高閣，究其原因，除了因鄉土課程向下延伸至國小一年級外，倉促編輯以致教材未盡理想，且因各族語言書寫符號尚未統一，導致族語教材體例不一。後來又為因應九年一貫課程，委託政治大學編輯九階原住民語言教材，在委託編輯之前，並未商請學者

專家就前所編之教材做分析，也未就全國方言群做差異調查，甚至將教育部函頒之「中國語文臺灣南島語言的語音符號系統」廢置，逕由政大自行決定各族書寫系統，耗費近億元，成果仍待觀察。但根據政大原住民族研究中心（2009.10.01）網頁：

> 2001 年開始投入原住民族語言教育文化的推展工作，完成原住民族語言能力認證（2001）、民族語言教材編輯（2002～2006）等工作；....在 2006 年完成 9 階 40 語教材的編輯，總計 360 冊，這種大規模編輯案在世界上是罕見的工程。各階課本陸續出版供給使用，頗獲好評，逐步顯現深遠影響。

顯然原民會和政治大學對這套教材的看法迥異，經查詢政大原住民族研究中心，這套教材目前由教育部出版一至四階，可供索取。其他五階因經費問題，目前尚不知是否要繼續印發（原民會高層，2009.12.07）。

（二）族語師資的培訓方面

原民會（2006）認為：教育部的原住民族語種子師資培訓課程，乃是認為目前在職的原住民老師本身「應能說流利的族語」，然而後來發現原住民老師之族語能力幾已喪失，根本無法勝任族語教學。所以，雖然宣稱有 820 位種子教師，實際上稱職族語教師人數卻遠低於此數據，現行族語課程幾由族語支援工作人員從事教學。而且原住民族語師資不是單靠短期研習即可，但是教育部自 2001 年度辦理在職原住民老師培訓後，尚未繼續辦理類似之培訓或再規劃進階研習課程，原住民族語教

師之稱職度令人擔憂。

　　黃美金（2004）則指出：有些國小在職之原住民籍老師族語能力不佳；教育部及原民會所辦理之族語教師研習基本上不具強制性；族語師資持續且有計畫的進階研習未能落實；正規之原住民族語言文化教育學程尚付闕。可見，目前推動族語教學的師資素質和數量仍有待加強，由教學支援工作人員取代現職老師，畢竟非教育的常態，教學品質堪虞。因此，族語師資尚需有計畫的培訓，尤其應有正規之原住民族語言教育學程。

（三）「原住民族文化振興發展六年計畫」方面

　　原民會（2006）指出：本計畫（1999－2004）雖已完成五項工作，建立了發展原住民族語言的基礎，但仍有待檢討改進之處。譬如：在「書寫系統」未有共識的情況下驟然執行，導致「原住民族語言教材」及「各族語料彙編」的體系與書寫系統混亂。而在教學與教材觀摩部份，經過四年 52 個學校的觀摩，但是目前在「族語教學」與「教材編輯」方面，各校仍未建立足勘效法的典範。

　　黃美金（2004）的研究也發現：族語教材編輯委員不熟悉教材編輯原則及技巧、對族語教材編輯理念不清且編輯方式不理想；有些族語教材內容依循漢人思考模式來編寫，以致這些教材欠缺正確性及合理性和適用性；部分族語教材所採用之書寫系統不當、甚多族語教材內容有誤；族語授課時間由國小三年級向下延伸至一年級，造成過去所編之教材束之高閣。由此可見，當今的族語教材因為編輯時間不足、人員不專業、書寫系統不一等緣故，品質確實良莠不齊。

（四）原住民族語言能力認證方面

原民會（2006）宣稱：委由政治大學承辦「90年度原住民族語言能力認證考試」，因當時並無語言學者參與，同時又採取由各族群代表自行決定，以致對書寫符號之一致性、正確性及國際性並未重視。此外，對認證考試所要分類之族語方言別，亦未能全面考量，以致有些語言之方言別分的太細，有些卻又未加以區分。

「91－93年度原住民族語言能力認證考試」則分別由台灣師範大學與東華大學承辦，皆邀請語言學者參與認證試務工作，除關注書寫符號的一致性及正確性外，在考題型式上也講求多樣性，試題之效度及信度也提升了。然而，由於承辦單位的更迭，影響執行能力，因此，原民會主張族語認證考試有制度化的必要，且已委託學者規劃族語分級制。

另外，研究者發現族語認證考試實施後，雖然對於族語教學的品質有所提升，但也讓部落的耆老不能教族語，因為他們雖然會說但是不會寫，而不敢去參加認證考試，對原住民文化的傳承產生不良的效應。

（五）族語教學支援人員的研習方面

原民會（2006）指出：委託六所大學校院，辦理原住民族語言教學支援教學人員之研習，主要是因應九年一貫課程，族語教學所需的師資龐大，乃給予族語認證合格或擔任認證指導委員及認證委員機會，以培訓族語支援教師。然而，因為各承辦大學校院開課時間過於集中，造成擔任研習講座之師資無法應付，以致部分研習成效不佳，諸多學員表示研習時數不足，

有必要持續且有計畫的進階研習。

　　研究者曾發現原民會安排的族語支援教師，毫無教學的專業素養，而且對原住民歷史文化也不很瞭解，只因短期訓練取得族語任教資格，面對活潑亂動的小學生，根本不知該如何教，所以，研習內容應該要加入教材教法等課程，才能出培養稱職的族語支援教師。

（六）學校實施族語教學方面

　　黃美金（2004）認為族語教育政策制定與行政配合的困難有：⑴原住民族語教學時間每週僅一節40分鐘，嚴重不足；⑵部分學校利用晨間或週末等非正規上課時間來教授族語；⑶部分學校採合班或併年級方式上族語課；⑷部分學校教室不足，故利用操場或樓梯間上族語課；⑸部分學校經費短缺，無法編製適宜之族語教材或製作輔助教學媒體；⑹辦理族語各項研習，並未達到預期成效。

　　陳枝烈（2008）則指出自2001年起學校實施族語教學的情形是：⑴已具有正式學科名稱的地位；⑵原住民族語言課程明訂具體清晰的教學目標；⑶不同學習階段訂有不同的能力指標；⑷明訂實施族語教學的年級與時間；⑸師資來自學校與民間；⑹政府委託學術機構編訂族語教材。至於現階段原住民族語教學的困境有：⑴教材不足；⑵師資缺乏；⑶教學時數不足；⑷部份家長反對；⑸經費不足；⑹語言生態環境的消失。由此觀之，目前台灣原住民族語教育已克服部份問題，但是仍有許多困境尚待解決。

（七）「升學優待取得文化及語言能力證明考試」方面

雖然此項考試的爭議不斷，原民會仍於 2007 年 3 月起辦理全國分區考試且舉辦各族榜首授證頒獎活動。然而，二年來的報考人數和及格率都有降低的趨勢。針對族語考試作為加分優待門檻的問題，周惠民（2008）邀請原住民地區國中與高中校長座談，透過對話與集思廣益的方式，來瞭解新加分優待政策對原住民學生的影響，發現校長、主任大多認為族語教育徒增學生的學習負擔和家長的壓力，且通過族語考試不代表族語能力。林文蘭（2007）、全文正（2006）的研究亦指出：現今推動族語教育所造成的心理壓力與學習適應等問題，已在原住民學生身上浮現，在配套措施未臻完善的情形下，族語考試不管對通過或不通過的學生，都會造成不利的影響。

2009 年的原住民學生升學優待取得文化及語言能力證明考試，採取「網路報名」及「通訊報名」兩階段報名方式，且不接受現場報名（原住民族網路學院主網站公告，2009.09.26）。這樣的報名方式，似乎沒有考慮到數位落差及生活條件的問題，是否有些原住民學生因此而放棄報考，也因此減損學習族語的動機，而且每年約有四分之一學生未能通過考試，今年（2010）開始要執行「族語條款」，原住民學生的升學率是否因此降低，值得觀察。廖傑隆（2008：72）指出：「**在字面上，原住民學生取得能力證明可以增加 35%只是表象，實際上是對未取得證明者的懲罰，其實並不公平**」。

綜上所述，近年來不論是教育部或原民會，都在原住民語言教育上投入大量的經費與人力，然而，許多計畫執行至今都已出現問題，例如：因書寫系統不一以及國民教育政策的變遷，

導致歷年所編的教材不適用，造成教育資源的浪費。另將族語能力做為升學優待的條件，未能考量語言環境的城鄉差異和學習時間的排擠等因素，造成原住民家長和學生的負擔，也違背教育的原理原則，實有待檢討。

　　唯有在推動族語家庭化、部落化的計畫值得肯定，其中「原住民族語言巢」係為學前幼兒之族語學習機制，是一種基礎啟蒙的語言學習課程。「原住民族語言文化成長班」則是接續的進階課程，係利用夜間、周末或寒暑假期間，提供 12 歲以下的幼童認識及學習族語及文化，藉由對族群語言文化的認識，增加其本身的族群意識及對族群之認同感。「原住民族語言文化生活體驗營」乃針對都會地區的青少年族人，透過參與營隊回到原鄉，建立起對族群之認同感，也激發其學習族語的興趣。

　　由此可見，推動族語教育的方式很多，語言巢、成長班、體驗營等方案，可能比較能貼近學習者的需求，容易引起學習的動機，這比強制性的族語加分優待，具有實質的效益。其次，對照其他本土語言如：閩南語和客語的推動，乃是透過舉辦歌謠、演講、朗誦比賽等方式來鼓勵學生學習。有些縣市（如高雄市）會要求學校訂出每週一天為台灣母語日，並安排本土語言指導員至校訪視，雖然也讓人質疑其強勢作為，但似也達成讓大家重視本土語言的目的。總之，原民會應該要針對目前族語教育的缺失，省思研議改進之道，才有可能讓原住民族語言在台灣社會生存、在國際發光。

五、對本研究的啟示

　　前行政院原住民族委員會（簡稱原民會）主任委員夷將・拔路兒（Icyang・Parod，2007）指出：「語言」不僅是一種溝通的工具與能力、是傳統民族文化的媒介，也是民族尊嚴的表徵，所以「語言權」被視為民族的基本權利之一。對於原住民來說，在一個有多元族群的國家裏，語言的存在與否不僅代表著「集體生存」的指標，語言的地位更是象徵著族群間的「權力關係」是否平等。可見，族語政策的制定有其政治的目的，對他而言，族語的發展代表原住民族的權利受到重視，也是原住民族能永續生存的表徵。

　　夷將・拔路兒（Icyang・Parod）進一步指出：歷來統治者使用不同的語言及採取迥異的語言政策，搭配著政權的實力，迫使原住民族學習所謂的國語，導致原住民語言使用的環境與場域，不斷地遭到排擠與破壞，傳承與保存日益困難。時至今日，臺灣南島語已被聯合國列為語言滅絕的「危機地區」，常被形容為「躺在加護病房的語言」，所以，原住民族的語言復振問題，是原住民族最為迫切的社會議題之一。

　　由此可知，原民會的前主委尤哈尼・伊斯卡卡夫特視族語為原住民的身分證，而繼任夷將・拔路兒主委亦將族語發展視為族群權力的平等，所以，振興族語便成了當務之急。因此，原民會乃自 1996 年成立以來，即將原住民語言的復振與發展列為重點工作，不僅在法制面上將族語之保存與發展，先後納入「原住民族教育法」與「原住民族基本法」內明文規範，尚於「國家語言發展法（草案）」內，明定原住民族各族語言為國家語言之一。顯然原住民族的語言位階已提高到國家層級，且

經立法保障，可「走出加護病房」了。

此外，爲了落實推動族語教育政策，原民會在組織方面，於 2004 年設置「原住民族語言科」，於 2006 年 7 月成立「原住民族語言發展會」，負責辦理原住民語言政策之規劃與原住民語言振興之相關事宜。在計畫方面，先後訂定執行「原住民族文化振興發展六年計畫」及「原住民族語言振興六年計畫」，並於 2001 年起辦理「原住民族語言能力認證考試」，以培育原住民族語支援教師。在文字書寫方面，除會同教育部於 2005 年公告「原住民族語言書寫系統」及編纂「原住民族語言教材」外，另自 2007 年起分年（期）編纂「原住民族語字詞典」（夷將・拔路兒，2007）。

由此觀之，原民會長期以推動族語教育爲其最大使命，不僅在組織制度的建立和計畫經費的編列上著力，更結合教育部發展書寫系統和教材教法，甚至修改「原住民學生升學優待及原住民公費留學辦法」，不但將族語認證做爲加分優待的條件且還增訂了懲罰條款。

然而，這樣積極推動的政策到底是爲了誰？是爲了維護誰的權利和資源？劉唯玉（2002）認爲：「這一波族語教育政策是爲著政治因素，意在維護族群族語存在的權利與資源，而受到政策影響之原住民家長和孩童本身的需求與權益是較少被考量的」。研究者則認爲將族語傳承視爲全體原住民的義務，且用考試強迫學習族語，其政策的立論及執行成效可能有問題，應進一步探討之。

此外，劉唯玉（2002）提出：當前原住民語言教育政策目

標若是爲延續族語生命與族群文化，則建議「族語認證」與「升學優待辦法」不但要緊緊掛勾，且還要進一步將這樣的機會擴大至非原住民。因爲此作法可擴大學習族語的市場，有助於族語的存續，原住民的學童才更能以自己的語言爲榮，而台灣亦能進入多元社會的本質，更多人能講其他族群的語言，互相了解各族群的文化，語言才能更快地在人群中「活起來」。

施正峰（2003）則指出：在後殖民的國家裡，少數族群往往會抗拒多元文化、或是雙語／多語政策，甚至於反對使用自己的母語來當教育用語，爲何會有這種吊詭的情況出現？可能的解釋是政府在執行上的配套工作不夠，聽任家長去承擔所有的學習成本。因此，政府必須在需求面作努力，讓老百姓覺得語言的學習，除了有象徵認同上的意義，在物質上有長期的誘因，如果把語言學習當作是一種商品，其包裝與促銷的努力也不可忽視。

研究者認同二位學者都主張政府應擴大族語使用的市場，以及研訂多語或雙母語的教育政策，但是用「族語認證」與「升學優待辦法」來讓家長承擔學習成本，且脅迫原住民學習族語，似乎是干預原住民的語言發展權和自主權，而且原住民學生以加分的方式來優待升學，引發非原住民的家長和學生不滿，甚至歧視原住民學生，這對於台灣邁向族群共榮的多元文化社會，可能有負面的效應，當政者不可不注意。

倘如浦忠勇（2007）所言：對那些被學校功課以及經濟生活壓迫的原住民而言，強勢的學校語言和社會語言，讓學習族語成了原住民的額外負擔。所以，用學校成績和金錢功名的指

標來衡量，族語極有可能成了競爭路上的絆腳石。研究者亦為教育工作者，雖然只接觸過很少數的原住民學生，但是對浦忠勇的話深有同感。浦忠勇認為學習族語的心態，將決定族語振興的高度和成效，也決定族語能否轉化成為現代生活的競爭力。因此，原住民在課業的學習如果不能成功，族語加分又有何用？族語不能轉化成為現代生活的競爭力，族語又豈能振興？現行的族語教育政策是不是執行失當？

　　李嘉齡的博士論文《語言運動在近年臺灣認同政治上的角色》指出：在探討母語運動與語言政策之前，必須先探討母語運動背後的形成意識和操作方法。這便牽扯到當前臺灣人民和社會對族群和身分認同與國族問題的滲揉混淆（ambivalent），受益者永遠適用 Gramsci 所指的「歷史性集團」。我們要質疑誰是那個歷史性集團？他們如何製造或傳播國族的思想？如何利用這個想像？這個想像又是怎麼轉化成為人民的身分認同（李嘉齡，2005）。

　　研究者也覺得現行原住民族語教育政策，可能是「歷史性集團」的操作，其將語言和族群畫上等號，並用族語做為族群分類依據，其意識型態也許是在排除異己，真正的目的是為爭取資源和權利。遺憾的是雖然原住民的有識之士已自覺且發聲，希望當政者正視原住民的人權與受教權，能將族語認證和考試優待辦法脫勾處理，但是，行政院原住民族委員會則以「政府既定政策無法改變為由，堅不讓步；對於族語考試引發的社會效應，則以在各地開設族語班來因應」（郭評儀，2006.04.20）。

　　再根據陳誼誠（2007）的考生表現分析發現：除了在原鄉

有較佳的族語環境的考生外，都會地區的考生僅能仰賴記得的隻字片語進考場；純粹是為了應付加分而進行的族語教學，難以讓學生累積相當的族語能量，相信這不是族語振興運動所欲見的。研究者則認為：如此的族語教育政策的執行，反而讓原住民族的未來更加弱勢，可惜當今政府似無視於這些現象，故值得深入研究，以尋求更合理可行的族語教育政策。因此，下節將探討國內對語言教育政策的研究，以厚實本研究之理論基礎。

第五節　臺灣語言教育政策之相關研究

有關台灣教育政策的研究數量相當多，以 2009 年 8 月 7 日全國博碩士論文資訊網檢索結果為例，使用「教育政策」為關鍵詞的有 269 篇，但使用「語言教育政策」只有 9 篇、「原住民語言」則只有 4 篇，顯然台灣在原住民語言教育政策的研究有待擴充。本節將分為四部分來撰寫，第一部份評析有關台灣語言教育或語言政策具代表性的博碩士論文；第二部分則簡介台灣語言政策的重要論著和相關研究；第三部份則評析台灣原住民族語教育政策的相關研究；第四部份則歸納文獻的回顧及探討，確立本研究的取向。

一、台灣語言教育或語言政策的全國博碩士論文

陳宏賓（2002）從政治立場將台灣語言教育或語言政策的

博碩士論文，分為兩大類，第一類是站在大中國立場或國家統合角度所進行的研究，第二類是以台灣的主體性出發，探討與反省現存語言政策。李嘉齡（2005）則從論文的研究主題內容，將其分成四種類型，綜合二者分類如下：

第一類型的論文大多是站在官方立場來進行研究，例如：1982 年李良熙的《台灣光復後推行國語教育問題》以及 1984 年史穎君的《我國國語運動之研究》。1993 年志村雅久的《中華民國推行國語運動之研究》以及 1995 年夏金英的《台灣光復後之國語運動（1945-1987）》。此類型的論文除了探討國語運動的法令規章、推行機構以及人員培訓外，且肯定國語政策推行的重要性。綜言之，是以一元的觀點來研究台灣的語言政策，並視語言為政治統一的工具，可謂此類的研究目前已屬過時。

第二類型的論文是以台灣的主體性出發，偏重在反省現存的語言政策，例如：1994 年謝堂樹的碩士論文《當今台灣地區推行與實施本土化語言教育的須要》，係以問卷調查國語、台語、客家話及南島語等四種語言的使用情況、族群認同程度、語言使用態度、語言政策態度，及實施本土語言的態度等。此研究結果僅建議政府修訂語言政策，且藉著對本土語言及文化遺產的瞭解，促進各族群間的瞭解與尊重，並未對語言現象作深入探討與詮釋。

1995 年李易蓉的碩士論文《台灣弱勢語族語言反抗運動之解析》，則是一篇台灣主體性鮮明的論文，採歷史詮釋的角度來探討弱勢語族的問題，文中主要探討兩大主題，一是弱勢語族語言反抗運動出現的原因，另一是闡述這些語言反抗運動所

隱藏的意義。作者較重視語言反抗運動中的文化層面，且認為台灣意象的轉變，代表台灣文化主體性的典範已逐漸成形。

　　第三類的論文則是深入研究母語教育政策制定的歷史背景及過程，例如：1996 年守箟箟的碩士論文《在地的人，在地的話—台灣的母語教學》，其研究分成兩大部分，第一部份整理母語政策的歷史及母語教學與教材的論述，第二部分則是深度報導當時母語教學的情況。該研究可說是台灣博碩士論文中，以深度報導來研究母語教育的先驅，在研究方法上頗具開創性。2002 年陳宏賓的碩士論文《解嚴以來（1987□）台灣母語教育政策制定過程之研究》，乃以文獻分析的方式，從公共政策的角度，探討台灣自解嚴以來，母語教育政策制定的過程、內容及影響因素。該文將台灣母語教育政策形成的背景歸納，並將母語教育政策的演進分為三個時期，且以行政機關首長、立法委員和母語運動團體為對象，探討三者在政策制定過程中的主要作為與影響，最後分別針對未來母語教育政策的制定、立法委員、母語運動團體以及未來相關研究提出中肯的建議。

　　第四類的論文是以較寬闊的視野來研究台灣語言政策的形成與演變，例如：1996 年陳美如的碩士論文《台灣光復後語言教育政策之研究》，係以臺灣本土語言的發展為範圍，透過文獻分析及訪談，針對臺灣光復以來語言教育政策的時代背景、方針、內容及執行加以分析整理，以了解整體語言教育政策的內涵、潛在意義及影響因素。作者除了將 1945 年至 1996 年間台灣語言教育政策的演進分為三個時期外，並詳述各個時期語言教育的內涵與措施，且建議立法建立語言的平等地位、落實

學校雙語教育、設立母語幼稚園、成立母語文化學院等。可惜本文只著重政策內容的描述，並沒有探討到政策形成的動態因素與過程。

　　1997 年謝麗君的碩士論文《戰後台灣語言政策之政治分析》，主要是從文化政治學的角度，站在台灣弱勢族群的立場，將語言政策的形成與演變，放在權力結構中加以觀察。此研究係以歷史社會學的分析架構，探討台灣語言政策形成與演變等問題，描繪出語言政策背後的政治權力鬥爭、行動者與結構間的動態過程，實為探討語言問題的力作，但缺少對語言政策的發展有所建言。吳美慧（2004）的碩士論文《解嚴後臺灣語言教育政策之發展》，乃從社會語言學及多元文化教育的角度，探討臺灣語言教育政策的內容及主要的影響因素，此研究將臺灣語言教育政策意涵分為兩個主要元素，並將其分為二個階段：（一）1987~2000 年多元的迅速發展階段，（二）2001 年迄今：穩定的深入發展階段。最後，分別針對未來語言教育政策的制定、語言選擇、社會運動團體以及未來研究提出建議。此文對於台灣語言教育政策，不論在理論與實踐上頗具參考價值。

　　綜觀上述論文，李嘉齡（2005）從研究取向與寫作觀點發現：1982－2003 年間，語言政策的研究大多偏重對政策內容的描述與語言的歷史發展，缺乏批判性的探討語言政策，而且研究目的常放在政策落實的過程，缺乏探究政策的弊病及補強政策不公或偏袒的價值面。據此研究者再檢索 2003－2009 年的論文，亦以「語言政策」或「語言教育」加上「批判論述分析」

的關鍵詞查詢，結果發現只有 1 篇博士論文、2 篇碩士論文，可見，台灣近年來的研究取向的轉變不大，語言教育政策的批判論述分析領域實有待開發。

二、台灣語言教育或語言政策的其他相關論著

除了博碩士論文之外，近十餘年來有關台灣語言政策的著作，如 1995 年黃宣範的《語言、社會與族群意識—台灣語言社會學的研究》一書，是一部探討台灣將語言作為政治工具時產生各種問題的鉅作，其書開宗明義的宣稱「語言是一種權力、一種意識型態」。全書的內容相當廣泛，包含了台灣各族群人口與政經力量、台灣的語言衝突、國語運動與日語運動的比較、方言與國語的生態關係、語言與族群意識、台灣各種雙語家庭、語言轉移、選擇和死亡、中部客家方言的消失、多語現象與雙語教育、廣電法與影視中的語言問題、台語文字化、各國的語言政策等主題，乃是研究台灣語言問題的重要指南。

由於此書的資料豐富，不但讓研究者對台灣語言問題有基本認識，也幫助研究者建構族語教育的立論基礎，其書中的「語言衝突年表」，提綱挈領的紀錄了台灣重大的語言衝突事件，可幫助研究者找出台灣語言教育政策制定過程之影響因素。另外，施正鋒（1996）編的《語言政治與政策》一書，亦是研究台灣語言問題者必讀之書。全書分為政治與政策、各國政策、母語教育、語言運動及文字化四大部分。各篇文章的中心理念皆為多語言、多元文化的共存共榮，終極目標則是要建立台灣語言的主體性。李嘉齡（2005）指出：此書中多位學者（如鄭

良偉、李勤岸）對台灣語言權的不平等、語言政策的偏差、族
群關係等多所著墨，甚至從主權移轉的觀點來談語言地位的改
變及語言計畫的施行。其中施正鋒（1996）主張：語言不只是
溝通的工具，語言還有相當的政治關連性，換言之，語言的使
用不只決定了政治權力的分配，語言政策也是政治角力的結果。

　　總而言之，近十餘年來台灣語言政策的論著，不論在博碩
士論文或其他著作，學者對語言政策的關注焦點，已逐漸轉向
語言政策與政治變遷間的權力關係，以及期望達成語言平等的
目標。

三、台灣原住民族語教育政策的相關研究

　　歷年來有關原住民族語教育政策的博碩士論文數量並不很
多，而且似乎也欠缺批判性的研究。例如：1999 年鄭惠美的碩
士論文《台灣光復後原住民語言政策演變之分析》，主要在探
討解嚴前國語運動的原因與影響，及解嚴後多元語言政策促成
的原因及原住民母語教育實施的評估，至於解嚴前後的語言政
策之比較分析，僅佔極少篇幅。劉秋雲（2002）的碩士論文《台
灣原住民母語教育政策之探討：以布農族為例》，乃從語言政
策的觀點，探討台灣地區原住民的母語教育政策，研究發現布
農族對於母語政策的支持度相當高，但對教學時間、師資問題
則意見很多，至於何以支持度高卻意見多？則未深入探討。

　　林再生（2005）的碩士論文《都會區原住民母語推展行銷
策略之研究--以高雄市為例》，係以行銷策略觀點探討都會區原
住民語言推展的可行策略。全文分為理論與實務兩方面，理論

部分是從文獻、政策比較與問卷調查中理出有利與不利因素，做為研究分析之變數；實務部分則以策略性行銷方式進行，應用 SWOT 分析都會區原住民主要癥結，找出行銷的主要對象，針對群體需求與競爭對手行銷組合策略，並從公、私部門釐定可行方案。該論文突破傳統問卷調查的限制，輔以實務行銷策略，堪稱具有實用價值的研究。

廖傑隆（2008）的博士論文《都市原住民族語政策研究—以臺北市語言巢為例》，研究目的在建立族語教育政策評估之架構，採用訪談、內容分析法、教室觀察法等，探討族語政策中語言巢的執行情形，並分析影響臺北市語言巢政策的相關因素和問題。結論之一是語言巢政策相關問題多，建議因應原住民升學加分制度改變，及文化和語言能力測驗結果，修正語言巢和族語輔導班制度。此論文雖已關注到都市原住民學習族語的困境及升學加分制度改變等問題，卻僅是從如何因應族語政策的角度思考，未能去檢視該政策形成背後的權力結構和意識型態，缺少以批判性的眼光，觀察是否因政治角力的結果，使都市原住民學生的學習權受到壓迫，似有美中不足之處。

由於台灣社會對原住民學生的升學優待和族語能力考試的爭議不斷，近年來針對原住民學生升學優待和族語認證政策的研究已不少，例如：將嘉媛（1997）的碩士論文《原住民學生升學優待政策之評估研究》，是以多元文化教育理念及其內涵，作為評估原住民學生升學優待政策的基礎，並從原住民教育發展的歷史中，檢視原住民學生升學優待政策的沿革，再經由實地的探訪與各項文件的分析，了解升學優待政策的實施並進行

升學優待政策的評估。廖維達（2004）的碩士論文《美國種族優惠性差別待遇－兼論我國原住民升學優惠制度》，係從法學的角度，分析美國種族優惠性的差別待遇，做為我國原住民升學優惠制度的合理性及合憲性的參考，主張應採用更有效率，傷害較小、違憲性降低的方式，來達到協助原住民的目的。

全文正（2006）的碩士論文《我國原住民學生升學優待政策之研究》，是採文獻分析法及問卷調查法，蒐集原住民重點發展學校之主任教師及學生，對升學優待政策之意見，並檢驗不同背景師生在升學優待政策意見上的差異，結果發現教師及學生對升學優待政策推動的方向都有積極性的回應。謝嘉璘（2006）的碩士論文《台灣原住民升學優待政策之研究－以升學加分和原住民教育體系為例》，乃透過理論探究、文獻分析、訪談等方法，針對五位學者專家、四位行政人員、四位原住民教育工作者，進行半結構式訪談，並輔以相關文件資料作為佐證。歸納出原住民升學優待政策有其原因，其中政治因素影響最鉅，故建議認證方式應「多點、多時、多管道」，以減輕原住民學生的負擔。

上述的研究結果皆肯定升學優待政策之必要性，但對於以族語考試做為加分優待門檻，學者和教育實務工作者則大多認為會徒增學生的學習負擔和家長的壓力。針對此問題，周惠民（2008）則分別在北、中、南、東等地區進行焦點座談及訪談，邀請原住民地區共 21 位國中與高中校長參與，透過對話與集思廣益的方式，來瞭解新加分優待政策對原住民學生的影響。其研究指出：升學加分政策直接影響原住民學生的就學權益，若

能分析探討學生的觀點，更能突顯實際的問題。

可是，根據歐秀梅（2009）對屏東縣原住民中學生的調查研究結果卻是：「學生對於族語認證考試不會增加升學壓力之看法傾向同意」。這是否為煮蛙效應的一種表現？抑或是如周惠民（2008）所言：「**大部份的原住民學生與家長，對修正後之優惠政策缺乏認識，對政策亦無主導的權力，對於這項直接影響原住民子弟升學權益的政策，似乎只能被動地接受**」。顯然這項族語加分政策隱藏著政府霸權，值得深入探討分析之。

在族語言能力認證方面的研究如：李台元（2003）的碩士論文《台灣原住民學生族語言能力認證制度之評估》，是從語言規劃的角度，一方面透過詞彙分析，評估認證考試題庫的詞彙設計；另一方面運用問卷調查法，探究規劃單位、執行單位、認證委員、考生、及非考生等五類受試者，對於「族語能力認證制度」與首屆「族語能力認證考試」的態度。此論文的主要貢獻是為族語能力認證，及相關語言規劃的評鑑，建立初步的模式。

陳誼誠（2007）的研究指出：政府部門為確實執行政策，竭盡資源的提供族語的學習機會，但在面臨首屆族語加分考試時，卻讓推動多年的族語振興政策暴露出許多未盡完善之處。為了族語加分考試而開設臨時抱佛腳的加強班，或許可提升考生程度與信心，但對於族語振興的終極理想而言，此作法似乎已流於形式與偏向。廖傑隆的研究（2008）也發現：將族語工具化不利族語的復振，因為考試模糊了原住民學生學習族語的目的，在通過考試之後，再學習族語的動力不易維持。

　　林修澈（2006）主張：學習和傳承自己族群的文化是一種責任，也只有在認清個人有這個責任的情況下，文化的學習與傳承才會有意義。若以此觀點而言，學習族語不僅是一種權利，同時也是一種責任，問題是原住民族本身是否有此自覺？有此共識？依歐秀梅（2009）的碩士論文《原住民中學生對升學優待與族語認證之知覺研究－以屏東縣為例》，採用問卷調查法，以屏東縣原住民國中生和高中生為研究對象，結論之一是：「學習族語和參加族語認證的主因傾向於身分的認同，對以族語能力作為升學優待的依據持肯定態度」。這是否意味著原住民學生已經認清自己的責任了呢？

　　然而，歐秀梅（2009）的研究也發現：「學校內族語的使用機會甚低，族語對長輩較常使用，同輩則很少使用族語交談；學校內族語學習的成效，不如家庭和部落」。可見，就算原住民學生自覺應該要學習族語，而政府也投入大量的經費和資源推動族語教育，結果不但是學生同儕很少使用族語，尚且造成為應付考試而補習族語的現象，顯然族語教育政策論述有待批判。

　　綜合上述文獻，研究者初步歸納族語教育政策主要的論述概念，包括「語言權」、「族群認同」、「身分認同」、「族語是原住民的身分證」、「族語消失等於族群滅亡」、「文化證據取代血統證明」等，將於本論文第四章深入分析其論述文本、論述實踐、社會實踐等脈落條件，以及探討其中的意識型態、權力關係。

本章小結

　　教育政策是政府機關為滿足公眾對教育事務的需求，所採行的相關作為，教育政策分析要運用多元的研究方法及技術，來探討教育制度或情境中的問題，尋求可行的解決方案來達成教育目標。教育政策的研究有許多不同的取向，各種取向各有其對教育政策的定義，並發展各自的研究方法、術語及基本假設，目前批判論述分析已成為教育政策研究和分析的新取徑。

　　在本章以台灣為主體來研究語言政策或語言教育的文獻中，有的是從語言發展的歷史來探討本土語言所受的侵害，有的是用問卷調查或訪談來說明母語教學的必要性，有的則是從社會學的角度來觀察台灣弱勢語族的反抗運動，有的則從政治的觀點來看台灣語言政策的形成。單就原住民族語教育政策的研究來看，尚缺少對族語教育政策的論述內容深入探討，因此，研究者決定以分析當前族語教育政策的論述為本研究之取向。

　　近年來許多學者認為：教育政策不可能是中立知識的組合，而是權力相互競逐的結果；所有教育政策的選擇、分配、組織與評鑑是一種意識型態的過程，是為某一特定團體或社會階層所服務。而且教育政策論述的內容總是反映某種意識型態，也是一種文化選擇與社會控制的機制；教育政策的問題除了是競奪「合法化知識」或「正式知識」外，也是在爭奪「誰的知識最有價值」的問題。此外，學者亦指出「語言是一種權力、一種意識型態」（黃宣範，1995）；「語言的使用不只決

定了政治權力的分配，語言政策也是政治角力的結果」（施正鋒，1996）。因此，國家的語言教育政策是政治的、經濟的與文化的產品，其內容必然與社會主流階層的意識型態相符應。

所以，研究者認為原住民族語教育政策的研究，不能僅是內容、結構或實施上的探討，應該還要擴及社會文化脈絡的分析，不但要分析族語教育政策的論述說了什麼、用什麼方式說，還要加以批判其中所隱含精英階級或主流文化的意識型態，並提出有關權力關係與族群認同等的問題。

根據本章的文獻探討，研究者將原住民族語教育政策發展分為五個時期：（一）臺灣光復至 1949 年：推行國語、兼用族語時期；（二）政府遷台至 1987 年：獨尊國語、消滅族語時期；（三）政府解嚴至 1998 年：母語教學、族語復振時期；（四）原住民教育法實施至 2005 年：族語教育法制化時期；（五）原住民基本法通過後：族語教育規訓化時期。研究者認為：從 2005 年「原住民族基本法」通過，原住民的族語教育政策是原住民主體性意識的產物，為何原民會和教育部一起修改原住民升學優待辦法，以「規訓」不學族語的學生，其中的意識型態和權力關係值得深入探究。茲將台灣原住民升學優待辦法和族語認證制度的變革，整理如表 2-2，以供後續分析之。

表 2-2 台灣原住民學生升學優待辦法與族語認證制度變革年表

年代	重要措施	資料來源
1946	1. 政府開始提供原住民保送、加分、特別名額及獎助學金等升學優待政策	汪秋一，2007
	2. 辦理高山族優秀青年免試免費入省立高中，由各縣保送六年制國民學校畢業優秀	周惠民，2008

	兒童三十	
1951	1. 教育部規定投考專科以上學校的原住民學生，准予降低 25%錄取標準，是最早的加分政策	周惠民，2008
	2. 降低錄取標準 25%計算，乃是以原始總分乘以 4/3 即為加分後的分數	陳誼誠，2007
1952	1. 教育部規定原住民學生投考高中或同等學校，准予降低 10%錄取標準	周惠民，2008
1954	1. 教育部規定原住民學生投考高中或同等學校，改增加總分 20 分且專科入學標準降低 25%錄取	周惠民，2008
1957	1. 大專聯招原住民、蒙藏生、邊疆生降低律錄取標準 25%，優待升學	廖傑隆，2008
1968	1. 教育部規定原住民國中畢業生投考高中職，亦享有加總分 20 分優待；參加五專、師專考試錄取標準降低 25%	周惠民，2008
1987	1. 政治解嚴，教育部公布「台灣地區山地族籍學生升學優待辦法」，專科以上原住民學生錄取總分降低 25%，高中增加總分20%錄取（1987.1.5）	廖傑隆，2008
	2. 山地族籍學生係依「台灣省山胞身分認定標準」，原非山地族籍之養子女，不得享受優待	歐秀梅，2009
1995	1. 教育部（1995.7.5）修正公布更名「台灣地區原住民族籍學生升學優待辦法」，原住民族籍依「台灣省原住民身分認定標準」	歐秀梅，2009
	2. 原住民族籍學生升學優待辦法第二條規定：報考專科以上錄取標準降低 25%；報考高中增加總分 35 分	周惠民，2008
1996	1. 原民會成立（1996.12.10），華加志首任主委	原民會，2006
1998	1. 台北市將原住民學生報考高中由加總分 35 分提高為加總分 20%，以外加錄取名額	周惠民，2008

	減低競爭壓力	
2000	1. 教育部修訂公布「台灣地區原住民族籍學生升學優待辦法」，原住民族籍依台灣省原住民身分認定標準，第三條規定學生報考專科以上學校按一般錄取標準降低總分 25%；報考高中依考試成績加總分 20% 優待（2000.4.14）	歐秀梅，2009
	2. 尤哈尼・伊斯卡卡夫特就任原民會主委，提出「不會講母語的原住民學生，聯考別想加分」、「能說母語就是原住民身分證」的概念	原權會部落工作隊，2000.5.20
2001	1. 原民會（2001.11.5）公布「原住民族語言能力認證辦法」並補助辦理原住民族語言能力認證相關研習活動	歐秀梅，2009
	2. 教育部配合多元入學方案修訂公布（2001.1.20）更名之「原住民學生升學優待及原住民公費留學辦法」，第三條規定各校得於核定名額外加 1%供原住民入學；考試分發入學者，大學指定考科降低錄取標準 25%，高中及五專登記分發者錄取標準降低 25%，並增訂「自辦法修正生效第四年起原住民籍考生應取得文化及語言證明」，以維護並發揚原住民語言及文化（主委尤哈尼・伊斯卡卡夫特在任）	歐秀梅，2009
2002	1. 教育部修正「原住民學生升學優待及公費留學辦法」第三條條文，增列報考高中及五專原住民考生以其他各類方式入學者，參採國中基測分數標準及第二階段非學科測驗分數標準者，均降低 25%，外加 1%名額。「自辦法生效第四年起原住民籍考生應取得文化及語言證明」之規定不變（主委陳建年 2002.2.1 接任）	全國法規資料庫，2002.5.8
2004	1. 教育部再修正公布「原住民學生升學優待及原住民公費留學辦法」第三條，明定「自	全國法規資料庫，2004.10.29

	原住民學生參加 96 學年度招生考試起，應取得原住民文化及語言證明」，錄取標準降低 25%，外加 1%名額不變（陳建年主委，延後二年實施）	
2005	1. 公布「原住民族基本法」（2005.2.5），其第 9 條規定：政府應設置原住民語言研究發展專責單位，並辦理族語能力驗證制度，積極推動原住民族語言發展。政府提供原住民族優惠措施或辦理原住民族公務人員特種考試，得於相關法令規定受益人或應考人應通過前項之驗證或具備原住民族語言能力。原住民族語言發展，另以法律定之（原民會主委瓦歷斯‧貝林 2005.3.10 接任）	原民會，2007
	2. 教育部制定「2006-2010 年發展原住民族教育五年中程個案計畫」，其中配合升學優惠辦法規劃原住民學生「族語認證制度」即為執行內容之一	教育部，2005
2006	1.原民會（2006.6.12）函文教育部修正「原住民學生升學優待及原住民公費留學辦法」第三條條文，對未取得文化及語言能力證明者，建議：「自 99 學年度招生考試起應逐年遞減加分比例，以加速原住民學生取得文化及語言能力證明及復振族語文化」並且增訂第 3 條第 5 款但書（瓦歷斯‧貝林主委）	原民會函，原民教字第 09500174181 號
	2. 原民會主委瓦歷斯‧貝林與教育部長杜正勝會銜公告「96 學年度原住民學生升學優待取得文化及語言能力證明要點」，考科分 12 族 41 個方言別，依考生所屬族別自由選考（2006.9.11）	原民會新聞稿，2006.9.20
	3. 教育部（2006.9.8）修正發布「原住民學生升學優待及原住民公費留學辦法」第三條條文，升學優待自 96 學年度起改採加	原民會新聞稿，2006.9.20

	總分 25%計算，另爲鼓勵學生取得文化及語言證明，取得證明者，以加總分 35%計算	
	4. 教育部說明「原住民學生升學優待及公費留學辦法」第三條修正緣由是將升學優待一致化，錄取名額改爲依原住民人口數占全國 2%爲基礎，增訂以各校系組核定人數的 2%保障名額，另爲給與原住民學生緩衝期適應時間，始自 99 學年度起，未取得證明者其加分比率方逐年遞減 5%，並減至 10%止（升學優待辦法第 3 條第 5 款但書）	原民會新聞稿教育部詳細說明，2006.9.20
	5. 參加「原住民學生升學優待取得文化及語言能力證明考試」限爲原住民身分法規定之原住民學生，範圍爲九年一貫族語教材 1-3 階及基本生活用語，採聽錄音帶方式，滿分爲 100，合格爲 60 分	原民會答客問，2006.9.20
	6. 原民會主委瓦歷斯‧貝林與教育部長杜正勝會銜修正「96 學年度原住民學生升學優待取得文化及語言能力證明要點」第五點，各族方言別改中央主管機關核定，由考生自由選考（不限所屬族別）	行政院公報資訊網，2006.12.15
2007	1. 台師大開辦全國分區「96 學年度原住民學生升學優待取得文化及語言能力證明考試」（3 月合格率 77.22%、12 月合格率 76.6%）	陳誼誠，2007歐秀梅，2009
	2. 原民會主委夷將‧拔路兒與教育部長杜正勝會銜修正公告「原住民學生升學優待取得文化及語言能力證明要點」，應考資格爲報考 97 或 98 學年度之新生入學考試之原住民學生，考試科目方言別由考生自由選考	行政院公報資訊網，2007.6.15
	3. 教育部（2007.4.14）再修正原住民學生升學優待辦法第三條，將優待方式區分爲：	全國法規資料庫，2007.4.14

	報考高中、五年制專科、技術校院四年制、二年制或專科二年制、大學，仍以國中基測成績或大學指考加總分 25%；取得語言文化證明者加總分 35%、名額以 2% 為限，未取得證明者自 99 學年招生考試起，其加分比率逐年遞減 5%（教育部長杜正勝）	
2008	1. 台師大辦理「97 年度原住民學生升學優待取得文化及語言能力證明考試」，（3 月合格率 74.2%、12 月合格 61.8%）	原民會新聞稿，2008.12.26，2009.3.27
2009	1. 台師大辦理「98 年原住民族語言能力認證」考試，587 人合格（合格率 52%），其中有 3 位非原住 民。首次提醒自 99 學年度始，未取得合格證明的學生，加分優待將逐年遞減 5%，直到 10% 為止	原民會新聞稿，2009.9.15
	2. 台師大辦理「98 年度原住民學生升學優待取得文化及語言能力證明考試」，分 14 族 43 方言別，共 7542 人通過，合格率 72.2%，總平均 68.5 分	原民會新聞稿，2010.2.3
2010	1. 原民會發布新聞稿，提醒原住民學生未取得族語能力合格證明者，其原先享有的 25% 應試加分優待，自 99 學年度開始，逐年遞減 5%，一直減到優待 10% 為止	原民會新聞稿，2010.2.3
	2. 原民會主委孫大川與教育部長吳清基會銜發布「原住民學生升學優待取得文化及語言能力證明要點修正規定」，修正應考資格，以能力考試舉行當年就讀國中二年級、三年級、高級中學或職業學校二年級、三年級、五專四年級、五年級或具同等學力之原住民學生為限（不限新生入學）	行政院公報資訊網，2010.5.5

資料來源：研究者自行整理（2010.07.13）

　　此外，從「原住民語言振興六年計畫」的探討發現：現行族語教育政策的論述是「落實語言權」。據前原民會主委夷將‧拔路兒（2007）指稱：語言的存在與否不僅代表著「集體生存的指標」，語言的地位更是象徵著「族群間的權力關係」是否平等。然而，這是否爲一種精英階級的論述呢？這樣的論述和尤哈尼‧伊斯卡卡夫特主張：「不會說族語就不能享受原住民身分優待」，其隱含的意識型態是什麼呢？族語能力和原住民學生升學有何關係？學生族語認證政策從尤哈尼‧伊斯卡卡夫特制定，到瓦歷斯‧貝林定案實施，至今許多研究已發現（陳誼誠，2007；周惠民，2008；廖傑隆，2008）對族語發展並沒有助益，反而對原住民學生有不利的影響，爲什麼這樣的政策未能即時修正？其政策的行動意圖、脈落結構、權力關係、意識型態等，實值得進一步探討，故於第四章以批判論述分析的方法分析之。

　　Van Dijk（1993）主張：早期論述分析主要在描述語言的現象、意義與形式上的問題，假設論述是社會真實的反映（reflection），使用的是結構主義的方法。而 60 年代以後所謂「語言的轉向」（The linguistic turn）使得語言重新再概念化，認爲論述必須放置在廣大的社會脈絡與人際互動之中加以探討，分析其背後所產生的權力關係與不公平現象。因此，論述分析形成一種批判性的途徑，論述不再被看作是社會真實的反映，而被視爲既組成社會真實也被社會真實所形塑的實踐方

式。所以，批判論述分析就是要揭露論述如何型塑與重組社會關係，以及如何維繫或增強不平等的權力結構。

Fairclough（1992）所提倡的批判論述分析，意圖分析論述如何為社會脈絡中的優勢階級服務，且強調論述作為文本、互動與社會脈絡之間的辯證關係，而試圖揭露論述中隱含的權力關係與意識型態。這樣的分析工作不但要以論述的書面文本分析為出發，也要從論述實踐的如何生產、分配與消費過程的角度，來理解論述在其社會脈絡中生產的條件與詮釋的效果。因此，要分析族語教育政策的論述，如何在原住民族社會中產生意義，除了要研究政策論述文本的內容外，也必須關注族語教育的論述文本是如何被詮釋，及其在原住民的社會中產生什麼作用，並從族語教育論述文本生產的過程及社會文化脈絡來進行分析。

總之，教育政策論述是一種文本，其內容則是意識型態與權力關係的再現（representation）。批判論述分析即是一種對論述文本與其所連結廣大社會脈絡的交互分析。由於 Fairclough 建構的以文本、論述實踐與社會實踐三層面的分析模式，可以做為教育政策研究的理論基礎和研究的架構。本研究應用其批判論述分析模式，來研究台灣原住民族語教育政策，不但可彌補國內在批判教育政策研究的數量不足，也突破了量化與質性研究途徑的限制，研究者可在批判分析過程中增廣視野，期盼能因而提升研究者在教育政策分析上的素養，進而反省研究者自己的意識型態或知識偏見。

具體言之，研究者認為：論述是教育政策的文本，論述能

豐富教育政策的正面意義，且促進教育決策的效果及執行力，故本研究將探討有關台灣原住民族語教育政策的論述，希亦能提升族語教育政策的成效。此外，研究者將參考吳政達（2002）的政策制定過程分析，找出政治行動者間的互動關係，而且視「母語考試政策」爲個案來進行深度研究。換言之，研究者企圖運用多元的分析方法或模式，從各種角度來解構當今族語教育政策的論述，希能重新建構真正符合社會公平與教育理想的族語教育政策。

第三章　方法論與研究方法

　　本章旨在介紹本研究的理論依據和研究設計，共分成二節：第一節理論基礎，先介紹論述分析及批判論述分析，再說明 Fairclough 的批判論述分析模式及其在本研究的應用。第二節研究設計，主要在說明如何運用批判論述分析方法，建構本研究的架構與資料蒐集範疇，再列出本研究流程與說明本研究立場，以利進行研究。

第一節　理論基礎

　　本研究主要是以批判論述分析方法（critical discourse analysis）來分析台灣社會網絡中，所交織呈現的原住民語言教育政策與族群認同意識間的論述形構（discursive formation），以及此一論述形構與權力關係互動所產生的社會現象。論述形構是 Foucault 用來指稱社會中各種論述間可資依循的軌跡架構，同時，也是企圖解釋日常生活領域中，如何產生不同形式的權力，形成可被分析的文本。

　　Foucault（1972）將論述視爲一個變動、具有生產力的過程，透過論述得以產生新的、有力的議題，也會影響人們對議題的理解與回應。因爲論述界定了何者是可接受或合於規範的真實，因此，Foucault 在乎的並非是何爲「真實」，而是這些「真

實」的圖像究竟是如何建構的。在 Foucault 觀點中，論述是由
特定社會體制所產生的語言陳述，論述包含的不只是語言和符
號，也可說是一種約束與實踐。所以，Foucault 的論述理論是要
考掘：決定論述形構的背景法則及發話主體所處的位置和表達
方式（李嘉齡，2005）。

　　Laclau 與 Mouffe（1985）認爲：事物唯有在論述之內才獲
得意義，任何事物超出論述的範圍就失去了意義。Fairclough
（1995）則主張：論述是意識型態的物質存在，因此，其意涵
是被意識型態賦予，而意識型態則是透過論述來散播流傳的。
黃乃熒（2006）認爲：論述著重探討理所當然或習焉不察的文
化假定及價值體系，故會對意識型態進行批判；論述亦強調尊
重個體所處的文化生活意義，會把自己置身在社會情境進行詮
釋，也會致力於其他價值立場的探討，故論述具有啓蒙的價值。

　　Ball（1990）指出：論述分析可檢測專業精英及官僚體系的
權力偏見。論述分析是一跨領域的學科，衍自人類學、認知心
理學、社會心理學、微觀社會學、語言學、符號學、口語傳播
學等。其源頭可溯至兩千年前的語藝學（rhetoric）和詩學的發
展，直到 1960 年代，論述分析才奠定了完整的分析架構（Van
Dijk, 1993）。批判論述分析一方面分享 Foucault 的論述分析觀
點，一方面在文本和理論詮釋上，更強調批判的面向。Fairclough
（1992）則指出透過批判論述分析方法，可以突顯論述實踐與
社會實踐間的隱匿關係，以及論述科技化（technologization）的
影響。

　　李嘉齡（2005：14）指出：Fairclough（1992）並未詳述論

述科技化的涵意，可能是與 Foucault 論述實踐之意相去不遠；Novoa（2001）則將文本（text）等同於論述實踐（discursive-practices）。游美惠（2000：27）則認為：探討論述實踐的作用，就是要闡明知識／權力在社會的鉅觀與微觀層次之散佈運作。基於批判論述分析的目的與本研究的企圖吻合，而 Fairclough 對於進行批判論述分析的步驟解說清楚，所以，研究者據以為本研究的理論基礎，並進一步說明如下：

一、論述分析

倪炎元（2005：35）指出：「語言的表述不只是一組攜帶意義系統的符號組合，而是各種勢力交鋒爭執之後的一種體現，這種體現被稱為論述」。Foucault（1972）主張「陳述」與「命題」不同，因此，考古學必須找出「陳述」被置入的那一套脈絡關係、規則的領域以及主體的位置，因為主體可以同時擁有很多游移不定的位置，而一個位置也可以由不同主體所佔據。考古學是分析陳述循何種生產、分配與運作的規則進行安排；系譜學是分析相關陳述背後的動態權力交峰與運作（倪炎元，2005：5）。亦即考古學將考察對象侷限在論述本身，而系譜學將論述與權力運作聯繫起來，更強調論述的實質條件。

Foucault(1972)認為「真理」不過是人類運用語言所排比出的「事物的秩序」。因此，Foucault 主張：論述是某種特定的知識系統，進而形成社會和政府的管理技術，也構成了社會中的權力關係。對 Foucault 而言，論述是「散佈的系統」，論述分析就是要描述這個系統，並就論述內外「矛盾」、「縫隙」、

「斷裂」處予以掌握，因爲各種論述間的矛盾、縫隙和斷裂，可能就是反映一個時代面貌的契機，因此，只要掌握這些現象散佈的法則，也就可以進一步了解整個論述結構的情況。

　．　至於論述是如何建構的？Foucault 指出：任何知識或論述的建構，皆有其特定的社會脈絡，政府、專業學術組織、利益團體，以及不同階級、種族、性別、文化團體等，都會對權力的行使發生作用。誰能控制權力，誰就能控制知識。人類歷史就是由「誰該容納在內、誰該排除在外」的權力鬥爭所建構而來的，充滿了不可預知的偶發性、任意性與情境性，所以，沒有所謂客觀中立、普遍有效、不受政治影響的知識，因而也就沒有所謂統一、固定意義的文本（馬向青，2008）。

　　此外，Foucault 的論述分析特別重視「權力」作用，Foucault 指出：知識與認知主體間並非直接關係，必須透過權力關係作爲中介，而權力關係在知識範疇發揮最大作用，就是透過排除的程序，譬如：考試制度就是一種規訓權力，其背後隱藏著特定經濟結構和政治秩序的要求，以及社會特殊的價值標準，目的在於分類、編排，藉以控制人的行爲和意識型態（李嘉齡，2005）。那麼族語認證考試制度，目的是否也在控制原住民族群呢？

　　Foucault（1983）強調：不要再去質問權力「爲什麼」的問題，應該體察真實脈絡情境，在權力／知識的交互關係中，產生新的認識論，以「如何」作爲提出問題的方法。Best 與 Kellner 則指出：Foucault 將論述視爲鬥爭的場域，不同團體在論述中努力製造意義和意識型態，爭奪文化霸權，故其強調不能輕忽意

識型態在論述中佔據的支配地位。因為論述是動態、辯證的，不同政治團體往往藉論述的解構與重構，不斷在意義上鬥爭，以建構有利於己方的政治認同（朱元鴻譯，1994）。

Carabine（2001）則以 Foucault 的系譜學所關注的權力（power）、知識（knowledge）與論述（discourse）間之關係為出發點，來探究知識與權力是如何在論述中成形？這些論述又造成了什麼樣的影響？並藉此建立一套分析的架構，以從歷史的觀點分析權力與知識的形成過程。Carabine 認為：在系譜學的分析方法中，除得以知道在特定時空中，論述／權力／知識的關係，亦可由歷史的脈絡來看論述如何透過不同的方式建構而成。

由於論述分析與傳統的質性研究關注的焦點不同，因此，研究者必須要考量不同的言談內容，以及能夠延伸詮釋其他現象的程度，且可透過三個層級進行詮釋，其一是論述層級：關注不同的人在不同的情境脈絡中，對於自我觀點、他人動機、事件的陳述。其二是觀念的層級：透過訪談或言談詮釋來探究觀念、價值、信念、幻想等。其三是行動與社會的層級：針對關係、行為、事件、社會型態、結構的存在進行描述。將這三個層級的資料詮釋進行整合，以第二、第三層級的分析來補強論述層級的觀點，能夠幫助質性研究產生新的、具啟發性的洞察。

總之，論述分析學者認為人與人之間充滿著不一致性，語言無法全然反映內在或外在的情境。論述分析主要關注在論述的本身，避免去探討語言使用的差異性，其研究的焦點在於找

出言談的觀點，及引發特定言談的情境，亦即找出言談是如何
被建構與言談背後的情境脈絡爲何。分析時對於自然情境的言
談與寫作，其中所呈現的細微差異、矛盾、含糊不清，特別注
意。

　　就教育政策分析而言，政策本身很可能是官方意識型態的
再製，經由語言包裝，強化原有的社會結構和利益分配原則。
因此，教育政策論述的建構就成爲政治意識型態的場域，在巧
妙的「正當性」權力運作之下，其中充滿了堂皇的理由、重複
的論辯、引證、暗示和說服，且不乏技術官僚或學者專家的科
學數據和意見以資佐證，所以，研究者進行論述分析時，就得
警覺性予以解構和處理（王慧蘭，1999）。

　　近年來以「論述」爲分析焦點的研究越來越多，人們不僅
想知道語言說了什麼？由誰說？在什麼情況下說？說了哪些弦
外之音？更企圖掌握發話者的歷史背景與社會脈絡，才能瞭解
整體言說行動。因此，研究者除了從族語政策的相關文件來分
析族語政策的論述內容外，尚需針對發話者的背景脈絡分析，
才能真正瞭解族語政策隱含的意識型態和權力關係等問題。

二、批判論述分析

　　論述分析的途徑與實證研究不同，它缺乏具有共識的研究
步驟，因此，包括框架理論、批判語言學、俗民方法論、日常
語言分析、言說行動分析、意識型態分析、敘事學分析、符號
學、考古學與系譜學等流派，都可以冠上「論述分析」的字眼
（倪炎元，2005）。其中語言學又在八０年代發展出「批判論

述分析」（Critical Discourse Analysis，簡稱 CDA），專注於公共論述的研究，藉語言學的分析技巧，揭露隱藏於文本中的支配論述，並檢視意識型態的社會實踐功能。

批判論述分析的理論基礎，除奠基於批判語言學外，其理論架構亦深受著 Althusser 的意識型態理論、Gramsci 的霸權理論，以及法蘭克福學派批判理論的影響，此外，後結構主義、Foucault 的知識考古學及其對論述實踐(discursive practice)的分析，亦是另一個理論建構的重要來源（蘇峰山，2004）。CDA 比其他論述分析更強調批判的取向，目的是揚棄一般研究文本時，對價值客觀中立的要求（Hammersley, 1997）。然而，批判不表示只看事物的負面，或將社會劃分爲非黑即白的世界，而是要區辨複雜的現象、拒絕簡化的論調，其主要目的在找出論述本身與情境的、制度的、社會脈絡間的辯證關係。

所謂辯證關係(dialectic relationship)，是指社會行動者透過論述，建構知識情境和社會認同，並和不同的社會團體間互動，進而影響社會與政治現實，同時，論述也受到社會現實的建構與影響（De Cillia & Reisigl & Wodak, 1999）。因此，CDA 的學者如：Van Dijk、Fairclough 等人，皆認爲語言的核心就是一種社會建構的手段，而 CDA 的研究目的，在於揭發文本中意識型態與權力的不平等關係，主張將日常視爲理所當然的共識解構（Teo, 2000）。由於 CDA 的理論基礎是來自西方馬克斯主義（Western Marxism），所以，比傳統馬克斯主義更重視社會文化的面向，強調資本主義的社會關係是被意識型態建構與維持（再製），而非僅將焦點放在物質基礎上。雖然 CDA 並沒有明

確跟隨西方馬克斯主義的研究路徑，但是主要研究方向仍受其框限。

此外，後結構主義者 Foucault 的論述觀點，也對 CDA 造成重要影響，CDA 的學者受到啓發，將論述視爲一種社會建構，而社會是透過語言創造並維持的。倪炎元（1999）指出：不同的 CDA 學者各有不同的分析取向，例如：Fowler 承繼功能語言學的主要論點，另創批判語言學，特別彰顯句法的變異在意識型態上的功能；Van Dijk 引進認知心理學的分析策略，著重文本中論述的生產與理解；而 Fairclough 則使用批判社會學的研究取向，注重文本與社會結構間相互制約與建構的互動關係。這三種取向分別透過功能的相關、認知再現的建構以及辯證的互動，來瞭解文本與脈絡間的聯繫，並解析文本的意義。

周德禎（2001）指出：在批判理論的脈絡下，CDA 的研究旨趣有三，第一、批判關切的是揭開社會關係中意識型態的迷思；第二、批判是要找到途徑去理解現實、知識、詮釋的本質及預設。第三、研究者的自我反思和再現的語言基礎。Mumby 與 Clair（1997）及 Teo（2000）認爲：CDA 同時也繼承了馬克斯主義的理想性格，強調透過廣泛的社會批判，爲激進與解放的政治行動提供基礎，進而促成社會的轉變。儘管這種理想可能被批評爲過份天真，但不斷揭發政客隱而未現的陰謀且不斷抗爭卻是務實的作法。

總之，CDA 的學者選擇主動介入社會實踐，積極參與政治運動，像是反種族主義、女性主義或和平運動等。CDA 的一個重要特徵，就是與受宰制和壓迫的團體站在同一陣線與宰制集

團相抗衡（Fairclough & Wodak, 1997）。研究者身為教育工作者，認為無力反抗的學生常成為被壓迫的對象，因此，選擇站在弱勢的原住民學生這邊，企圖解構現行族語教育政策的論述，希望能為原住民學生發出不平之鳴，以促使政府正視學生的主體性和自由權。

　　Alvarez（2002）認為：CDA 已跳脫傳統論述分析的架構及語言結構系統，致力研究論述的意義與社會的連結，以及檢視語言和意識型態與權力互動脈絡，並且分析論述中權力與意識型態自然化的過程，希望文本中的不平等關係透明化，使看似中立或自然的論述操控策略得以顯露出來。綜合言之，CDA 的價值觀有下列幾項（Fairclough & Wodak, 1997）：

（一）透過社會、文化過程與結構特徵，尋找論述所反應的社會現象。

（二）凸顯語言及論述本質在當代社會的權力關係，也就是權力關係如何在論述中協商與運作。

（三）強調論述與社會、文化間相互建構的辯證過程，認為語言的使用會帶來文化、社會與權力關係的再製或轉化。

（四）透過分析文本及其如何被接收與闡釋的社會效果，釐清論述如何行使意識型態。

（五）論述必然與過去、現在或將來被產出的論述彼此密切相關，因此論述是歷史性的，這也是所謂的「互文性」（inter-textuality）。

（六）文本與社會間並非直接的關係，而是受到論述秩序的中介決定。

（七）論述的意涵有多種詮釋與解釋，而此行動也隨不同脈絡背景而有不同結果，因此是論述的解讀是動態、開放且不斷進行的。

（八）由於致力將權力關係透明化，批判論述可說是社會行動的一種。

　　此外，Wodak（1999）認為：CDA 並不是一個同質、清晰或具有明確定義的工具，相反的，它是一個含多種面向與不同理論和方法取向的研究方案。依照 CDA 的看法，論述不只是一種形式、符號或心理過程，更涉及複雜的社會現象與結構權力關係的辯證過程（Van Dijk, 1993）。為了釐清複雜的論述概念並說明研究的重點，Van Dijk 提出 CDA 的四個分析方向，作為研究的參考指標，茲說明如下：

（一）行動意圖

　　CDA 學者普遍認為語言是一種社會建構的方式，因此，他們將論述視為一種意圖性的行動，「行動」指的的是人們從事（或不從事）某活動隱含的意圖或目的。CDA 的觀點認定所有的論述都是有意圖、受到操控、有目的地行動。論述不只是發話者目的導向或意圖性的創造，也受到社會規範、道德價值與文化的形塑，而這些更影響發話者與接收者的觀點及對論述意義的詮釋，所以，某些論述行動必定受到另外一些論述行動的限制，這種有意義的說話行動，就是社會行動。

　　基於此，論述依賴的語言並不是透明的，它是一組選擇與支配的偏見系統，而語言的選擇又受到社會意的限制。因為論述的語言並非單一、同質的系統決定，而是不同使用者依照

特殊事件、狀況而選擇表達（Hodge & Kress, 1993）。總之，論述行動者是基於某種目的並針對特定對象表達的，論述的結構、意義、言詞行動，都是為達成此一特定目的而設。

（二）脈絡結構

CDA 學者認為：論述不只是行動也是社會互動，論述同時反應社會結構與社會過程的產物，並參與社會結構與過程的生產和再製（Fowler & Hodge & Kress & Trew, 1979）。因此，在批判論述的分析中，「脈絡」是重要的關鍵因素，它比人們常識的認知更為複雜。因為論述的產製與理解，除了文化及社會變動的影響外，其他還包括：論述參與者的角色與社會關係、論述發生的時間地點、論述的舞臺場景及道具，參與者的性別、年齡、階級、教育程度、社會地位、種族、專業等，都是不可忽視的背景因素。

此外，論述主體的社會關係，論述參與者所處的時間、地點，以及社會物理環境背景，都是建構論述的重要脈絡條件。它們決定論述參與者的動機、意圖，影響參與者如何發言、論述內容以及如何解讀，所以，脈絡結構的變異構成論述結構的基礎，文本有其生產與消費的歷史條件，因此不能被孤立看待。

（三）權力關係

批判論述分析最重要的預設是要瞭解權力的本質與宰制，因此，在論述文本中，最重要的關懷就是權力關係的傳遞（Hodge & Kress, 1993）。權力意味著「控制」，它通常是權力集團用來控制其他團體的工具，權力團體能夠藉此限制他人的行動自由並影響他人的意向，使被控制的人在行動及認知上從屬於控制

團體，而權力除了直接暴力的控制行動外，其最有效的控制方式，是以間接的「說服」、「掩飾」或「操控」的方式進行，藉由這些策略，使人能夠基於自己的利益，間接改變他人的認知與意向。由於論述中的權力關係並非固定，因此，CDA 的研究關注論述中的權力關係，瞭解論述的策略如何使宰制「正當化」、「自然化」（Fairclough & Wodak, 1997）。

（四）意識型態

意識型態能夠調解與自然化事物本身的矛盾，並且通常以複雜的樣貌呈現（Hodge & Kress, 1993）。Thompson（1984）曾指出：意識型態是建構社會意義的重要因素，它有三種操作的方法：第一、意識型態常被用來鞏固現存不平等的權力關係，因此，意識型態總是以具有正當性的方式呈現；第二、意識型態是透過掩飾、拒絕或遮蔽的權力關係操縱；第三、意識型態通常會被具體化，不論是短暫的或歷史的狀態，都會被包裝成永恆且自然的樣貌呈現。因此，論述並非單純的再現而是建構的，是透過意識型態在其中的運作，不斷持續創造主客體地位，其功能是支撐或顛覆權力關係（Fairclough, 1995）。Althusser（1971）則認為意識型態是有作用的，它偽裝成社會共識並設定主體位置，然而，透過 CDA 的分析就能夠系統化的察覺並批判之。

總之，批判論述分析兼顧論述的鉅觀與微觀，不僅要掌握論述與社會的動態，且透過批判觀點來揭發論述生產者的行動意圖、脈絡結構、權力關係、意識型態。批判論述分析的研究與日俱增，主要是因為它關心社會行動者主導的事件和經驗，

更致力揭發掌權者隱而未現的操作。本研究擬採用批判論述分析的理論與方法，來探討台灣族語教育的政策論述是什麼？如何形成？如何實踐？進而瞭解論述者如何站在各自的有利位置上，提出那些有關族語教育的論述，並探究這些論述的社會脈絡，批判其論述隱含著哪些霸權、利益和意識型態。而且為能深入分析族語教育政策的論述，將參考 Fairclough 的分析模式來建構本研究架構，故再說明其理論基礎和分析模式如后。

三、Fairclough 的批判論述分析模式

Fairclough 是繼 Van Dijk 之後，在批判論述分析途徑深具影響的學者（倪炎元，2005：72）。論述分析有許多不同的取向，Fairclough 曾區分為兩大取徑，一是基植於語言學之文本取向的論述分析，另一則是受 Foucault 影響，關注於文本的歷史與社會脈絡的取徑(Taylor, 2004)。基本上，Fairclough(1995)認為語言是社會的實踐，為批判的政策分析提供很有用的理論基礎。他特別關心「論述實踐、事件和文本」及「廣泛的社會文化結構、關係和過程」之間的交互關係，以探討論述、意識型態與權力間的關聯（引自馬向青，2008）。

Fairclough 在 1992 年出版《論述與社會變遷》，明白揭示他對論述的特殊觀點，也發展一套特殊的分析架構。Fairclough 的 CDA 分析模式，強調論述文本、論述實踐與社會實踐之間的關係，認為從文本的分析中可以尋覓論述實踐運作的軌跡，並理解作為社會實踐的論述如何影響社會的變遷。Fairclough 的理論嘗試將霸權（hegemony）的權力理論，以及互文性

（intertextuality）的論述實踐理論作結合，其研究旨趣在於揭示論述如何由權力與意識型態所構成，進而解釋論述對於身分認同、社會關係以及知識和信仰體系的建構性作用。

Althusser（1971）主張：意識型態是表現個人對實際環境的想像關係，國家機器使意識型態轉化為人民所接受，並將個人塑造成遵守生產關係的主體（引自韋積慶，1994）。「霸權」的概念則是Gramsci（1985）用來分析西方資本主義與西方革命策略的中心概念，主張在整個社會的經濟、政治、文化與意識型態領域中，霸權既佔有領導地位，又佔有統治地位，對國家人民進行知識與道德上的領導，是凌駕於社會之上的權力。

此外，Gramsic（1971）以歷史性集團（historical bloc）的概念，指涉社會中階級與階級化的牽連，經濟、政治和文化之間的複雜相對性。其主張知識是歷史的活動，人的主觀性和客觀性是藉由歷史行動完成辯證統一，且是經由「歷史性集團」貫徹其文化霸權而達成。他認為一個具備「知識與道德集團」的階級，總能體現對所屬階級完整的文化霸權，所以，文化霸權與歷史集團間存在著動態的力量對比關係（引自葉啓政，1994：121-122）。

蔡其達（1994）指出：葛蘭西（Gramsic）認為知識分子的使命在於形塑並維繫過去、現在與未來的種種文化霸權；每個社會集團都製造出自己的知識分子階層，不僅在經濟上，而且在社會政治領域具有同一性和意識。所有的集團都有自身的知識分子來捍衛其階級利益，但僅能有一個主要集團的知識分子具有文化霸權的功能；倘若知識分子不能和工農群眾產生「感

同身受」的濡沫情感，在危機時刻就可能遺棄群眾退回原先的階級。

「互文性」則是 Fairclough（1992）對於文本分析所強調的概念，係指文本如何改變從前的文本、如何重建現存的道德習俗，這涉及到文本的歷史性與異質性。換言之，文本分析必須跨越文本的邊界，不斷參照從前的與現在的文本，並納入不同的觀點才能理解論述實踐如何運作，以及文本的生產、分配與分配的過程。Fairclough 認為論述和實踐受到「論述的秩序」以及「社會的秩序」的決定，而「論述的秩序」以及「社會的秩序」藏著特定的意識型態，所以，批判論述分析的目的，在於揭露這些意識型態和不平等的權力關係（黃月美，2004：69）。

西方馬克思主義將意識型態視為建構社會的特定方式，其再製不平等的權力關係和優勢關係，不僅具體呈現出各種社會現實，而且也是用以建構各種身分認同的一種過程。這種意識型態觀影響 Fairclough 對批判論述分析模式的構想，他認為若要判斷一個特定的論述事件是否實現了某種意識型態的運作，僅僅進行文本分析是不夠的，而是必須分析文本是如何被詮釋與被接受的，以及分析文本所具有的社會效果（Fairclough & Wodak, 1997）。

Fairclough（1995）將批判論述分析分成三個層面，同時探討它們與社會脈絡之間的關係：首先將論述視為一種文本（TEXT），不論是口頭的或書寫的；其次視論述是一種實踐（DISCOURSE　PRACTICE），牽涉到文本的生產與消費的過程；最後視論述為一種社會文化實踐（SOCIOCULTURAL

PRACTICE），涉及不同的論述實踐，如何透過霸權與意識型態來形塑社會，以及如何被社會所形塑。因此，Fairclough 的批判論述分析模式，乃是進行三個層面的分析，且三層面的分析過程是相互參照的，這三層面的分析架構如圖 3-1 所示。

論述實踐（discourse practice）即是文本生產（production）、分配（distribution）與消費（consumption）的過程，亦即各論述彼此支配、競爭、重組、吸納與再分配的過程。針對論述實踐的分析稱為過程分析，主要是在詮釋政策文本與主體的互動關係，本研究分析的焦點在於族語教育政策的相關論述，其在社會情境中實踐的情形，以及社會各界對族語政策論述的詮釋、反省及轉化為行動的過程。

Fairclough 主張論述作為一種社會實踐（social practice），不僅可以再現事件和賦予事件意義，甚至也參與建構或改變社會。透過論述的社會實踐，能夠建構社會認同、主體位置、社會關係、知識與信仰體系等。論述的社會實踐分析又稱社會分析，乃聚焦於論述實踐的互動（interaction）過程和社會脈絡（social context）之間的關係。

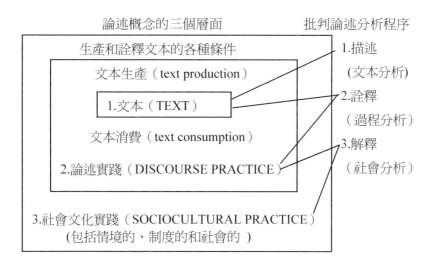

資料來源：研究者修改自 Fairclough（1995：59）

圖 3-1 Fairclough 的批判論述分析架構圖

Fairclough 認為這三個層面需要三種不同的分析方式：文本分析的程序稱為描述（description），主要在分析文本的語言學形式；論述實踐分析的程序可稱為詮釋（interpretation），主要在詮釋論述實踐與文本之間的關係，側重於文本的生產（production）與消費（consumption）的互動過程；社會文化實踐分析的程序可以稱為解釋（explanation），主要在解釋論述實踐與社會實踐之間的關係，包括論述實踐如何影響社會實踐，而社會實踐又為文本的形成與論述實踐的過程帶來什麼脈絡性的條件。

總之，Fairclough 主張：論述體現在社會文化不同層級的實踐中，而文本則是呈現論述實踐的語言學形式，從文本的分析

中可以看到論述實踐運作的軌跡，並且理解論述如何進行支配、重組與再生產；從社會文化實踐的分析中，我們則可找到論述實踐運作及生產與詮釋的條件。對於三個層面的分析重點，Locke（2004）有著進一步的闡釋（引自馬向青，2008：37-38）：

（一）文本：分析焦點在於文字，以探討文本將讀者經由閱讀予以安置的方式。在文本分析的實際操作上，Fairclough建構了包含四個面向、九個特質的文本分析階層表。

（二）論述實踐：分析焦點在於文本被生產的方式，包括與類似的文本之關係、消費的模式、文本被接受、詮釋。在文本生產上，主要關注於互為論述性（interdiscursivity）和互文性（intertextuality）。在文本消費上，主要關注被轉換成其他文本時，既有文本成為互文鎖鏈的部分。在文本詮釋上，主要關注凝聚性（coherence），亦即讀者的意向（reader disposition）。

（三）社會文化實踐：分析焦點在於引起論述生產的情境，以及提供脈絡關聯性的制度，和各種社會文化實踐與論述的條件。探索的問題包括：是否特定的文本，支持特定的論述霸權或是特定的社會實踐？是否文本對於某種優勢的條件站在反霸權的關係上？

四、CDA 在本研究之應用

Rogers（2004）認為 CDA 不只是一種理論也是一套方法，CDA 與其他論述分析取徑的不同，在於它不只是特定社會脈絡

中論述的描述（description）與詮釋(interpretation)，也提供論述為何及如何，爲優勢階級及主流意識型態服務與運作的解釋(explaination)。

本研究旨在探析原住民語言教育政策中的相關論述，以及其如何進行生產、分配與消費的過程，最後再探討此相關論述在社會情境中的效果，故先總結批判論述分析的方法論，再說明其在本研究中的應用：

（一）CDA 對論述的定義

對於 Foucault 而言，論述不只是知識與歷史的建構，更參雜了知識／權力的社會問題，它是由不連續的要素所組成的，它是權力的工具，也是權力的結果（Rogers, 2004）。這樣的想法則成了 CDA 的基本理論假設與研究旨趣，如：Fairclough（1995）主張論述不只是一種語言使用，也是一種包含權力關係的社會實踐的形式；論述不但反映著社會真實也建構社會的秩序，並與社會形成一種辯證的與對話的關係。因此，論述並非是一種既定的產品（product），而是一套與社會資源、制度與權力相關的消費、生產、分配與再生產（reproduct）的過程。

Ball（1990）則主張：論述是指可以說些什麼？可以想些什麼？誰可以說？何時？何地？用什麼權威說？「可以說什麼」包含「不可以說什麼」或「沒有說什麼」，而論述者皆各自站在對自己有利的位置發聲，每一個聲音都是有選擇性的，代表各自的階級、性別、種族、歷史或背景，每個論述者會從不同的觀點，提出不同的論述問題。CDA 主要在於理解這些論述如何在社會中實踐並運作，並揭露這些論述背後隱含的知識與權

力關係、價值體系與意識型態（歐用生，2006）。

　　本研究將論述視為一種文化再現的系統，涉及的不只是語言使用的規則，還有在特定社會制度下的各種實踐，以及在論述規則中的知識／權力關係。因此，本研究將族語教育政策視為特定社會制度下的產物（歷史文本），希望透過批判論述分析的方法，分析此論述存在的社會條件，描述由社會建構的權力／知識系統，並深入分析在社會權力關係的網絡中，論述產生的效果與論述的主／客體形構，重新思考族語教育論述建構的各種社會現實，以及其他主／客體形構的可能性。

（二）CDA 採批判的取向

　　批判的概念源自於法蘭克福學派的批判理論，關注的是形構社會認同背後的假設，尤其是價值和規範等潛在因素的分析，是一種對本質主義（naturalism）、合理性（rationality）、中立性（neutrality）與個人主義的反對。批判論述分析的意圖是要發現論述與社會文化結構間的權力關係，並揭露其中的不公平、不正義、權力宰制、歧視與謬誤。Rogers（2004）指出：CDA 的主要目的是揭露社會的權力關係與不公義，故 CDA 中的「批判」一詞通常與權力關係連結。

　　此外，CDA 透過探究語言形式與功能之間的關係，以及解釋為何某種語言模式，如何比其它語言模式享有特權。因此，所有的語言意義將被連結到社會的實踐，意圖探索由社會情境組成的論述權力網絡。因此，CDA 企圖分析社會與政治行動來解決社會問題，也就是 CDA 以解決社會問題為取向，透過分析論述如何運作，以及如何操作某些議題去建構歷史。用

Fairclough（1992）的話來說，CDA 是一種行動取向的立場，並且最常被指稱為「批判的語言覺知形式」（a form of critical language awareness）。對本研究而言，則是企圖透過批判原住民語言教育政策背後的權力鬥爭與意識型態，以喚起社會大眾的重視，瞭解原住民語言教育政策的論述，可能包含著知識／權力運作，進而投入更多的反省與檢討，促使原住民語言教育政策的修正或改變。

（三）Fairclough 批判論述分析模式的限制

　　Fairclough 的批判論述分析模式，主要是揭露潛藏在論述中的優勢權力和意識型態，然而，從社會建構的觀點而言，這些意識型態、優勢權力並不是既存的，而是來自於社會歷史的建構，因此，研究者要揭露的不僅止於意識型態、優勢權力為何，而是需要進一步分析意識型態、優勢權力的運作體系，及解釋此運作體系作用在主／客體上的權力關係和權力運作的邏輯。

　　Fairclough 雖然提供文本、過程、社會的分析架構，但是黃月美（2004）指出：Fairclough 的批判論述分析方法論有其限制，其一是 Fairclough 的意識型態概念，限定為優勢權力形成的「特定認知方式」，卻忽略了整體的論述體系，無法展現出意識型態的動態運作和整體的形構策略。因此，Foucault 論述理論可以補充 Fairclough 批判論述分析模式的不足，用來進行意識型態或論述形構體系的分析與說明。

　　其二是 Fairclough 的批判論述分析，假定主體來自意識型態以特定的方式，系統性地強加某種價值於受壓迫者身上，而未分析論述主體與意識型態之間的關係，忽略「主體性」的形

構過程和「主體立場」的分析。Foucault 則認為「主體性」並不是一個存在實體，而是一種空間的概念，即「主體性」是個「位置」，決定於「主體」與各種客體所產生的關係組型。Foucault 的論述理論有助於分析「主體」藉著何種「文本資源」，生產／詮釋文本與主／客體互動，包括：「誰」有權力在論述中說話？這些話語是從制度中的什麼主體位置發出的？這些陳述如何獲得合法性？

　　其三是 Fairclough 認為社會制度與權力關係將意識型態形塑成一套「論述的規則」，而批判論述分析的重點是分析產生論述的社會條件，理解社會結構如何決定論述，說明隱藏在論述當中的意識型態，如何受到社會優勢權力的影響，因此，Fairclough 主張透過對權力的批判，進一步改變社會結構。然而，此種主流／邊緣、壓迫／受壓迫、優勢／弱勢二分的權力邏輯，不僅過度簡化權力的作用和效果，而且也忽略知識／權力之間相互增長的關係。

　　Foucault 則認為權力和知識是相互連結的，因此，透過各種論述的實踐，形成作用在「自我」之上的各種權力關係，展現一種「具生產性」的權力運作，說明了知識／權力關係的多樣性和多向性。基於上述 Fairclough 的批判論述分析在方法論上的限制，本研究將 Foucault 的論述理論和 Fairclough 的批判論述分析模式結合，用來建構本研究的理論基礎，以分析族語教育論述中的各種權力關係和意識型態。

　　總之，本研究之所以採用 Fairclough 的批判論述分析模式，乃是鑑於 Fairclough 所提出的「以文本為導向的論述分析」

（text-oriented discourse analysis）之三大面向分析：文本分析、過程分析、社會分析，對於本研究理解台灣原住民族語教育政策論述中所蘊含的知識／權力關係，及其所處的社會情境脈絡，提供了有用的分析架構。而 Foucault 的論述理論，諸如：論述、論述形構、陳述、主／客體的形構等概念，及其對於知識／權力關係的闡述，則提供本研究進行批判論述分析時有用的概念工具。因此，本研究同時也引用 Foucault 的觀點，從知識／權力的角度，來詮釋不同位置和立場人士的發聲或論述，希冀藉由文字文本、口說言論等，來解釋影響政策文本形成、修正和執行所植基的社會脈絡。

第二節　研究設計

本研究運用 Fairclough 的批判論述分析模式，輔以及 Fourcault 的論述理論，提出本研究的架構和各層面的分析問題，說明如下：

一、研究架構

研究者參考 Fairclough（1995）的批判論述分析架構圖，建構出本研究的架構如圖 3-2。

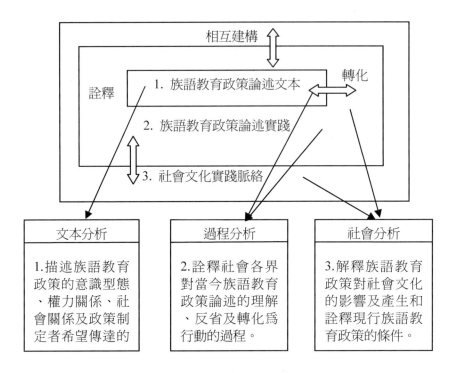

圖 3-2　本研究架構圖

　　在最外圍的框代表族語教育政策所處的社會文化脈絡與條件，包括政治、經濟、制度、教育等各種場域的總合，第二層的框代表族語教育政策論述的生產、分配和消費過程，雙箭頭表示族語教育政策文本和實踐的交互作用，中間為現行族語教育政策的論述文本，包括：行政院原住民委員會、教育部、學者專家、媒體、原住民團體、教育人員等，對有關現行族語教育政策的言論、計畫、方案、報導、研究等。

　　具體而言，本研究將現行族語教育政策視為論述的文本，

分別從「文本分析」、「過程分析」與「社會分析」三個向度進行研究。分析焦點在以下三個相互關連的層面：

（一）文本分析：乃針對原住民語言教育政策論述的內容與敘述形式進行分析，除了教育部或原民會所制定的計畫、辦法外，尚包括了官方代表、民間團體、個人所發表的言論，以及原民會委員會、教育審查委員會等紀錄，從其中所使用的語言和論述形構系統，以分析族語教育政策所有的意識型態或權力關係。簡言之，是要描述族語教育政策的意識型態、權力關係、社會關係及族語政策制定者希望傳達的認同意義。

（二）過程分析：著重於族語教育政策文本與主體互動之間的關係。分析面向包括了政策文本產生／詮釋的過程、論述過程中主體形構客體的規則、論述主體宣稱其論述為真的運作和傳播方式，以及其中所可能蘊含的知識／權力關係。換言之，在探討原住民語言教育政策實踐過程中，原住民族各界對於族語教育政策的認知和行動，同時分析官方對族語教育政策制定與政策執行的情形。

（三）社會分析：著重於族語教育之政策文本、主體互動和社會脈絡之間的關係，分析的面向包括了族語教育政策文本的論據，以及社會背景因素。分析焦點在族語教育政策的論述及其實踐方式，是在何種情境、制度與社會的脈絡中產生，簡言之，社會分析在解釋族語教育政策對社會文化的影響，以及產生和詮釋此族語教育政策的社會脈絡條件。

　　總之，研究者希能利用這三個層次的分析，將現行族語教育政策的論述解構，促使當政者反省現行族語教育政策的制定與執行過程有無偏差，進而改變族語教育政策的論述和實踐方式。

二、資料蒐集內容與範疇

　　本研究以政府自 1997 年之後制定的族語政策爲範疇，根據本研究目的與研究架構，研究者將參考資料內容和論述文本的蒐集內容，分爲閱讀文本和訪談文本說明如下：

（一）閱讀文本

　　第一個閱讀面向是國內外學者對有關「族群意識」、「族群認同」、「升學優待」、「語言政策」、「母語教育」、「批判論述分析」等研究，這些解析觀點的學術資料深具參考價值，尤其國內學者對本土語言教育的研究及相關博碩士論文、期刊論文等，可以幫助研究者建構豐厚的理論基礎。

　　第二個閱讀面向是原住民族代表人物在媒體或刊物發表的言論、文章，或原住民社會各界對族語政策的意見反應，例如：原權會部落工作隊、原住民教育季刊、原住民族電子報、南方電子報、原教界、祖靈之邦網站等，這些資料對於理解原住民族群的族群意識與對外關係，以及原住民族社會對族語教育的態度有很大的助益。

　　第三個閱讀面向是有關官方的法令、辦法、計畫、會議紀錄、新聞稿、教育統計資料、成果報告等，例如：行政院原住民委員會和教育部等官方網站公告、施政報告、統計資料與出

版品，以及報章雜誌對於官方代表人物的訪問或政令的報導等。從政策規劃者或執行者的對外發言以及動態的公告訊息，可以窺見政策發展的現況及未來趨勢。

第四個閱讀面向是尤哈尼・伊斯卡卡夫特、孫大川、浦忠成、夷將・拔路兒、高德義、周惠民等原住民精英的著作，以深入瞭解族語政策文本產生的背景脈落，以及原住民本身對族語教育政策的觀點。

第五個閱讀面向是有關族群與文化發展會議實錄、原住民教育論壇、原住民教育學術研討會論文集、原住民教育體系規劃焦點座談實錄等，其論文發表、綜合座談發言紀錄等書面資料，有助理解族語教育論述文本的生產與詮釋條件。

茲將本研究分析的文本，依專書、網站資訊、會議資料、計畫辦法、新聞報導、成果報告、論文、會議紀錄、法規、公文書等，分類條列於附錄二，請讀者參閱。

（二）訪談文本

為建立研究的信實度，本研究除以書面資料為分析內容外，尚依資料收集的進度和發現的問題，適時訪談有關人員，例如：尤哈尼・伊斯卡卡夫特、孫大川、浦忠成、原民會高層人士、原民會承辦人員、教育部科員等，以釐清族語教育政策論述中矛盾、斷裂、衝突等問題。此外，也訪談部落原運分子、族群代表、學者專家、原住民家長，以瞭解他們對現行族語教育政策的看法，或採取什麼因應方式，受訪者的身分識別及時間地點則如附錄三。

本研究訪談情境盡量保持自然，使受訪者不必修飾話語，

以聽出受訪者的言下之意；訪談內容視受訪者的身分、經驗而隨機提問，主要在了解受訪者如何詮釋族語教育政策。除了正式訪談公開姓名之外，隨機和電話訪談皆採匿名處理，以避免造成受訪者困擾。訪談主要用來澄清某些觀點或互相指涉的問題，例如：學生族語認證和升學優待辦法的修正，教育部和原民會互有所指，於是再找出相關公文以查證事實。

　　此外，為避免研究者對受訪者有偏見，訪談時安排第三者在場錄音或記錄；對於尤哈尼‧伊斯卡卡夫特的論述，經由協同訪談人員（布農族）當面釐清；對於現任原民會主委孫大川、原民會高層人士、學者周惠民等人，則根據文獻探討或前面受訪者的陳述，事前研擬訪談大綱，探詢受訪者的意見，事後再將本研究中所引用的紀錄內容摘要，寄請受訪者確認同意公開（如附錄四、五、六），再將訪談文本和閱讀文本相互對照，以增進本研究的信實度。

三、研究流程

　　本研究的流程分成三個階段，包括準備階段、分析階段與完成階段：

（一）準備階段

　　在準備階段中，研究者先從閱讀有關教育政策分析的理論、方法和技術，以及教育政策研究趨勢的文獻，建構本研究的理論基礎，再從台灣原住民族語振興計畫或方案，及族語教育政策的相關研究等文獻進行探討，發展本研究的具體問題，並確認研究目的與研究架構；其次再以現行台灣原住民族語教

育政策爲論述文本，運用 Fairclough 的批判論述分析及 Fourcault 的論述理論，進行後續之研究。

（二）分析階段

分析的階段主要分爲三個向度的分析工作，包括文本分析、過程分析與社會分析，主要在描述原住民語言教育政策的論述內容，詮釋與轉化原住民語言教育政策文本的生產、分配與消費過程，並解釋影響原住民語言教育政策論述及其實踐的社會脈絡爲何。

文本分析首要處理的是原住民族語教育政策論述內容，包括原住民族語教育政策的實質內容（說什麼）與敘述形式（如何說）。這部分的分析主要在探討原住民族語教育政策中的論述包含哪些主題？族語教育政策制定者是誰？基於什麼意識型態？用什麼樣的方式來呈顯族語教育政策內容？現行族語政策的論述吸納／排除了什麼？產生什麼權力關係？旨在從這些論述文本的描述，來呈現族語教育政策的基本假設、價值判斷與意識型態，本研究將針對「原住民是黃昏的民族」、「族語是原住民的身分證」、「語言是集體的權力」等論述主題來分析。

過程分析主要聚焦於原住民族語教育政策與社會的「互動」過程，包括現行族語教育政策論述如何形構？如何實踐？實踐過程中產生何種辯證關係？利益團體如何協商折衝？這個部分將針對學生族語認證考試、升學優待辦法修正、族語書寫系統更替等政策的制定過程來分析，以理解原住民社會各界如何詮釋族語教育政策，同時分析在族語論述的實踐過程中，原住民族學生和家長，如何接受現行政策並轉化成學習內容與活動。

　　社會分析主要是解釋族語教育政策論述是在何種社會情境下生產，也就是要找出族語政策文本和論述實踐的條件，分析族語教育政策在社會文化脈落下如何建構？產生什麼效應與權力關係？政策背後的意識型態與霸權運作機制為何？現行族語教育政策對原住民社會產生何種影響？本研究將從台灣社會的族群意識、政治論述、升學主義、功利主義、文化落差等情境，以及原民會組織定位、部會關係、升學制度等現況，來理解在台灣的情境、制度、社會脈絡中，族語教育政策對原住民家長和學生的影響，同時解釋族語教育政策的生產與詮釋條件，以及其對原住民社會文化的建構作用。

（三）完成階段

　　首先就各階段所分析的結果以及討論的問題加以整理歸納，著手撰寫論文；其次總結原住民族語教育政策的相關論述，如何透過知識／權力的交互作用，以產生原住民族語教育的知識、價值信仰與社會認同，最後提出對原住民族語教育政策的省思與建議。

　　由於文本是論述實踐的書面形式，而論述實踐也是社會文化實踐的形式，所以，這三種分析向度必無可避免地相互交錯。Fairclough（1995）強調：分析步驟可以先針對文本來分析，進而詮釋文本的生產、分配與消費的過程，最後再批判論述生產與詮釋的社會條件；也可以先察覺到社會上某種主流意識型態或霸權的影響或宰制，探討孕育此霸權關係的社會文化條件，進而分析其如何透過論述實踐的方式來建構社會，最後再探討文本所帶來的影響。換言之，三個向度的分析可以不必依照特

定次序來分析，而是相互參照不斷地交叉探討與分析。

　　準此，本研究先從察覺原住民學生族語認證考試，是一種文化霸權的宰制，於是開始探討原住民族語教育政策的發展脈絡，找出有關族語教育政策的論述主題，再從三個論述主題的文本分析中，說明族語政策的互文指涉及隱藏的意識型態，接著透過論述實踐的過程分析，詮釋族語教育政策的論述形構、辯證關係和協商折衝過程，進而透過社會分析來解釋族語教育政策的霸權如何產生，以及對於原住民社會的影響。

　　基於族語教育和族群認同的論述形構，使族語認證和升學優待產生辯證關係，且因台灣社會的歷史文化、族群意識、升學體制等條件而建構，所以，研究者不斷跨越不同文本、時空和主體邊界，交叉比對書面資料和訪談陳述，以解構學生族語認證和升學優待的論述，同時釐清現行族語教育政策對原住民社會的建構作用。

　　最後，由於批判論述分析重視論述背後的意識型態與權力等關係，強調研究者的自我反思和再現的語言基礎（周德禎，2001），因此，研究者必須反省自己的意識型態，以及論文中再現的語言是否偏頗，所以，本論文除了提出結論與建言外，尚需說明研究者的身分背景，以檢視研究者的價值信念或意識型態，提供讀者理解本論文的參據。

四、研究立場

　　批判論述分析之研究取徑，目前在國內教育研究上尚屬起步階段，其研究方法亦在建構當中，本研究引用的只是較廣為

人知的 Foucault 論述理論與 Fairclough 的論述分析模式。所以，本研究的焦點在分析族語政策論述體系的意識型態和權力關係，除了要揭露社會「不平等和壓迫」的建構過程之外，且透過批判論述分析進一步思考知識／權力的轉化，創造新的論述空間和身分認同的可能性。

　　由於研究者在教育界服務已逾 33 年，父親是來自山東省的流亡學生，母親是高雄市勞工的女兒，閩南語是我的母語，卻被歸類為外省人／漢人。雖自幼學業成績優良且考取省高女中，但因生為長女需分擔家計而被迫就讀師專，故至今仍在圓自己的升學夢，並以夫婿是布農族的國中老師，來激勵原住民學生不要妄自菲薄。基於個人的成長經驗和學經歷背景，自然對原住民議題特別關心，尤其是都會地區弱勢原住民學生的教育問題。

　　此外，因研究者的族群身分歸屬不明，雖然子女依法具有原住民身分，自己卻不是原住民；雖然是在台灣出生，卻被被視為「外省仔」；雖然父母白手起家，卻不曾認為自己是弱勢…。「我是誰？」似乎都是別人在界定，若從身分類別來看，我自認是個被邊緣化的都市原住民母親，因此，我理解女性主義學者哈樂薇（Donna Haraway）所提出「設身處地的知識」，也明白阿圖塞（Althusser）強調知識分子和工農群眾「感同身受」的重要性，所以，我試著從弱勢原住民母親的位置觀想。

　　「設身處地的知識」是一種經過反身性修正並重新組構過的知識，以設身處地的女性認知重新加以建構（廖炳惠，2003），雖然哈樂薇的觀點和傅柯的主張，在某種意義上是不同的，但

是皆認爲必須批判藏身於「知識」體系的支配權力，才得以將種族、父權等意識型態，加以重新形構成新的概念與想像。本研究以批判論述爲研究立場，批判理論的假定是人類因有各種分類方式，如：性別、階級、種族等等，而存在著社會的不平等和形成各種壓迫和宰制，因此，批判論述分析主要在揭露不平等的權力關係，並解構政策實踐過程的壓迫和宰制，企圖引發抗拒與改變，達到解放論述的可能性。

　　然而，本研究並不將這些「壓迫或不平等」視爲分類形式的內在特質，而是認爲經由各種論述的實踐，形成特定的主體空間，也建構出某種「壓迫和不平等的程度與範圍」。而且知識／權力的作用是多面向的，所以，並不只會產生再製或壓迫的作用力，也會產生抗拒的反作用力，因此，可藉由主體／知識／權力的轉化，引發族語教育政策論述的改變，以創造台灣原住民族社會更多的可能性。

第四章 台灣原住民族語教育政策之批判論述分析

　　根據文獻探討得知：論述不只是一種語言使用，也是一種包含權力關係的社會實踐；教育政策的論述總是反映著某種意識型態，也是一種文化選擇與社會控制的機制。批判論述分析主要是在找出論述本身與情境的、制度的、社會脈絡間的辯證關係，其研究旨趣在於揭示論述如何由意識型態與權力所構成，進而解釋論述對於身分認同、社會關係、知識和信仰體系的建構作用。

　　Fairclough（1995）將論述概念分為三個層面，即文本、論述實踐、社會文化實踐，且發展出三個分析方式：描述（description）、詮釋（interpretation）、解釋（explanation）。而其分析程序分為三部份：文本分析的程序可稱為描述，主要在分析文本的語言學形式；過程分析的程序可稱為詮釋，主要在詮釋主體與文本之間的互動關係，側重於文本的生產（production）、分配（distribution）與消費（consumption）的過程；社會分析的程序可稱為解釋，主要在解釋文本與社會脈絡之間的關係，包括論述實踐如何影響社會文化實踐，而社會文化實踐又為文本的形成與論述實踐的過程帶來什麼脈絡性的條件。

　　本章乃運用 Fairclough（1995）的批判論述分析架構，探討

族語教育政策論述與社會脈絡間的關係，從而揭露族語教育政策論述隱含的權力關係與意識型態，旨在理解台灣原住民族語教育政策論述的生產和詮釋條件，同時從族語教育政策的文本、論述實踐與社會文化實踐，進行描述、詮釋與解釋的研究過程中，呈現族語教育政策制定與執行的問題，以省思未來族語教育政策的方向。

第一節　台灣原住民族語教育政策之文本分析

　　Fairclough（1995）主張：文本分析（text analysis）必須注意文句所呈現出的意識型態、企圖要形塑的社會關係、文本生產者希望傳達的認同意義。文本分析首要處理的是政策的實質內容（說什麼）與敘述形式（如何說），旨在探討政策論述包含哪些主題？論述者是站在什麼位置？用什麼語彙來說？其論述隱藏什麼意識型態？

　　本節著重描述族語政策論述的互文指涉，主要在分析族語政策的論述內容是什麼？吸納了什麼？排除了什麼？是誰制定政策？這些人是以何種關係連結在一起？希望傳達何種認同意義？根據本研究的文獻探討，研究者發現目前族語教育政策有三大論述，分別為尤哈尼‧伊斯卡卡夫特的「母語是原住民的身分證」、孫大川的「原住民是黃昏的民族」、夷將‧拔路兒的「語言權是集體的權利」，這三大論述彼此互文指涉，形構

了「原住民學生享受升學優待，必先通過族語能力認證」的族語教育論述。

> 消失的母語
>
> 原住民族語言依學術分類，屬於南島語系的系統，長久以來，一直沒有發展文字符號，文化的傳承靠口耳相傳，母語承載了歷史、文化發展重要特徵。在可稽的文獻裡，原住民六、七千年來代代相傳，形成特殊的語言文化。但台灣歷經政權更迭統治下，出現母語可能消失的危機（國立教育資料館／原住民教育／族語教育，2009.9.21）

鉅觀原住民族語政策是「母語消失」危機意識的呈現，企圖建構原住民的主體意識和鞏固權力關係，茲進一步分析如下：

一、原住民是黃昏的民族

八〇年代的台灣是經濟力、社會力旺盛的年代，政治勢力對決的氛圍，風起雲湧的社會運動，在各種造勢場合不時放送「補破網」、「黃昏的故鄉」的歌曲，處身在「狹縫中」的原住民知青，猛然醒覺自己才是真正即將消失的一群，而「建構」了原住民族。

「悲情」是那個時代社會運動的共同話語，「原住民是黃昏的民族」自然是最浪漫、最具戲劇張力的臺詞，它激發了散落在都市邊緣的原住民知識青年的共鳴，也串起了偏區山林部落的族類意識，黃昏意象成了原住民共同的圖騰原色。黃昏圖

騰的原創者孫大川解釋當時的想法：

> 我說原住民是一個屬於「黃昏的民族」，她極可能和
> 十九世紀末的平埔族一樣，事隔一百年，將面臨斷續
> 存亡的關頭。這當然不是一個我們樂於接受的論斷，
> 但我願意這樣坦率地指出來，乃完全站在一個原住民
> 的深心感受說的。對我而言，原住民的黃昏情境，至
> 少奠基在四個很難克服的事實基礎上…（孫大川，
> 2000a：22-23）。

孫大川以黃昏的情境來描述原住民現況，其所根據的事實基礎
有：

（一）人口縮減：原住民人口數僅佔台灣總人口的百分之二，
　　　原住民族間人口數的多寡懸殊，通婚、身分認定的問題、
　　　偏高的死亡率等因素，台灣原住民各族在未來有可能次
　　　第消失。

（二）生存空間狹窄：因國家公園及土地的炒作，原住民生存
　　　空間被剝奪，另因勞動市場的吸引，原住民大量移居都
　　　市邊緣，其生存不易而且飽受威脅。

（三）母語流失嚴重：由於原住民各族都沒有文字，民族經驗
　　　傳遞靠口耳相傳，在現行教育和社會結構下，許多族群
　　　新世代的子弟，根本無法使用本族的語言。

（四）社會制度與風俗習慣改變：因維繫部落秩序的社會結構
　　　瓦解，使部落成為有機整體的禮儀風尚、符號系統也喪
　　　失，原住民社會只剩平面的存在。

因此，孫大川（2000：23）強調：「一個民族人口縮減、生存空間狹窄、語言流失、社會與風俗瓦解，當然是屬於一個黃昏的民族」。而黃昏的處境不僅使原住民的體質更貧弱，且直接影響到原住民的人格世界。他指出這可以從兩方面來觀察：

（一）民族認同線索的喪失：原住民新生代完全失去歷史性，不但與上一代隔絕，也與其民族符號隔絕。因此，一旦與強勢社會或文化／他者接觸，除殘留的情感性的認同外，已無法擁有民族的整體性力量，其存在岌岌可危。

（二）個體內在人格自我控制力量的失落：原住民符號世界的瓦解，直接影響其「內在法律」的建構。內在法律乃是指一種由民族文化、風俗習慣、社會價值觀等所構成的約束力，存在於民族成員個體之心理世界中，發揮與外在法律不同的規範力量。

孫大川是現任的原民會主任委員，1953 年生，卑南族人。台大中文系畢業，輔大哲學研究所碩士，比利時魯汶大學漢學碩士，曾任東吳大學哲學系講師、山海文化雜誌社總編輯、中華民國社區營造學會理事。孫大川認為：原住民的語言失落與社會制度瓦解，使原住民心靈或人格世界的理性力量喪失，行為判斷和舉止活動被非理性的力量所掌控，所以，原住民的處境堪慮。

孫大川以文人筆觸描繪哲學家悲憫情懷，美學化他個人對原住民命運的焦慮，自然引起不同的評價。例如：尤哈尼·伊斯卡卡夫特（2002：215）表示：「冠上台灣原住民族是黃昏民族的稱號，原住民族再怎麼努力，再怎麼掙扎，也只有一個日

薄西山的命運」。尤哈尼‧伊斯卡卡夫特出身於基督教長老教
會系統，也長期在原鄉部落擔任傳道人職務，對本土意識的堅
持和社會抗爭運動莫不積極參與，他高舉「母語滅，族群亡」
旗幟，痛陳原住民母語流失的原因：

> 原住民族的母語流失，是台灣原住民族延續的最大危
> 機；平埔族群的母語消失，是台灣的歷史傷痕，亦是
> 原住民族的痛；原住民族的母語是在推行國語階段，
> 流失最為嚴重；媒體及電視節目的單一國語化，也是
> 母語弱化與消失的主因…（尤哈尼‧伊斯卡卡夫特，
> 2002：96）。

尤哈尼‧伊斯卡卡夫特以平埔族母語消失為鑑，強調原住民族
語危機是外來政權壓迫與企圖同化的結果。因此，振興族語是
為凝聚族群意識，對抗外來壓迫，延續民族命脈的關鍵。此外，
他宣稱：

> 台灣是原住民族的土地，…原住民族在外來政權移轉
> 與統治中，皆處於被支配的命運，原住民族身為台灣
> 的主人，應該積極保護台灣，決定台灣自己的前途，
> 同時大聲向全世界宣佈「台灣是台灣，中國是中國」
> （尤哈尼‧伊斯卡卡夫特，2002：231）。

顯然尤哈尼‧伊斯卡卡夫特不僅將族語與認同意識結合，建構
出原住民族的主體，且刻意把原屬不同的族群認同，滲入政黨
因素，拉高到國族（nation）認同的層次。雖然孫大川與尤哈尼‧

伊斯卡卡夫特先後出任原民會主委，也同為原住民社會運動的主要參與者，但因為出身背景不同而有不同的思維脈絡，不同思維造就不同的施政風格，所以，對原住民社會也造成不同的影響。

1996 年，行政院成立原住民族委員會，這是我國民族行政史上最重要的里程碑。孫大川到原民會擔任副主委，從原住民知識精英轉任為政府官員，他說：「在這些不同階段裡，無論我擔任什麼工作或身處什麼地位，都覺得其實我只是單純的在答覆自己對原住民黃昏處境的焦慮」（孫大川，2000a：6）。這種焦慮呈現出他對族群生存的使命感，讓他更積極扮演原住民知識分子的角色。

有關原住民母語流失的問題，孫大川（2000a）表示：語言文字載有一個民族的記憶和圖像，乃是一個民族歷史、文化生命之所繫，更是民族認同的基礎。語言不但是區別不同種族時之重要標誌，同時也是人類文明寶貴的財富。原住民各族母語長久以來所受到的不平等待遇，充分反映了原住民同胞悲慘的處境，語言的迅速喪失，正是造成原住民黃昏性格的主因，語言文字的不平等，也顯示了政治、經濟和文化上的不平等。

孫大川認為：造成原住民黃昏性格的主因是語言流失，而原住民母語的迅速喪失，乃是近四十年來不平等的語言政策所致。日據時代原住民的社會文化雖有變化，但當時許多部落的社會結構和風俗等並未遭摧毀，直到 1949 年後，情況才以制度化的方式全盤惡化，這是國民黨政府的「山地平地化」、「推行國語運動」政策所致，而且其政策背後隱含著政治意圖及文

化傳統因素，深信除非能徹底瓦解種族中心主義，否則民族平等的理想永遠是鏡花水月（孫大川，2000a：7-11）。

　　有鑑於語言符號的重要性，孫大川認為重視原住民的母語教育，至少具有種意義：一是提醒社會保障並尊重原住民之生存權和文化權；一是減緩原住民文化徹底崩解的速度。因此，他提出一些主觀上的訴求及個體生命強化的方式，茲摘錄如下（孫大川，2000a：16-18）：

（一）文字化：沒有文字是原住民語言文化最脆弱的一環，教育部的整合工作應盡速完成並公布實施。

（二）母語教育落實在教育體制上：為因應母語教學，需要師資和教材，教育部和教育系統要有相應的機構與設計。

（三）透過立法的手段：保障原住民現存社會的生存空間，使原住民母語也能在其家庭和社會生根。

（四）把自己符號化：努力裝備個體生命，使自己成為民族的記號和象徵，不但要主動、自覺地學好母語和文化，也要加強對漢語和其他語言的駕馭能力。

（五）把生命變成符號：藝術創造、詩詞、小說、歌唱、論著、政治抗爭等，都是一種屬於原住民的語言，這些個體生命的風姿，本身就構成一個文化現象。

　　孫大川從原住民的境遇指出語言文化的重要性，也提出母語教育的訴求，卻同時做了最壞的打算，認為原住民祖先歷經幾千年的發展，仍堅持不創制文字，或許是早已洞察到整體生命的伸展，優於任何有形符號系統的真諦。他自問：「這是不是一個沒有文字的民族為我們啟示的另一種智慧？言歸於默、

生生死死，不正是生命的自然與真相？」（2000a：18-19）。

　　總之，孫大川的母語論述是站在學者的位置，以心理學、社會學、哲學的分析，指出母語流失已造成民族認同線索的喪失，和個體內在控制力量的失落，同時也看到族語教育在現實社會的困難，因此，他說：「把我們的生命變成原住民的符號也能成就一種語言現象」，其話語雖有蒼涼和危機之感，但又充滿人生哲理。

　　孫大川於 2000 年政黨輪替後重返教職，但事隔十年，當政黨再次輪替，2009 年八八風災後他再度入閣，選擇和原住民災民站在一起，或許這是「天降大任於斯人也」：

> 1999 年發生 921 大地震時，我在原民會服務，隔天便投入救災的工作。隔年政黨輪替，我重返學校，沒能陪伴族人走完後續重建工作。不料 10 年後的今天又因為八八風災的召喚，讓我回到同樣的舞台。面對災後重建的複雜工程，這的確是一項極為艱鉅的任務，但我心甘情願接受（孫大川，2009：7）。

關於自己二度從政的經歷，他有著知識分子勇於介入的決心和接受挑戰的使命感：

> 其實我從來沒有想到自己會從政，但也毫不懷疑自己介入的決心。人生每個階段都可能有不同的際遇和召喚，積極的「響應」它，有時也會形成某種敞開性，讓我們能和自己所處的人生「場合」對話，並做出當

下的抉擇。這是一種成長，也是一種冒險（孫大川，
2000a：5）。

孫大川為儘快掌握狀況以解決族人的困難，立即率員到 64 個部
落勘查，並與部落面對面溝通，確定災後部落重（遷）建處理
原則，重申特定區的劃設應與當地居民諮商，也確定原鄉土地
及家屋所有權之歸屬，並對遷村後的部落用途留下討論的空間。

　　風災重創原住民的部落，但孫大川反而看見原住民的生
機，認為當今政府各部會已能尊重族人的主體性，表示國家和
原住民之間有了新的關係。茲引述其在＜花果燦爛之後－八八
風災手記＞的話語如下：

> 相較於日據時代以來國家對原住民部落遷移的蠻橫與
> 獨斷，本次政府願意以主體對主體的態度，而不再單
> 是以救濟的心態，來面對並處理原住民的問題。我們
> 認為這當中存在著國家與原住民關係本質的變化（孫
> 大川，2009：7）。

孫大川以樂觀進取，勇於承擔災後重建工作，負起原住民知識
精英的責任，同時他也指出：現在的政府已不再以救濟心態來
處理原住民問題，這是原住民族找回主體性的契機。原住民自
七十年代為意識覺醒抗爭，八十年代轉向法治、行政結構化，
到九十年代政府明示依民族的意願，推動原住民各項建設，將
對等、尊重落實在政策執行層面，更重要的是肯定多元價值。
因此，孫大川給予肯定的評價，同時主張原住民族要善用此機

會，展現新的生命力：

> …族人將如何擅（善）用這個契機，找回部落整合共
> 識、自主決定的能力與做法，讓「主體性」不再只是
> 空洞的口號和概念，而是具有血肉的存在，這正考驗
> 著我們族人的智慧。…燦爛花果盛開之後，總要落下
> 枝頭化為春泥；只要樹在，明年定能抽出新芽，展開
> 新枝（孫大川，2009：7）。

黃昏似已過去，黎明即將到來。原住民族主體性建構之後，原
住民千百年悲情真的已隨風而逝了嗎？

二、族語是原住民的身分證

　　尤哈尼·伊斯卡卡夫特於2000年5月以原運健將入主原民
會，隨即以振興族語，挽救民族生命為號召，推動族語教育計
畫，即為其施政主軸。他主張母語是原住民的身分證，原住民
應努力學習傳承母語：

> 母語是原住民族的身分證，平埔族群母語的消失與死
> 亡，已有悲痛的前車之鑑，今日原住民各族群應高度
> 意識覺醒，努力學習傳承母語，免去母語死亡的大浩
> 劫（2002：96）。

尤哈尼·伊斯卡卡夫特以平埔族群母語死亡為鑑，來凝聚台灣
原住民的族群意識，且做為族語振興和母語傳承的論述基礎。
他指出原住民族的母語嚴重流失是外來殖民統治所造成，尤其

國民黨政府在推行國語政策階段，流失最為嚴重。此外，他認為：台灣是原住民族的土地，原住民族身為台灣的主人，應該積極保護台灣，決定台灣自己的前途（尤哈尼‧伊斯卡卡夫特，2002：231）。

　　馬賴古麥（2002）曾評論：尤哈尼‧伊斯卡卡夫特出身於本土意識強烈的基督教長老教會，積極參與社會抗爭活動，並且長期在原鄉部落教會擔任傳道人角色，其論述不僅標榜本土性與道德性，且具有濃厚之原住民族自我中心主義色彩。觀察尤哈尼‧伊斯卡卡夫特對台灣主權及歷史發展的論述，除循執政之民進黨以「台灣意識」來對抗國民黨政府的「中國意識」外，尚強烈傳達「原住民族才是台灣主人」的認同意識，並用對立二元論，形塑與台灣的漢人建立對等的社會關係。

　　由於多年來台灣兩大政黨的利益團體，在政治與文學上以「統一」對「獨立」，「大中國」對「本土」，且以語言的使用來區分「他／我」，並將母語作為族群政治動員的手段，實可謂是一場建立在主體意識鬥爭上的權力爭奪戰。尤哈尼‧伊斯卡卡夫特亦將族語政策與認同意識結合，建構出原住民族的主體，且刻意把分屬不同的族群認同，拉高到國族（nation）認同的層次。他指出：

> 在全世界有存在原住民族的國家中，台灣原住民族可以說有效整合了原住民族的泛原住民意識。…台灣的原住民族，過去族群之間雖有衝突事件發生，各族自劃領域為耕地或獵場，甚至族群之間亦有仇視，但這

幾年來的社會變化，及更多族群之間的接觸，已有效
而成功地整合了台灣原住民族（2002：13）。

此外，尤哈尼‧伊斯卡卡夫特將「泛原住民意識」意識覺醒與
族群整合之成功關鍵，歸功於「語言」的鬥爭策略。所以，當
他就任原民會主委便以振興母語文化為己任，強勢推動相關母
語認證政策，運用「母語滅，族群亡」的語彙，秉持著強烈的
信念，積極涉入母語政策過程，而且為了要讓政策合法化，他
親上火線作戰：「修改升學優待辦法時，很多立委反對，說是
會增加學生的壓力，我就召開記者會，運用媒體的力量，立法
委員只好讓它通過」。在行政院，當法案送到院會，他堅持每
會必到：「行政院有很好的機制，所有的法案都會提到院會討
論，所以我很認真參加院會，只要有關原住民權益的，我都很
注意，甚至斤斤計較，因此，其他部會如經濟部、農委會、內
政部都很討厭我」（尤哈尼‧伊斯卡卡夫特，2009.11.12）。

為了要消除原住民內部的雜音，他砲火四射，指向知識分
子、行政官員、乃至於學生家長。例如：在＜突破原住民族消
極的宿命論＞篇中指出：「多年前某一統治政權的御用學者，
見到台灣原住民族各種令人憂心的社會景況與趨勢，便冠上台
灣原住民族是黃昏民族的稱號，結果原住民族亦真的那麼認
為，台灣原住民族再怎麼努力，再怎麼掙扎，也只有一個日薄
西山的命運」（尤哈尼‧伊斯卡卡夫特，2002：215）。追溯「原
住民是黃昏的民族」指稱，乃是孫大川在 2000 年對原住民處境
的描述，和「母語滅，族群亡」其實是互文指涉的，目的無非

是喚醒社會對原住民語言文化重視。

在<做好原住民知識分子的角色與責任>篇，痛陳：「今日原住民的社會問題嚴重，原住民族的行政腐敗，原住民族政策的不長進，是因原住民族的知識分子，非但自甘墮落，自行腐敗，而且原住民族的知識分子，又以其在族群的絕對優勢，盡做營私搜括原住民利益諸多的惡行」（2002：219）。因此，尤哈尼·伊斯卡卡夫特呼籲原住民的知識分子、行政人員對自己族群要有高度認同感，不要成為民族的罪人。

針對一般家長民眾，尤哈尼·伊斯卡卡夫特則強調：現今政府的同化或漢化的政策已消除，原住民的危機是置身在自由安逸的國度裡，只致力追求個人的成就與福祉，如果沒有強烈的族群意識及復振的意志，原住民族勢必重蹈歷史覆轍，在台灣「大融爐」的社會中自我消失。他還引用大衛·克里斯托（2001）的觀點，指出：弱勢族群為了依附強勢族群社會，不但盡力學習強勢族群的語言，甚至故意不學母語，甘願以「安樂死」自我解脫母語和族群的包袱，進入強勢族群語言「永恆的極樂世界」（尤哈尼·伊斯卡卡夫特，2002：96）。

他認為：原住民族本身功利主義的心態，是原住民族母語傳承與學習的一大障礙，亦是最關鍵的因素。原住民族沒有意識覺悟到母語傳承是家庭與族群不可逃避的責任，而只認為母語在主流社會中沒有任何功能與價值，所以，他主張採用功利的方式來振興母語，以族語認證考試來迫使原住民學生要學和家長要教母語。

在尤哈尼·伊斯卡卡夫特執政初期，推動原住民政策面臨

了諸多阻力，包括政黨掣肘、政客角力、不同利益團體糾葛、行政人員觀望等等，他不得已就循「體制外」運作模式，將政策交由基督教會系統執行，他本人則以苦行僧的方式往返山林部落間。為了要突破政策阻力，達成其母語政策的目標，他運用「族語認證制度」的策略，並宣稱「原住民拒絕學母語，就是不認同族群最具體的表現」（2002：219），他以民粹式的語言，直接訴諸民眾，將「振興族語，延續民族生命」的重擔壓在所有族人身上，這種論述，對族語教育政策形成很強的控制作用。

對於以族語能力考試通過做為原住民的身分證明，從研究者與尤哈尼・伊斯卡卡夫特的一段對話，可進一步理解其目的，研究者問：「原住民學族語的意願不高，族語教學為什麼要限為原住民呢？族語的資源如果開放，族語使用的人就會增加，像客委會不分族群，只要學校要教客語，就派老師來教，所有的人都可以參加認證考試，通過後給獎金，自然就有人願意學。族語認證可否開放給非原住民呢？」尤哈尼・伊斯卡卡夫特說：「不可以，因為有原住民身分的問題，原住民身分法是我訂的，以前嫁給非原住民，孩子就不算原住民，現在算是，娶非原住民，孩子是原住民，這些都於法有據。」

研究者再問：「母語是原住民的身分證，不會說族語就不能算是原住民，那麼會說族語的人，而且他認同原住民，他可不可以算是原住民？」他還是說：「不可以」。此時他太太拿手機來說有人找他，他接完電話就不想再談，研究者就告辭，心中納悶：他對「原住民身分」認定是依「原住民身分法」，

且強調「以前嫁給非原住民，孩子就不算原住民，現在算是（以前不是原住民），現在娶非原住民，孩子也算是原住民（以前不是原住民），這些都於法有據」（2009.11.21 訪談紀錄）。

　　對於「原住民」和「原住民族」的內涵，在尤哈尼‧伊斯卡卡夫特的概念似亦有所不同，原住民學生要成為「原住民」，除要符合法定條件外，還要加考「族語」，但集體加入「原住民族」則似乎不必。（未聞原住民第十族之後，各族有集體加考各族語及格），至於非原住民的人民（包括別國籍）即使精通族語，也認同原住民，也不能成為原住民，這種雙重標準和「族語是原住民的身分證」的論點似有矛盾。

　　他高舉母語消失等同族群滅亡大旗，為了不要讓原住民的母語死亡，還將「母語」和「認同」綁在一起，埋下了後來「族語認證」和「升學優惠」糾纏的伏筆。而「母語」和「認同」有何關連？為何不會說母語或拒絕學母語，就是不認同族群具體的表現？那麼「會說或要學」就是認同原住民了嗎？甚至不參加認證（不管會說或不會說）就不能取得身分優惠或者原住民身分了嗎？顯然這種認知有盲點。而用母語來證明原住民的身分，對不會說母語的原住民而言是否公平？他否定不會族語的原住民身分，也不願讓非原住民來參加族語認證，或成為原住民族的一員，不正好與族語振興政策的目的背反嗎？

　　「母語的故鄉在部落」，這是尤哈尼‧伊斯卡卡夫特族語政策第二項政策宣示。他指出：

　　當初堅持振興母語是希望母語生活化，要從部落和家

庭做起，因為族語的故鄉是在部落，母語是我們的文
化，除非原住民要接受同化，否則就要說母語，這是
真理一定要堅持！我這個人要做事就會堅持到底
（2009.11.21 訪談紀錄）。

尤哈尼‧伊斯卡卡夫特推動族語政策，選擇了他最熟悉，最有
經驗的部落模式，他自 2000 年上任以後，運用基督長老教會系
統，以「母語滅，族群亡」、「母語是族群的身分證」等口號，
展開原住民族語言復振運動。由於族語教育的推動初期師資不
足，神職人員和部落耆老成為有力的師資來源，原住民族語認
證考試制度，起初也是為讓他們取得任教資格而設計，所以，
有書面審查、薦舉、筆試及口試等方式。

　　在族語認證考試前，原民會鼓勵各族認證委員辦理族語研
習班，透過族語認證考試帶動族語學習的風氣。後來各族認證
委員因聖經使用羅馬拼音，決定放棄教育部公布之「台灣南島
語言的語音符號系統」，選擇羅馬字作為筆試的書寫系統，也
成為政大編纂九年一貫族語教材的符號系統，同時族語認證制
度也透過政大的學校機制開始運作。

　　此外，各族群認證委員不僅執行題庫的編寫與考試的評
分，更致力在認證制度的宣導與推行，不但於各鄉鎮部落開設
研習班，更在民族社會中扮演族語傳承的角色，對於族語能力
的培養及族語使用的鼓吹不遺餘力，因此，各族群認證委員在
族語能力認證過程中貢獻良多，也為原住民族的族語教育奠下
了良好的基礎。

　　然而，族語教育政策的推動必需全面顧及各地區、各層面原住民的需求，部落模式無法兼及外移日增的原住民，教會途徑也因資源分配問題迭遭質疑。更重要的是，當族語認證和升學優惠結合之後，族語教育政策的核心從教會移到學校，執行目標從一般成人轉向在學的學生。族語教育政策發展至今顯然已非尤哈尼·伊斯卡卡夫特的原始構想：

> 學校要教族語我不反對，但那應該是教育部的事，原民會應該只管部落，錢應該給部落，印那些東西沒有人看，都是浪費。…在都市的學校不分族群，以學校為單位教同一種族語是不對的作法，我想的是在部落要全部說母語，學校讓不懂原住民文化的人來教很危險。母語是要用傳承的，不是用教學的（2009.11.21訪談紀錄）。

他相當堅信自己的母語論述，並主張母語生活化要從部落和家庭做起，且強調「這是真理一定要堅持！」（2009.11.21訪談紀錄），顯見當他在原住民最高行政首長的位置時，仍不忘以傳道人的角色，來宣揚他的理念，對於原住民的身分認定則訴諸於民族主義，堅持傳統，他的論述應該與他的學經歷有關。

　　尤哈尼·伊斯卡卡夫特（2002）自稱是布農族人，先祖有鄒族血統，1953年生於南投縣信義鄉望鄉部落，長期從事原住民意識覺醒與社會運動，曾服務於台灣基督教長老教會。他於玉山神學院畢業後，進修台南神學院道學碩士，再於澳洲Nungkalingya College研究原住民議題。2000年受陳水扁總統之

命擔任原民會主任委員，2002 年 2 月隨張俊雄院長內閣總辭，轉任總統府國策顧問，後來在擔任斐濟無任所大使期間，因政黨再輪替而回歸故里，當研究者到望鄉部落訪問時，他說：「馬英九上任就把我換下來了…我最自豪的是原住民工作權法通過，現在原民會很有錢，因為如果廠商不用原住民，他就要繳一筆罰款，原民會就有錢用了。」（2009.11.21，訪談紀錄）

　　從話語中可以覺知他對自己的工作成果頗為自豪。尤哈尼‧伊斯卡卡夫特（2002）列舉其任內完成制定原住民族的重大政策有：原住民工作權保障法立法、原住民身分法立法、姓名條例修正原住民得加註羅馬字拼音、修訂行政院原住民族委員會組織法、設立第一所原住民族學院（東華大學）、納邵族成為原住民族第十族、推動規劃原住民族自治區、原住民族傳統領域歸還、建立原住民族語認證考試制度、推動平埔族認定與復振。至於他的政績，馬賴古麥（2002）則有如下的評論：

> 尤哈尼‧伊斯卡卡夫特強烈的「原住民族自我中心」
> 政策，如規劃傳統領域、設立原住民自治區、原住民
> 族教育部落化、母語的推行、積極參與國際少數民族
> 活動、重視原住民族就業問題等，這些具有前瞻性、
> 歷史性的政策對原住民而言，真可謂是「良法美意」，
> 可惜的是任期太短，除了「族語認證」稍具成效外，
> 其餘可說是「出師未捷身先死」，「壯志未酬」之憾
> 了。

馬賴古麥（2002）以「出師未捷身先死」這樣的字眼，顯見他

對尤哈尼・伊斯卡卡夫特的離職有所遺憾。再者，馬賴古麥認
為：尤哈尼・伊斯卡卡夫特的施政問題和他用人不當、體制外
運作等有關：

> 尤哈尼・伊斯卡卡夫特任職原民會只有一年九個月，
> 但也建立了別具風格的「特任官」風範，在這熙熙攘
> 攘，善用權謀的官場現形裡，誠屬難得…。也因這些
> 特點衍生在施政風格上，比較明顯如：
>
> 1. 每月的委員會議相關部會出席者少有政務副首長參
>   與，委員會議無法發揮功能；尤哈尼・伊斯卡卡夫
>   特進用委員大都遴聘社運人士、牧師及昔時熱衷參
>   與反對運動者，原民會委員的「專業、威望、學經
>   歷」亟待提昇…。
>
> 2. 與各部會在橫的連繫及各地方政府縱的連繫上是
>   「乏善可陳」「失敗的」政務推行，很多是「行政
>   體制」外來運作…。
>
> 3. 沒有很強的幕僚班底，一切施政大都以「阿扁」總
>   統強調的與「原住民新夥伴關係」為圭臬，如自治
>   區、傳統領域、母語、國家公園及部落教室等，原
>   住民族的感覺是口號重於實際。…（國政評論，
>   2002.3.18）
>
> 該文指出尤哈尼・伊斯卡卡夫特的下台，是因「強烈
> 的原住民族自我中心政策」，同時指出他聘請社運人
> 士、牧師及反對運動者擔任原民會委員，而且每月的

委員會議，其他部會很少有政務副首長出席，以致原
住民族委員會議無法發揮功能，他的政務大多是體制
外的運作，只有仰賴長老教會的支持。

三、語言權是集體的權利

將語言視為集體權或民族權係從基本人權（自由、平等）
演繹而來，亦為聯合國人權積極推動的新人權觀念，也是弱勢
族群「集體行動必要性認知」的結果。誠如原民會在 2006 年底
提出「原住民族語言振興六年計畫」目標之一「語言權的落實」，
即開宗明義：

> 語言權的定義與內涵，隨著各國社會的發展容有不同
> 的界說。但西方先進國家的經驗告訴我們：語言至少
> 是一種「自由權」，不容國家干涉人民自由使用；而
> 且語言也是一種「社會權」，國家有義務積極的予以
> 推展；再者，對原住民族或少數族裔來說，語言也是
> 「集體權」關係著一個民族的永續發展。所以，本計
> 畫即希望透過 10 項工作，落實基本權的內涵，務盡國
> 家的憲法義務（原民會，2006：6）。

上述可見，族語政策自 2000 年尤哈尼・伊斯卡卡夫特確立及推
動以來，族語論述從「黃昏論述」的文化對抗到「族群識別」
的母語主義，而進入民族權的「集體權利」，如同從游擊戰轉
入陣地保衛戰，原住民族語立足於法律之上，力爭進入「國語」
行列，目的在保存族群命脈之外，希冀族語獲得尊重及平等地

位。

　　夷將・拔路兒是原民會成立以來的第五位主委，他指出：語言不僅是集體生存的指標，語言地位更是象徵族群的權力關係，今日台灣南島語被形容為「躺在加護病房的語言」，原住民族的語言發展和復振問題，是當今最迫切的社會議題之一。因此，他主張：語言復振就是擴充族語的使用場合和使用人口，使族語重新獲得生機；語言發展就是開發語言資源，提升語言能力，讓族人使用族語表達所欲表達的事項。

> 語言不僅是一種溝通的工具與能力、是傳承民族文化
> 的媒介，也是民族尊嚴的表徵，所以語言權被視為民
> 族的基本權利之一。…對於原住民族來說，在一個有
> 多元族群的國家裏，語言的存在與否不僅代表著集體
> 生存的指標，語言的地位更是象徵著族群之間的權力
> 關係是否平等（夷將・拔路兒，2007：i）。

可見，原住民族語教育政策的論述有其更高的目的，對夷將・拔路兒而言，族語的發展代表原住民族的「語言權」受到尊重，也是實現原住民族集體生存與權力平等的指標。然而，這是否為一種精英階級的論述呢？其論述隱含的意識型態是什麼呢？

　　至於「語言權」究竟是什麼樣的權利？語言若是集體權，個人的自由權是否會受到擠壓？個人要使用何種語言是由誰來決定？根據文獻探討得知：語言權的論述乃植基於『世界語言權宣言』。『世界語言權宣言』是 1996 年 6 月 6 日在西班牙巴塞隆納，由來自九十個不同國家的二百二十位代表所共同簽署

的。茲節錄本宣言的主要論述如下：

（一）1948 年『世界人權宣言』第二條「人人皆得享受本宣言
　　　所載之一切權利與自由，不分種族、膚色、性別、語言、
　　　宗教、政治或其他主張、民族或社會出身、財產、出身
　　　或其他身分」。

（二）1966 年 12 月聯合國大會通過『公民權利及政治權利國際
　　　公約』和『經濟、社會、文化權利國際公約』，宣示唯
　　　有在創造了使人可以享有其公民和政治權利，以及其經
　　　濟、社會與文化權利之條件的情況下，才能使其獲得自
　　　由。

（三）1987 年 10 月國際文化交流發展聯盟舉行第十二屆研討
　　　會，建議聯合國組織採取必要措施以通過並實行『世界
　　　語言權宣言』。

（四）1990 年巴塞隆納之『世界集體人權宣言』宣示：人人均
　　　有權表達並發展自己的文化、語言與組織法規，最終甚
　　　至可以在相異的政治架構中採行屬於他們自己的政治、
　　　教育、溝通管道和政府結構。

（五）1991 年 8 月 16 日國際現代語教師聯盟大會在匈牙利的『最
　　　後宣言』中建議，語言權應被視為個人基本自由權利之
　　　一。

（六）1992 年 12 月聯合國組織大會採行了『隸屬少數民族或宗
　　　教及少數語言族群之權利宣言』。

（七）1994 年 4 月聯合國人權委員會提出之關於『原住民族權
　　　利宣言』草案的報告中，係根據集體權利來評估個人權

利。

（八）世界上大多數瀕臨滅絕的語言是屬於無主權的民族，以
　　　及阻礙這些語言發展並加速其遭到替代的主要因素，乃
　　　是缺乏自己的政府並且受到國家強制推行其政治、行政
　　　結構和語言政策的結果。

（九）侵略、殖民、佔領和其他政治、經濟或社會之從屬地位
　　　的例子均涉及直接、強制地推行外來語言的行為，或者
　　　至少是扭曲使用者對其語言的認知，並製造語言的階級
　　　觀以減低他們對其原來語言的忠誠度。

（十）有些民族的語言在獲得統治權後，因為原先存在之對殖
　　　民或帝國主義語言有利的政策，將陷入遭到替代的過程。

（十一）普遍性必須以語言及文化多樣性的概念為根據，勝過
　　　　同質化的潮流以及排他性的隔絕。

（十二）為了確保各種語言社群間的和平相處，必須建立一系
　　　　列、全面性的原則，以保證對所有語言的提倡與尊重，
　　　　以及在公開與私下場合之交誼性使用。

（十三）多種語言學本質以外的其他因素（如：歷史、政治、
　　　　地域、人口統計、經濟、社會結構和社會語言學、以
　　　　及其他與群體態度相關的因素），將導致多種語言的
　　　　滅絕、邊緣化與退化等問題，因此，必須以全方位的
　　　　角度檢視語言權。

　　總之，『世界語言權宣言』主旨在矯正世界各國語言不均
衡的情形，以確保所有語言得到充分的發展和尊重，並建立正
義公平的語言原則，作為維持和諧社會關係的關鍵要素，故其

序言宣稱：

> 語言社群目前正處於因缺乏自治政府、人口稀少或是
> 部分或全體族人遭到驅散、經濟力量微薄、語言無法
> 化成具體文字、或文化模式與統治者相衝突的壓力之
> 下…，本宣言以語言社群而非國家為其出發點，並且
> 在實際內容上也將被視為對有能力確保全人類持續且
> 平等進步之國際組織的強化。同時，鼓勵創造基於尊
> 重、和諧共存與相互信任之語言多樣性的政治架構（世
> 界語言權宣言，1996）。

該宣言是以語言社群而非國家為其出發點，且鼓勵創造語言多
樣性的政治架構，顯然這是一種無國界的論述。另根據宣言的
第一條第二項：「本宣言以語言權同時屬於個人與全體作為其
出發原則。於界定語言權範圍時，它採用歷史語言社群所存在
之地域為指涉對象，不僅只限於其所被認定之生活區域，同時
還包括與此語言之發展密切相關的社會性與功能性空間」。可
知，語言權不僅是族群的集體權利也是個人的權利，兩者同等
重要不能偏廢。

　　再根據第三條第一項：「本宣言認為下列個人權利不容割
讓，並得以於任何情況中使用：承認屬於某一語言社群的權利；
於私下或公開場合使用自己語言的權利；使用自己姓名的權
利；與和自己的語言社群有相同淵源之成員相關連或聯合的權
利；維持並發展自己文化的權利；以及所有 1966 年 12 月 16 日
之『公民權利和政治權利國際公約』和同日簽署之『經濟、社

會、文化權利國際公約』當中所承認之各項有關語言的權利」。由此可知，認同某個族群和使用何種語言都是個人的權利，原住民族群的集體權利應該不能取代其個人的權利。

此外，國際現代語教師聯盟大會於 1991 年建議：語言權應被視為個人基本自由權利之一。另根據世界語言權宣言第三條第二項：語言團體之集體權利，除前述之語言團體成員的權利以外，尚包含：被教導自己語言和文化的權利；取得文化設施的權利；於傳播媒體中令自己的語言與文化獲得同等表現機會的權利；在政府機關以及社會經濟關係中獲得注意的權利。顯然集體的權利是在保障個體的基本權利，所以，原民會在主張語言權是集體權時，仍然不可忽視個體的自由權。

總之，根據世界語言權的宣言如：人人均有權通曉各種語言，亦有權瞭解和使用對其本身發展或社會行動力最具傳導性的語言（第十三條第二項）、人人均有權學習任何語言（第二十三條第四項）、語言權並不排斥獲得其他語言之口語或書寫知識的權利（第二十九條第二項）等。研究者認為：語言學習的主體應該是個人，族群為了生存，對外固然可以強調集體的權利以爭取尊重與平等對待，但是對內仍應尊重個人的自由權，原住民學生或家長依然擁有教育的選擇權和學習的主體性，政府若為傳承族語而強迫個人學習，這不僅是擴大了集體權，也還是一種「文化霸權」。

綜合上述文本分析發現：在台灣原住民母語即將消失的危機意識下，原住民族語教育政策吸納了世界語言權宣言的論述，唯尤哈尼・伊斯卡卡夫特和夷將・拔路兒，皆站在原住民

族最高行政官員的位置，強調族群的認同意識和集體生存的權利，排除了原住民個體的自由權，其論述隱藏「族群中心主義」和「母語主義」的意識型態。孫大川則是站在學者的位置，雖並不同意「母語主義」可以解決原住民的文化和歷史困境，但主張母語教育要落實在教育體制上。他們三人皆是原民會前後任主委，彼此保持承先啓後的關係，企圖建構原住民的主體性，並以振興原住民的語言文化爲施政主軸。

由於「消失的母語」形成「黃昏的處境」，轉化成弱勢的語言／後殖民論述的登場，「還我母語」、「還我土地」變成社會運動和原民政策的兩大主軸，孫大川（2000a）指出：民國七十年代以來原住民運動的主線，便是沿著土地和正名運動兩軸，試圖擺脫政治、經濟聯手下的權力宰制，以建構自己的主體性。既是主體，自然要求表現，要有所宣說，主體要說話，要用什麼話？母語問題成了整個問題的焦點。而土地是原住民永續生存之所繫，母語、文化、土地、生存，共同形構原住民「主體」，也主宰爾後原住民所有政策思維。

西元 2000 年，台灣政治邁向新局，政黨輪替讓民進黨有機會實踐其「台灣論述」，在標舉「新夥伴關係」的口號下，尤哈尼‧伊斯卡卡夫特出任原民會主委，站在原住民最高行政首長位置，確立振興原住民族語言及母語的政策，且訂定原住民語言能力的認證制度是最主要的作爲。他以宗教家的口吻宣示：「不會說母語的人，就是不認同原住民」，清清楚楚的標示族群與認同的邊界。

尤哈尼‧伊斯卡卡夫特任內所制定的母語政策，其論述對

原民會的官員產生知識信仰的建構作用，族語便成為原住民族的身分表徵，族語振興政策變成原住民政策的「主流」，因此，繼任的陳建年、瓦歷斯・貝林、夷將・拔路兒、章仁香等主委，以及歷次的原民會教審會議或委員會議，都在這種族群認同的意識下連結在一起來推動族語教育。

　　母語的消失等同於民族的滅絕，意在激發原住民普遍的危機感進而動員族群，凝聚共同體意識的符碼。用母語或族語做為族群識別的標記，是在於質問到底誰有資格構成「原住民族」的一分子。尤哈尼・伊斯卡卡夫特認為不會說母語就表示不認同族群，隱含著將不會母語的原住民視為「他者」的意圖，也不願讓非原住民來參加族語認證，可知其推動族語振興的目的，並不在擴充族語使用的人口數，反倒是用來將原住民族二分成「認同族群」和「不認同族群」，甚至是「真原住民」和「假原住民」，所以，他說：「**不會說母語的人，怎麼有臉享受原住民的優待，根本就沒資格！**」（2009.11.21 訪談紀錄）。

　　從尤哈尼・伊斯卡卡夫特的語氣和措辭，顯示其母語論述著眼於資源分配，且有著「我族中心主義」的意識型態。然而，語言振興必須從學習意願、家庭、學校及社會情境的配合，以及未來展望性來考量，一昧使用獨斷的、僵固的意識型態去推動，注定會爭議不斷而很難成功。針對現在的族語能力認證，多數的族人感覺就是為了應付考試而學習，語言生活實踐絕對是無法用「考試」來鑑定的，族語能力應該可以從族語家庭或認證通過的族語教師，所加強的聽、說、讀等生活應用的層面去檢證（張學謙，2007：181-194）。

　　許多族人都認為這樣的措施是相當不妥當，因為原住民族目前的語言情境在語言使用權、教育權與傳播權上，仍有相當大的努力空間，此外在學校進行的族語教學亦存在缺失，亟待改善（黃東秋，2008）：

1. 相關配套措施不夠嚴謹。
2. 原住民族的學生們除了要應付國、英、數、理化等學科以外，又多加了一個族語，對許多遠離故鄉的學子們根本是外語的層次，學習它顯然是一個很大的負擔。
3. 學校每星期上族語課只有一小時，時數根本不夠。
4. 原住民族語言的多樣化，學校族語老師不夠多元。
5. 族語老師的鐘點費根本不夠養家糊口。
6. 族語認證通過了以後，學生還是無法把語言運用在日常生活中，根本是浪費資源。

　　至於誰是原住民？原住民族的涵義是什麼？誰來認定？如何認定？母語是什麼？族語又是什麼？「母語」和「族語」是如何區分的？林英津（2008）指出：「族語」要先確定什麼是民族或族群的範疇及指涉實體，還要問「族語」怎麼教、怎麼學？「母語」應指的就是兒童的第一語言，不過，倘若爸爸是生長台東的排灣族、媽媽是宜蘭地區的閩南人，孩子的母語要如何認定？這個問題研究者請問尤哈尼・伊斯卡卡夫特：「現在部落中有很多外配子女，他們的母語要怎麼界定？」他則是有些遲疑的答說：「看他們自己要說什麼話」（2009.11.21 訪談紀錄）。果若如此，外配子女的母語，可能就不是原住民的族語，那麼母語又怎能做為原住民的身分證？

　　此外，「原住民」或是「原住民族」的指涉實體為何？學者也有不同的說法，例如：林英津認為族群範疇的認定與界定，牽動敏感的政治神經，且涉及經濟利益和社會資源的分配與享有；憲法雖使用「原住民族」的字眼，族語認證卻區分「13 族14 語42 種方言別各別命題」，顯然台灣原住民是多民族、多語種。李明政則認為使用「原住民族」的字眼，是重視「族群集體」優先於「個別成員」需求的觀點，係立基於多元文化主義的建構詮釋論（林英津，2008）。孫大川（2000a：140）則主張：台灣原住民是不同於閩、客、新住民的另一個種族，符合聯合國「土著」或「原住民」（Indigenous）概念的所有內容，我們傾向於逕稱台灣原住民為「原住民族」。

　　總之，台灣原住民族語言教育政策的論述文本中，對原住民／原住民族、族語／母語的語彙界定並沒有共識，而且族群範疇會隨著各族群的正名成功而改變，族語的數量也有逐年增加的趨勢，那麼「族語」到底要怎麼教、怎麼學？執政者是如何實踐族語教育政策的論述？社會各界又是如何詮釋族語教育政策的論述？族語教育政策的論述究竟產生什麼效果？值得進一步探討，因此，下節將針對族語教育政策的論述實踐，來進行文本生產、消費、分配的過程分析。

第二節　台灣原住民族語教育政策之過程分析

過程分析（processing analysis）是一種對文本與論述實踐的交互分析，對本研究而言，族語教育政策的論述實踐，就是族語教育政策進行生產、分配與消費的過程。生產（production）是指論述的塑造，分配（distribution）是指論述的散佈，消費（consumption）是指論述的使用。而族語教育政策論述實踐的過程分析，焦點在詮釋族語教育政策的論述如何形構？如何形成原住民社會共識？運用什麼方法去實施？以及關係人對族語政策有何理解？採取什麼行動？產生什麼效果？

本節先從族語教育與族群認同的論述形構，分析學校族語教育和族群認同的關係，以及原住民社會各界對族語政策的理解和因應方式；其次分析族語認證與升學優待的辯證關係，探討原住民學生族語認證取代身分證明的政策如何形成？運用什麼方式去傳播和實施？對於原住民社會產生什麼效應？最後分析書寫系統與語音符號的協商過程，以理解書寫系統變換過程的權力鬥爭，以及族語文字化對族語教育的影響。

一、族語教育與族群認同的論述形構

孫大川（2000a）表示：語言文字載有一個民族的記憶和圖像，乃是一個民族歷史、文化生命之所繫，更是民族認同的基礎。尤哈尼・伊斯卡卡夫特（2002）指出：原住民族的母語流失是外來殖民統治所造成，尤其國民黨政府在推行國語政策階段最為嚴重。孫大川也認為：原住民黃昏性格主因是語言流失，而原住民母語的迅速喪失，乃是國民黨政府的「山地平地化」、「推行國語運動」政策所致，而且其政策背後隱含著政治意圖

及文化傳統因素。這種對於國民黨政府推動國語政策的批判論述，成爲學校實施族語教育的背景法則。

　　有鑑於語言對認同的重要性，孫大川（2000a）認爲原住民的母語教育具有：保障並尊重原住民之生存權和文化權；減緩原住民文化徹底崩解的速度的意義。因此，他提出母語文字化和母語教育落實在教育體制的訴求。尤哈尼‧伊斯卡卡夫特則呼籲原住民族應覺醒，努力學習傳承母語，而且爲了要突破政策阻力，還宣稱「原住民拒絕學母語，就是不認同族群最具體的表現」（2002：219）。因此，推動族語教育和建構族群認同的論述，自然形構成原住民社會的共識，語言權也就被型塑成爲族群集體生存的權利。

　　就統治者而言，建立共通的語言是一種經濟有效的國家控制方式，施政者只要使用一種語言就能頒佈政令，讓國家機器運轉。所以，世界各國大多透過學校的教育推行官定的語言，因而打壓其它語言的生存空間，台灣政府也是經歷過這樣單一語言教育政策的時期。民國五六十年代，國語的推行是一個巨大的殺手，扼殺了各民族的文化傳承，只相信會國語的漢人是最棒的，最高級的。相形之下，閩南語、客語、原住民語都成了落後的語言（黃宣範，1995）。

　　近來許多研究發現台灣是南島語言的發源地，這國際語言學界所關注及珍視的語言，有即將消失的危機，因此，人權運動和「還我母語」運動結合，不斷的質疑及挑戰「獨尊國語」的教育政策。尤哈尼‧伊斯卡卡夫特上任即制定族語振興政策，並指稱：由於國民黨獨尊國語，並灌輸說國語即愛國之觀念，

政策性消滅台灣方言及原住民母語。再加上媒體國語化，原住民族沒有文字，學校未施行多語言教學，通婚、都市移民及功利的心理因素，都是造成原住民族語言流失的因素（尤哈尼‧伊斯卡卡夫特，2002：100）。

孫大川則認為：原住民試圖擺脫政治、經濟的權力宰制，以建構自己的主體性。現代的原住民青少年雖接受自己是原住民，但他們不了解自己的文化，甚至早已喪失母語使用的能力，單是情感性的自我認同，是無法真正活出族群的主體性。由於母語是主體要使用的語言，所以，他提出幾個因應策略：

（一）實施母語教育：盡可能納入正規教育的系統，但由於語言若沒有文化脈絡、沒有可施用的場所，其實是沒有生命也無法生根的，所以，應認真構想部落原鄉重建的可能性。

（二）思考文字化的問題：文字書寫需有讀者，各族的語言殊異，漢人不會有學習的意願，拼音書寫可能找不到讀者，要思考如何突破其封閉性。

（三）借用漢語書寫：目前原住民精英的書寫方式採取漢語書寫，有些作者則採用拼音、漢譯對照並排的策略，無論就母語的保存或原住民對漢語的介入，皆呈現了權力推擠和主體性位置的保衛戰。

（四）非語言的語言：雕刻、音樂、舞蹈、體育、編織、陶藝等，都可能擴大原住民語言的氛圍，形成一種論述的力量。不過要避免商品化和觀光化的誘惑（孫大川，2000a：43）。

　　尤哈尼・伊斯卡卡夫特（2009.11.21）則說：「族語的故鄉是在部落」、「母語是要用傳承的，不是用教學的」，孫大川也提出母語在部落原鄉重建的可能性，但他認為要讓母語活起來需要有其他的策略配合，甚至運用「非語言的語言」來形成社會論述的力量。可知：尤哈尼・伊斯卡卡夫特和孫大川皆認為活化母語必須回到原鄉，從部落出發，學校的母語教學沒有文化脈落和施用場所，其實功效有限。

　　至於什麼是母語？不同的主體就有不同的詮釋，如：黃宣範（1995）說：母語有很多種定義，可以是父系的語言、可以是母系的語言、可以是官方的語言、也可以是最先學會的語言或是最精通的語言。教育部台灣母語教學評鑑訪視委員張復聚（2004）則補充一個定義，就是「跟當地地理、歷史、生物、環境、文化、甚至宗教、哲學等最有密切關係的語言」。所以，他主張：母語教育就是本土教育；教育部長杜正勝提出的同心圓理論，在語言教育上，這個同心圓的中心就是學生的母語；語言教育的出發點應當由母語出發，進而學習其他的世界語言。浦忠成（2004：42）則指出：

　　　依據語言文化的內涵區隔，台灣社會可以大略區分為漢語系與南島語系民族二大類，惟各語系內部的歷史、習俗、語言仍存在極多差異，所以台灣堪稱多元的社會。…在一個多元民族文化的社會，如果無法妥善處理族群的定位與運作的模式或典章制度，勢必因為政經資源的分配，導致族群或團體的動員，從而引起對立與衝突。

浦忠成認為台灣是個多元民族文化的社會，並將台灣的族群以語言文化區分為漢語系／南島語系民族。此外，他強調：戒嚴時期，台灣本土語言文化受到嚴重的污名化，媒體所呈現的台灣河洛和客家族群文化，總是粗俗、低級與落後的，相關的評論也大都給予貶抑或諷刺，原住民更是連露臉出聲的機會都沒有。由於媒體的商業屬性較高，弱勢族群無法享有媒體的經營權或近用權，因此，為發展多元多樣的語言文化，讓弱勢族群擁有自己的媒體，同時建構彼此尊重、存異求同的開放社會，以減少族群的對立或衝突，才是政府永續經營之道。

黃東秋（2008）則指出：學習自己的族群語言最大的意義和價值是可以找到自己的定位，以及學習自己族群歷史文化最深層的價值和思維模式。因此，教育部自 2001 年開始實施九年一貫課程，將三種本土語言納入語文領域，原住民的族語教育正式走入校園。

學校實施的族語教學就是政府為回應原住民族「母語消失」的論述，且因應「積極維護發展原住民族語言及文化」和「學前教育及國民教育階段之原住民學生，應提供學習其族語、歷史及文化之機會」的立法，而推出的施政作為。乃由中央層級的行政院原民會與教育部聯手，將最初發軔於民間、由縣市政府主導的「母語教學」，推向「族語教學」（林英津，2008）。

然而，學校的族語教學並未符合所有原住民家長的期望，例如：有位泰雅族家長表示，他的父親為了謀求更好的工作機會，從部落到都市來生活，現在他和父母及子女都是以國語交談。因為把國語學好，才是一件重要的事，會說家鄉的話在都

市裡根本沒有用。尤哈尼·伊斯卡卡夫特（2002）認為這種「母語無用論」就是功利主義的心態，更是原住民母語傳承與學習的一大障礙。然而，根據研究者的訪談，他說：「學校要教族語我不反對，但那應該是教育部的事，原民會應該只管部落，錢應該給部落，印那些東西沒有人看，都是浪費」（2009.11.21訪談紀錄）。

由此看來，尤哈尼·伊斯卡卡夫特似乎對現今族語教育論述實踐的方式並不贊同，他的母語論述被消費在學校的族語教育，但無論是師資、教材、教法，都不符合他原初的理念，甚至認為原民會的作法是錯誤的、危險的。當研究者問他：「都市裡因為原住民人數少，而且來自不同族群，應該怎麼教族語？」他答：「都市應該可以有都市的做法，像語言巢或什麼方式可以再想辦法。」追問：「族語工具化後，研究發現原住民學生已經認為族語很重要，但是族語認證考完後就不再說族語，在部落也只有老人家說族語，族語推動快十年了，好像浪費了很多資源，族語教育應該怎麼再出發？」他答：「我現在已不在位了，我只能在自己的部落盡量推」（2009.11.21訪談紀錄）。

言下之意頗為無奈，強調「母語是要用傳承的，不是用教學的」，可是政府卻為了族語教學而編印了許多教材，經費似乎沒有用在該用地方。顯示這十年來的台灣原住民族語教育，從政策制定到實施的過程中的變化，可能是因為對論述文本詮釋的人不同，執行的策略也就不同，轉化為行動的結果，當然與政策制定者的預設會有落差。至於現行族語教育的實施效果

如何？根據「2007 年台灣原住民社會變遷與政策評估研究計畫」的問卷調查，全台 18-65 歲（2057 位樣本）原住民，對現行國中小族語教學課程的看法，林英津（2008）將之歸納如下：

（一）雖然有 64.8%的受訪者認為：族語課程對不同族群的學生學習彼此語言有幫助；但約 19.1%持中立意見、16.1%認為沒有幫助。

（二）對於教授國中小族語課程的理想人選，多數受訪者認為族語教師較合適（76.4%），其次為會說族語的家長（44.6%）；部落長老（28.8%）或教會人士（20.1%），則受到認同的比例偏低。

（三）多數受訪者認為，由各縣市立案的族語教學協會來教授會有較好的教學效果（41.6%），次為正規學校（33.4%），再次為教會 23.9%）、部落大學（21.1%）；亦有 21.4%的受訪者認為，由什麼組織或單位來教，並不重要。

（四）對政府推動族語教學的成效，僅 36.4%的受訪者認為成效好，43.7%受訪者中立不表示意見，17.4%受訪者認為成效不佳。

（五）若進一步追問受訪者對族語的支持程度，84.9%受訪者都是支持的，不支持者僅佔 2.0%。

當進一步比較原鄉與非原鄉者的差異，則發現：

（一）原鄉與非原鄉皆認為族語課程，對不同族群的學生學習彼此語言有幫助。

（二）在教授族語人選的偏好上，差異並不大。唯原鄉對部落長老、會說族語家長及教會人士的偏好，皆較非原鄉為

高。顯示原鄉雖然也高度認同正式族語教師，但對部落
長老、會說族語的家長及教會人士並不排斥。

（三）對族語教學單位（或組織）的評價：發現原鄉與非原鄉
對部落大學的評價似乎沒有差異，但原鄉對教會的評價
度較非原鄉為高；同時，原鄉認為由什麼組織或單位來
教並不重要的比例，亦較非原鄉為高；相對的，非原鄉
對立案協會、正規學校的評價較原鄉為高。

（四）對於族語教學的成效，原鄉持正面評價的比例（41.5%），
高於非原鄉（29.8%）。

（五）對族語的支持程度，也是原鄉的支持程度（88.2%）略高
於非原鄉（82.3%）。

　　由此調查研究可知：現今原住民族對於族語教學的接受程
度已經很高，但是對於族語教學的成效，原鄉則比非原鄉者評
價好；至於應由何人來教族語？二者皆以認證過的族語教師和
會說族語的家長較合適，唯原鄉對部落長老和教會人士比較認
同，這可能是平時在部落中相處機會較多的緣故。至於應由哪
個單位來教授族語？多數受訪者認為由各縣市立案的族語教學
協會來教比較好，其次為正規學校；認為由什麼組織或單位來
教並不重要或教會來教的比例，原鄉皆高於非原鄉，這也反映
出非原鄉者的都市生活經驗，雖然其對族語教學的成效評價普
通，可是認為還是要由正式單位來進行族語教學比較好。

　　黃東秋（2008）指出：多少年來所推動的語文教育政策，
各個族群的母語已不再是各族人溝通使用的工具，如今想要每
星期上幾節的「鄉土語言」以及大力推展文字化，這樣的努力

仍待族人有莫讓族語持續流失的自覺。由於目前學校的族語教學有許多困境尚待克服，黃東秋乃以行動研究法，在花蓮和平國中實驗多族語混合教學，實驗班學生來自五個族群，除了東華大學的學生分別為不同族群的為輔導小老師，另外還請了三位原住民擔任族語老師；以國中英文課本為底本，自編教材、製作學習單。教學方法採取讓學生以學會的英語詞彙或短句與家人溝通，由家人教學生相應的母語，然後再到學校和老師、同學分享，使學生認識到自己及對方的文化。

　　然而，林英津（2008）認為此實驗對象是來自五個族群的國中學童，對語言學習者而言，同一堂課要學習至少五種語言（母語之外，其他四個族群的語言，加上英語），簡直是不可能的任務，更不用說，英語該如何轉換成各族群適當的口語了。黃東秋（2008）也發現原漢學生學習多語言使用的癥結有：

1. 即使原漢學生們都知道如何說族語也聽得懂，但卻對於認讀音標系統、認字和拼字的基礎較差。此外，英語的發音多少和羅馬發音有所不同，因而使得學生有混淆之現象產生。

2. 原漢學生們在家都不會試著說族語，所以，會使用的字詞與單句不多，以致於在課堂上做交流時會有支吾的情況產生。

3. 學生們對於拼音書寫方面較弱，雖然他們沒辦法直接拼出文字，不過卻懂得怎麼唸出英文單字。

4. 學生們還是搞不清楚一些發音，像是"k 和 g"兩者間的發音，還有母音的發音。

5. 族語教材內容與地區性方言有差異。

6. 原漢學生們都有時會投機取巧，不喜歡自己動腦想句子，有

些會一味地希望老師將拼音直接拼出來，而不試著用自己的
方法寫。

此外，黃東秋亦指出：現代的學習主體已經不同，單向的
灌輸和覆誦的教學方式，學生必然會排斥，族語教學應考量世
代差異。他強調：

> 接受教學的學生主體已經和過去大不相同了，他們所
> 承受的文化調教是媒體時代的、衝動慾望的、全球化
> 的、自我中心的。這種可能充滿各種變數的學生主體，
> 使得單向灌輸、制式覆誦的教學方式愈來愈不討好，
> 不肯面對這個現實的教師是註定要被拒斥的（黃東
> 秋，2008：16）。

因此，族語教學不能只是語言結構教學模式；族語教學也不能
只是教案實踐；族語教學更不能只是「刺激－反應」的技能訓
練。族語教學要和歷史與文化環境互動，也必然要和學習主體
的定位相連。早在 1995 年起原民會就已經推動語言復振，然而，
研究發現政策未達實質效益，因此，實施多語言教室的教學，
是希望能提供另一種思維，同時也驗證語言不是純粹的認知或
記憶的使用，而是一群個體進行相互溝通思想、表達個人意志，
互為主體、相互增長語言能力和文化的歷程（黃東秋，2008：
19）。

由上述可知：族語教育的論述實踐，十年來對原鄉和非原
鄉的原住民皆有正面的影響，學者和教育人員也紛紛投入族語
教學研究與實驗工作，顯示族語教育政策已在社會各層面產生

許多的互動關係，可是，因族語的種類太多，族語使用的環境
欠缺，加上現代學生的主體性意識增強，單向灌輸、制式覆誦
的族語教學，不易引起學習者的動機。目前族語振興政策，從
家長的反應和學生族語認證的結果看，都並不成功，因此，有
人說「母語是在學校失去，就要從學校找回來」（原民會高層
人士，2009.12.07），意指應仿效當年「國語一元化政策」，採
行強制性作法才能奏效，他說：

> 現在學校教族語因為師資、教材確實有問題，但是不
> 能因為有問題就停下來，我的國語為什麼說得這麼
> 好，我們要像以前推國語一樣，他們怎麼做，我們就
> 怎麼做，族語為什麼不能像國語、英語一樣大家都要
> 學？（2009.12.07 訪談紀錄）

他原是尤哈尼・伊斯卡卡夫特主政時期之重要幹部，對現行的
族語教育政策非常堅持，他說：「為什麼要加強學生課業輔導，
而不要加強族語教學呢？等到族語變成大家都會的語言，族語
就可以不用教也不用考試了，現在只是因為條件不足的問題，
應該花更多的經費來加強族語，而不是說不要族語考試了」。
他顯然是想再製「國語政策」，且為了讓族語和英語、國語一
樣的普及，甚至成為國家的語言，政府應該投入更多經費。所
以，他說：

> 說推動族語政策的人是過去打壓族語的人，這種論點
> 我不接受，我也不認為我們是霸權，我知道…他們現

　　在反對教族語，說什麼會讓族語死亡，可是不能因為
　　有困難就停下來，要堅持下去才有可能像國語一樣，
　　以後才會成為國家的語言（2009.12.07 訪談紀錄）。

由此可知：這位原民會高層人士以當年國語政策的成功為借
鏡，努力來推動族語教育政策，複製過去大加抨擊的「殖民模
式」，進行「內部殖民」，正好落入「主奴辯證」的吊詭。對
此作法尤哈尼·伊斯卡卡夫特並不認可，其中緣故頗耐人尋味：

　　…我就知道族語教育註定要失敗，現在這樣我早就預
　　測到了；去找…，他在我當主委時是執行率百分百，
　　我離開後就變樣了。…語言不是要學校教，應該是讓
　　部落的人來教，編了一堆教材、字典根本沒有用
　　（2009.11.21 訪談紀錄）。

至於過去台灣執政者推動的語言政策和族群認同政治的關係，
施正鋒（2004）認為：過去「皇民化」或是「國語化」的同化
政策，因為是霸道的「國家族群化」（ethnicized state）作法，
讓被支配族群感受到強烈的相對剝奪感，語言不平等不只反映
出族群的地位與尊嚴被壓制，更代表著整個族群會隨著文化的
凋零而消逝。因此，在台灣進行民主轉型的過程中，民間以「還
我母語」的訴求，挑戰百年來「獨尊國語」的語言政策，以突
顯政治權力及經濟資源分配的不均。

　　林英津（2008）則指出：學校是語言教學的主要場域，也
是「國語政策」施作最為徹底的一環，由於「國語政策」下，

具體的「語言教學」並不是唯一的目標，而是工具化的、被交付了「國族認同」的使命。所以，學校的語言教學不僅是各族群最敏感的議題，也是政治張力的來源之一。因此，現今學校的族語教育目的，不僅在形塑原住民的族群認同意識，同時也在建構原住民的「國族認同」。

　　基於「國家族群化」或「國族認同」的意識型態都是國族主義，國族主義所追求的價值，就是賦予國家高度的優先地位，藉以集中意志，達成政治共同體的生存與發展。過去學校的「語言教學」被交付「國族認同」的使命，完成了「國語一元化」之政治任務，而遭受到嚴厲的批判，而現今原住民族也不自覺的如法泡製過去錯誤的作法，運用學校教學和升學考試機制，消費「族語是原住民身分證」等論述，顯示族語論述的主／客體位置雖然已經置換，但權力運作的模式沒改變。

　　然而，以母語做為原住民身分的標記，或以會不會母語做為認同原住民與否的論述，在原住民社會尚未得到普遍支持。根據中研院問卷調查結果：如果以族語能力為原住民族的表徵，原鄉原住民對「族語認證」有71.2%表示不支持（52.2%不支持＋19.0%非常不支持）；非原鄉更高達 73.9%（＜51.9%不支持＋22.0%非常不支持）表示不支持（林英津，2008）。總之，族語復振的論述雖已形構成原住民社會的共識，但用「族語」來證明「身分」或「認同」，多數人不同意的原因有：

　　首先，族群的認同可以是客觀的，也可以是主觀的。客觀的基礎像是血緣關係、生理特徵（如膚色、體格、基因等）、出生地、居住地、文化、宗教、語言、姓氏等；主觀的基礎則

是自我界定與自我認同。依照現行規定，「原住民」族乃是依據客觀和法定的分類，即是依「原住民身分法」，必須有戶籍登記，而其身分取得則是透過婚生與收養（非婚生子女得透過認領）。既然現代原住民的身分是依法認定的，那麼母語顯然不能做為族群分類的唯一條件，即連尤哈尼・伊斯卡卡夫特（2009.11.20）自己也承認：就客觀事實而言，原住民身分的取得依法而來，自然不可隨意認定。

其次，族群認同也可以是主觀的，當「母語是原住民身分證」論述工具化、機構化之後，原住民學生和家長被捲入其中而深受影響，而這種影響作用因地區環境、社經階層等因素而有差異。針對尤哈尼・伊斯卡卡夫特的論述，研究者在望鄉部落訪問兩位原住民家長。一位移居都會地區的家長的詮釋是：「不會說母語不行，像我小孩我沒有時間教，我就找家教到家裡來教，不是為了要加分，而是應該要會說自己的話才對」（都市原住民家長，2009.11.20）。

他因常年離鄉，難免思鄉之情，為免子女與故鄉長輩疏離，而讓子女學習母語，這是城鄉差異下普遍的說法。另一位受訪者則表達不同的看法：「族語能力認證是有必要的，因為現在有很多 1/2、1/4 的人都要來享受優待，連平埔族都說他們是原住民，要來搶原住民的名額」（布農族語認證委員，2009.11.20）。

由此可見，有關族語教育與族群認同的論述形構，已深入原住民部落及個人，產生知識／權力的制約作用，但因每個主體的身分不同，對政策的詮釋也有差異，有人是用族語認證來鞏固原住民的資源以防被搶，有人則要自費請家教來補習母

語。顯然當年尤哈尼・伊斯卡卡夫特站在原住民主體的最高位置，主張「不會說母語的人，就是不認同原住民」，這種論述在原住民族內部已轉化為一種權力關係，用來排除「他者」。但是用族語來將原住民分類，造成族群內的自我排擠和差異化，可能非尤哈尼・伊斯卡卡夫特所預期的結果。

Wilson（1978）指出：現代社會的發展變遷，種族的重要性將會逐漸式微，取而代之者，乃是階級的問題（引自 Banton, 2001），因此，台灣各族群的語言文化固然有差異，但族群內部的差異，可能遠甚於族群群體之間差異，更何況隨著族群外婚盛行的同化作用，族群分類的重要性必當式微，未來階級問題才是社會整合與衝突的關鍵所在。所以，族語教育實不該用來製造原住民族的內部差異。

此外，施正鋒（1996）認為：從政治道德來看，不管是否為最先居住於台灣者的後裔，無論是個人、族群還是民族的認同，每個人的認同都是獨一無二的，只有自己有權利決定自己是什麼，不容他人置喙。因此，研究者認為族群分類既為主觀認同，而且認同的主體在個人，所以，說族語不應成為原住民族群認同的必要條件，原住民個人的主體性也不容忽視，茲引用原住民學者周惠民的話，作為支持研究者的論點：

> 會說族語的人不見得認同原住民，不會說族語的人也不見得不認同原住民，不能用族語來認定他是不是原住民。
>
> 語言權是集體的權利也是個人的權利，都會地區的家

長或學生要選擇學什麼語言，應該要尊重（2009.12.08
訪談紀錄）。

二、族語認證與升學優待的辯證關係

　　林英津（2008）指出：「族語認證」，是為振興原住民族
語言，也是原民會向社會大眾宣示振興族語的決心；教育部的
「升學優待辦法」，是提供原住民學生取得族語認證之具體誘
因，也是保存及延續原住民族語言及文化的方式之一。由於「族
語認證」原初是因應族語教學師資的需求而辦理，後來是因族
人學習族語的意願不高，原民會便和教育部聯手將「族語認證」
和「升學優待」結合。這可謂是原民會母語政策論述的再生產，
因為原始的母語政策內容是：

> 行政院原住民族委員會母語政策
> 行政院原民會尤哈尼・伊斯卡卡夫特主任委員特別強
> 調振興語言及母語政策，研擬「原住民族語言振興四
> 年計畫」，從母語師資培育、族語教材編輯、落實部
> 落（家庭）推廣等面向，訂頒「各級學校原住民族語
> 言暨語言能力認證作業要點」，確立辦理語言能力認
> 證採「書面審查」、「薦舉」及「筆試及口試」等三
> 種方式，為推動辦理上述方式，擬訂「原住民族語言
> 能力認證作業實施計畫」，規定語言認證的命題方式，
> 辦理原住民語言能力認證（國立教育資料館／原住民
> 教育／族語教育，2009.09.21）。

由此可知：原住民的族語認證制度在尤哈尼‧伊斯卡卡夫特主委任內已經定案，因為「族語教學」需要認可適當的師資，而有透過「書面審查、薦舉與筆試及口試」的認證辦法，後來再增加學生族語能力考試，除用來評量族語教學的成效外，尚作為原住民學生享受升學優待權利的身分證明。至於「族語認證」是否能評鑑族語教學之成效，本已缺乏理論依據，其實務規劃，也因涉及民族問題、身分認同，則顯然並未體察普遍原住民的態度（林英津，2008）。對於此政策的演變，曾任阿里山鄉校長、現任鄒族的族群代表委員，同時也是中小學生的家長說：

> 當初就是…那批學者要族語認證考試，本來以為會對原鄉的孩子有利，因為部落中的語言環境比較好，後來發現反而是 1/2、1/4 原住民的孩子比較認真學族語，因為他們想要優待，結果會考試的還是會考試，原鄉的孩子還是考不過都會的孩子，都會的孩子通過考試後就不再說族語了（2009.12.07 訪談紀錄）。

她是站在原鄉家長和校長的立場，指出：都會學生比較會考試，而且考完就不再說族語了。語意除了無奈之外，尚有一種被自己人欺騙的感覺，而她說 1/2 和 1/4 的孩子比較認真學族語，則顯示她以血統將原住民分類，而且視都會原住民為部落原住民的競爭對手。至於是否因學者主張要族語認證，浦忠成（2009.11.19）則說：「當初是看到大家學母語的意願不高，我和幾個學者就想怎麼辦呢？教育部長杜正勝說你們原住民到底是玩真的還是玩假的？所以，才決定升學優待要族語能力認

證，我們都是被騙了」。

　　由此可見，浦忠成等學者當初是想要激發母語學習的動機，且將族語能力認證視爲一種外在誘因，教育部則是順水推舟將原住民升學優待加分制度修改，以杜悠悠之口，所以，這個政策的主導者／受益者應該是教育部，原住民族至今日已有受騙之感。再進一步分析「族語認證」和「升學優待」辯證的過程如下：

　　2000 年總統大選後，陳水扁總統任命長老會牧師尤哈尼・伊斯卡卡夫特爲原民會主委，同年 12 月教育部審議通過「原住民學生升學優待及原住民公費留學辦法」，並與原民會於 2001 年 1 月 20 日會銜發布，將族語能力證明做爲升學優待的篩選條件，且預訂於 2005 年開始實施。但因此法公布後引起輿論譁然，教育部乃多次修正第三條條文，延至 2007 年開始實施。根據尤哈尼・伊斯卡卡夫特的陳述：

> 族語認證辦法是我先推出的，客委會後來要學我要認
> 證，閩南語也要認證了。修改升學優待辦法時，很多
> 立委反對，說是會增加學生的壓力，我就召開記者會，
> 運用媒體的力量，立法委員只好讓它通過，但是不要
> 馬上執行，說要等個幾年（2009.11.21 訪談紀錄）。

可知，他對於「族語認證」做爲「升學優待」的條件很堅持。因爲他認爲在原住民地區，很多的父母放棄傳承母語的責任，認爲孩子學母語對未來升學、考試、就業，一點幫助都沒有，甚至錯認學母語，加上國語和英語，會造成學習混亂（尤哈尼・

伊斯卡卡夫特，2002：98）。所以，他主張將族語能力納入升學考試，以迫使原住民父母履行傳承母語的責任，對於原住民學生和家長而言，這是最高權力者施加在無權力者的霸權，也是一種「內部殖民」的表徵。

浦忠成曾經擔任原民會的副主委，對於原民會的政策勢必要貫徹，他指出：原住民語言文化嚴重流失的階段，正是台灣厲行戒嚴與同化政策的時期，國家文化策略上的壓制與優惠措施，鬆懈原住民該有傳承文化的心志。過去的優惠，是要藉著學習漢族的知識技能，逐步達到與漢族相等的生活，其意圖在於同化，許多接受制式教育的原住民知識精英與族群文化的疏離就是證明（巴蘇亞・博伊哲努，2007：141）。

關於對族群文化的疏離，研究者訪談原住民新生代精英周惠民博士，他說：「據說小時候很會說族語，但是長大後就說得不太流利了，因為語言學習是要有環境的，有時候回故鄉跟老人家不能溝通，心裏還是有點遺憾」。他在小學二年級時全家遷居到台北，因為沒有學習族語的環境，以致無法流利的說族語，但是他並不認為「族語認證」會對族語振興有幫助，反而覺得「升學優待」辦法的修訂有問題。他說：

> 升學加考族語是如何訂的，已經無法可考，這個政策的制定草率，沒有經過公聽會等程序。原住民學生升學加考族語，對族語振興沒有幫助，考完試後就丟下了，每年花那麼多錢辦考試沒有必要（2009.12.08 訪談紀錄）。

至於升學優待辦法和族語認證制度的連結，浦忠成（巴蘇亞·博伊哲努，2007：137）說明如下：原民會在 2000 年下半年就進行族語認證的規劃，並於 2001 年遴選各族語言認證委員，組成認證小組，經公開招標程序，擇定某一大學負責展開認證工作。由於教育部在 2001 年修正公布「原住民學生升學優待及公費留學辦法」，其中第三條規定：自本辦法生效第四年起，原住民籍考生應取得文化及語言能力證明。原民會因此委託研修小組草擬「原住民學生取得文化及語言能力證明配合措施實施要點」，以因應之。

　　浦忠成的言下之意：原民會是被動的配合教育部的政策，但根據原民會歷年來公告的會議紀錄，在原住民民族教育審委員會第一次臨時會議紀錄（2002.08.01）中，主持人陳建年主委即決議：請教育部及原民會檢討修訂「原住民學生升學優待及原住民公費留學辦法」，擴大提供原住民子弟升學管道和機會。再對照尤哈尼·伊斯卡卡夫特的話：「**族語認證辦法是我先推出的**」（2009.11.21 訪談紀錄）。顯然，將族語能力證明做為升學優待的條件，並非教育部單獨主導的，而且在尤哈尼·伊斯卡卡夫特主委卸任後，續任的主委僅是建請教育部和原民會檢討，並未改變政策方向。

　　另在原民會第 59 次至 94 次委員會議紀錄中，有關學生升學優待辦法的意見紛歧，其中第 63 次委員會議（2003.09.25）則最具關鍵性，因此，將會議紀錄呈現，以利觀察原民會委員和教育部代表的立場。當時主席是陳建年主委，浦忠成和鄭天財是副主委，與會人員發言有：

教文處汪處長秋一報告：

（一）本案經本會成立專案小組研商六次，並徵詢多
所高中(職)校長之意見，至九月二十四日第六次
研商結果，原住民學生升學優惠的措施決定採
用乙案辦理，即採行加總分的百分之二十五之
方式辦理。其理由為：

1. 考量教育部方面擔心會影響到其他考生之權
益。

2. 從許多校長的報告顯示，原住民學生面臨的
問題並非生活適應的問題，而是課業的問
題。因為現行考試加分制度係採降低錄取率
百分之二十五之方式辦理，結果許多學生因
程度跟不上而造成中輟之情形。依調查結果
顯示，原住民學生與一般學生之成績平均差
距約在十分左右，差距仍相當大。

3. 為考量考試成績換算方便。

（二）對於原住民學生之升學輔導措施，除考量修改
加分優惠之外，本會將加強學生於升學考試前
與入學後的輔導工作，並積極建構完善的輔導
措施。

（三）至於本案是否須於九十四年度實施，俟本會專
案小組之研商結論經由公聽會檢視後，將會參
考各方意見及現行教育制度有無提供文化、語言
的證明環境，於十月底前一併送交教育部參處。

　　汪秋一當時是站在原民會教文處長的位置，支持升學優待辦法修正為加分 25%，理由之一是高中職校長認為過去降低錄取標準 25%，結果有許多學生因程度跟不上而造成中輟，至於實施期程則待專案小組研商再經由公聽會檢視。可是副主委鄭天財卻希望即早定案，孔文吉、林天生則有不同的看法：

　　鄭副主任委員天財建議：

　　（一）本案倘若依照現行辦法之規定，應自九十三年
　　　　　度開始實施原住民學生需取得原住民文化與語
　　　　　言能力證明文件，始能取得加分之優惠。因此，
　　　　　請教育文化處及本會專案小組考量教育部規定
　　　　　之考試期程，儘速研修。

　　（二）本案政策宣布迄今已近三年，可能有許多國三、
　　　　　高三的學生為因應這項政策之推動，而到研習
　　　　　班去加強文化與語言之能力。如今若經研修結
　　　　　果而確定延後實施，將易造成考生抗議不公，
　　　　　故升學優待辦法之修正應提早完成。

　　孔委員文吉建議：

　　（一）本案如確定於九十三年度實施，恐怕執行期程
　　　　　過於倉促，建請專案小組儘速研議因應對策。

　　（二）本案可否以反向思考的模式考量，改採獎勵之
　　　　　方式辦理。因現行加分優惠的措施係以族群身
　　　　　分為依據，並非採族語能力、文化能力為考量
　　　　　的因素。因此建議對於具族語、文化能力者，

> 另外再酌量加分，至於未具族語、文化能力者，
> 因未失去其原住民身分，則仍維持加總分百分
> 之二十五的優惠，以免引起原住民社會之反彈。

林委員天生建議：

有鑑於現今多數學子已不會說母語，且族語之振興推
動工作亦為本會施正重點之一，為免影響到考生權
益，本案建議採行辦理研習之方式，規定研習之時數
與期程，並以研習證書作為升學考試語言、文化能力
之證明文件。

決議：

請主管單位參酌與會人員所提意見，並考量考試加設
族語、文化能力為優惠條件之合理性，並審酌現今原
住民族語推行之情形，予以詳加研議，並擬定合乎保
障原住民權益及促進原住民族長遠發展之良策
（2003.09.25 委員會議紀錄）。

可見在 2003 年 9 月之前，雖然原民會已成立專案小組研商六
次，並徵詢過多所高中(職)校長之意見，但是委員會中除了汪秋
一和鄭天財，傾向配合教育部規定期程實施學生族語認證考試
外，孔文吉和林天生委員並不同意倉促實施，且希望能改採獎
勵或研習證書的方式，顯示直至此時，學生族語認證考試的合
理性並未獲得原民會委員的同意。

再根據原民會第 72 次委員會議紀錄（2005.07.28），原住
民代表多主張暫緩實施新的升學優待辦法，但是教育部代表卻

表明是依據立法院附帶決議辦理,而且應考量沒加分的學生觀感,此時原民會受制於整體社會情境,沒有轉寰的空間。為了避免斷章取意,故再將該次會議紀錄摘錄,以供了解參與會議者的心態。當天的主席是瓦歷斯‧貝林主委,副主委是鄭天財、浦忠成,會議中台邦‧撒沙勒委員臨時提案:「**建請教育部暫緩 96 學年度起實施原住民學生參加升學考試須具備原住民文化及語言能力證明才可享有加分優待之措施**」。其中與會人員的發言如下:(2005.07.28 委員會議紀錄)

> 瓦歷斯‧貝林主任委員回應:
> 昨天本席也特別與教育部杜部長針對這個議題討論,本案仍有檢討的空間,但本優待辦法對原住民學生升學會更加困難,另一個問題是社會大眾對原住民學生加分觀感問題,有沒有可能原住民學生比照僑生優惠,以外加方式辦理,即各校以不排擠原有學生名額,保留原住民學生名額,讓原住民學生自行競爭其排序,並以族語認證分數作為加分依據,各原住民學生因族語認證分數變更其排序,杜部長認為可詳加研議討論。…
> 巴奈‧母路委員:本人仍希望暫緩辦理。
> 黃委員連妹:本人也同意暫緩。
> 吳委員珮瑛:本辦法為何稱為優待辦法,依學經濟角度來看,條件越多,限制也越多,依教育部的說法是透過原住民大學生來振興母語,然而教育部應扮演之

角色不是在入學關卡,而是在入學後畢業前需通過母語認證才可畢業,標準無須訂的太高。

夏委員曉鵑:支持暫緩辦理,學好語言與會考試並無相關性。

教育部教研會陳執祕明印答覆:

本部擬議處理意見二中:「87 年行政院函送立法院第 3 屆第 5 會期第 21 次會議附帶決議第 1 項說明:中央主管教育行政機關訂定保障原住民族學生入學辦法時,其內容應含有原住民考生得先參加固有語言文化研習或基本測驗,通過者始予放寬入學條件及資格。」本部之所以會與原民會共同訂定本辦法,其來源為立法院之附帶決議辦理,現場很多委員支持暫緩,事實上本案已暫緩過一次,才延到 96 年度起實施,而立法院之附帶決議其立意又為何?本案應可從採計種類及分級之方式來解套,開始實施先以寬鬆,再來逐年增加其難度來辦理。

教育部教研會林煌回應:

大家應先思考原住民為何要加分,社會要維持公平正義,是要讓居於弱勢者趕上來,政府對弱勢之扶助考量有兩種,一種是經濟弱勢,一種是文化弱勢,但是這種加分優勢慢慢造成非原住民學生之反彈,現在原住民學生不僅不懂族語更不懂其文化,居處環境與非原住民學生相比並無弱勢時,為何原住民可以加分?應考量沒加分學生之觀感。

鄭副主委回應：

立法院之附帶決議係指研習或測驗，因此，亦可採族
語研習搭配升學優惠，本會推行族語振興多年，面臨
很多問題，過去本會將族語能力搭配升學優惠，係考
量族語之復振，但事實上有困難，在研習機制、學習
環境尚未建立前，就要達到族語能力證明，將嚴重影
響原住民學生升學機會，應規劃一個既能維護升學機
會，又能學習族語之機制。

決議：

本案於下次委員會議前，請教文處邀集相關單位針對
該優待辦法作檢討及與教育部溝通，並於下（73）次
委員會議中討論

不知何故，第 73 次委員會議並無相關議題的討論。另外，研究
者發現：雖然歷次會議紀錄中未見浦忠成的發言，而且他早已
離開原民會副主委的位置（2006.08），但針對以族語能力做為
升學優待的條件，浦忠成（巴蘇亞・博伊哲努，2007：141）分
析其根本原因是：

（一）語言文化是原住民身分之外合理的「文化證據」，其所
　　　付出的時間、金錢與心力，足以堅確原住民接受特殊措
　　　施的社會公平與正義。

（二）以「文化證據」為前題，可使原住民維持其文化差異，
　　　擁有語言文化的獨特性，傳承無可取代的經驗和智慧，
　　　就有充分理由繼續保有特殊的待遇。

（三）以足夠的「文化證據」接受特殊待遇，原住民的語言文
　　　化在國家教育文化推展的機制中，成為積極性的條件，
　　　將賦予原住民的語言文化有新的價值與地位。

（四）原住民在整體文化及語言的振興工程中，應該自主承擔
　　　具體的責任，這是原民會和原住民社會面對族群語言文
　　　化重建的起點，在向國家爭取語言文化發展空間的同
　　　時，原住民必須有的實踐作為。

　　同時，浦忠成主張：原住民學生到漢系族群的文化環境，對於迥異的價值觀念、思維模式等，必須付出更多的學習與適應，所以，原住民學生在升學的特殊待遇有基本的正當性。但若已經不具備足以辨識其血緣身分與族群認同的文化證據，甚至連本身語言文化的學習意願都沒有，卻依舊享受受優待，受到質疑時難以自圓其說。因此，他認為：

　　　原住民在追求本質上權益時，必須立足於歷史文化上
　　　差異的釐清與突顯，而非選擇與台灣其他弱勢者同
　　　位，否則將會模糊原住民在歷史文化層面遭受刻意滅
　　　絕、同化，而擁有補償權益的正當性。至於原住民是
　　　否有興復與傳承其語言文化的責任？答案是肯定的
　　　（巴蘇亞・博伊哲努，2007．140）。

可見，浦忠成將原住民的語言視為身分的「文化證據」，為了擁有享受特殊待遇的權益和要求補償的正當性，原住民具有傳承語言文化之責的說法，顯然和尤哈尼・伊斯卡卡夫特「不會說母語，那有臉享受原住民的優待」的主張相互輝映。李嘉齡

（2005：81）指出：教育部長杜正勝在 2005 年 4 月 17 日演講時強調「原住民在各種考試中擁有加分優待前，應先通過母語檢測，因爲沒有經過檢測的原住民，對於保留原住民文化少有幫助，原住民應扮演好自己角色，才能保存四十一萬人的文化」。

　　總之，不論是原住民官員和漢人教育部長，都將母語傳承重心放在原住民自身，而這樣的看法正是其他原住民所不認同的。然而，在原住民族基本法（2005）通過後，原民會和教育部的立場轉趨一致，不但無視於民間的反對聲浪，即便在之後的幾次委員會中仍有異音，也被主張依法辦事的政府官員說服（請至原民會網站點閱原民會第 79、81、83、90 次委員會議紀錄）。

　　另根據原民會新聞稿（2006.09.20）：2006 年 9 月 8 日教育部再發布「原住民學生升學優待及原住民公費留學辦法」第三條修正條文，將原「錄取標準降低百分之二十五」改爲「加總分百分之二十五」，且爲鼓勵原住民學生取得文化及語言能力證明，明訂自 96 學年度各招生考試「取得原住民文化及語言能力證明者，以加原始總分的百分之三十五計算」。可知，原民會適時利用電子媒體來散佈新的族語教育論述。

　　然而，研究者發現：原民會語言科發佈新聞稿和印發答客問，陳述「**升學優待改採加分 35%和外加錄取 2%名額的方式，這不僅增加了原住民錄取機會，也不影響一般學生的升學機會**」，卻隻字未提「**未取得原住民文化及語言能力證明者，自 99 學年度招生考試起，其加分比率逐年遞減百分之五，並減至百分之十爲止**」，不知這是爲了避免引起反彈而刻意忽略，還

是有意隱瞞「蘿蔔後面的棍子」？

原民會並沒有說明原辦法是降低錄取標準 25%（＝加總分 33.3%），為何改為加總分 25%？實際上通過族語認證加總分 35%，只是比過去增加 1.7%（35%－33.3%），不通過族語認證者加總分 25%，卻是比過去減少了 8.3%（33.3%－25%），且自 99 年開始還要逐年再減少 5%。這種「明升暗降」的手法（黃東秋，2008），理由是為兼顧原／漢學生的升學權益，事實上反而增強外界對優秀之原住民學生的污名化（靠加分入學），不僅分裂原／漢學生族群（國中以前並不知有族群差異），同時，也分化原鄉／都市原住民，結果使得沒能力加強課業和補習族語的學生，不管是在部落或都會地區都更加弱勢，實有違政府立法保障弱勢、提高原住民學生升學率的精神。

最令人驚訝的是：「部落的耆老不知道升學優待辦法的嚴重性」（2009.12.07 鄒族族群代表），甚至連一些原住民精英都沒注意到：今年族語認證考試沒通過的學生，升學優待比率即將減少，而且每年約有 25%的學生升學權益受到影響。究其原因可能是只關注 2%外加名額限制，和加分 35%太多的問題，也可能是政策的論述太成功或包裝太好，讓原住民不知不覺的接受分配，也讓種族主義者不斷消費族語教育政策，企圖邊緣化混種或不會族語的原住民。研究者認為知識分子有責尋求解決之道，否則今年原住民學生升學率會更低。因此，前往請教浦忠成委員，他說：

因為當時輿論反對原住民升學加分，甚至要求要釋

憲，為了解套和杜悠悠之口，張建成提出「文化證據」
這個名詞，最主要的關鍵還是尤哈尼‧伊斯卡卡夫特
很堅持要認證。

族語認證是下猛藥，因為認為語言失去是在學校，所
以要在學校找回來，這確實是有點複製國語政策的作
法

升學優待 2%的名額限制不知是怎麼訂的，確實對學生
選校有影響，99 學年要遞減加分 5%的問題，孫主委和
我都沒注意到，我會去跟他們講。…升學優待是有必
要的，原住民在很多地方還是弱勢，很早以前就是直
接加分，不用百分比（2010.04.12 訪談紀錄）。

從訪談發現：學生族語認證和升學優待產生連結，確實是尤哈
尼‧伊斯卡卡夫特的堅持。但也許是政府當年對族語條款內容
的宣導不足，以致於很多人都沒發覺今（2010）年「族語但書」
就要執行，也不知有人曾在 2006 年 1 月發起「0118 反族語條款
靜坐行動」，要到立法院控訴新的升學優待辦法，可能是這個
抗議行動沒有成功。因此，浦忠成說：「如果 2006 年就發現問
題了，那表示原民會官員怠惰，至今都沒有積極處理」
（2010.04.12）。

　　浦忠成是在 2005 年 8 月回大學任教，對於「族語但書」也
很反對，這逐年遞減加分比率的規定究竟是怎麼來的？教育部
修訂該辦法時有無掩飾真相？研究者再從 2006 年 9 月 20 日原
民會的新聞稿，找出其附件中教育部說明該辦法修訂的緣由是：

> 台灣向為多元族群、文化薈萃之地，原住民族語言及
> 文化具有其特殊代表性，然語言喪失影響文化留存至
> 為深遠，如何以積極之措施延續保存原住民語言及文
> 化，已刻不容緩。…根據憲法精神，並避免原住民族
> 語言及文化之流失，同時照顧原住民學生就學，本部
> 依據「原住民族基本法」第 9 條及「原住民族教育法」
> 第 16 條規定立法保障原住民學生入學及就學機會。

可知，教育部的論述是以法律規定為立基，除強調憲法規定外，還祭出「原住民族基本法」及「原住民族教育法」，然而，「族語但書」是否違背了「保障原住民學生入學及就學機會」的精神？教育部卻陳述：「…為考量本辦法之立法精神應就保障原住民學生升學權益及積極保存原住民語言及文化間取得衡平，並衡酌各類特種生法規之成績優待方式，應有一致性規定…」，可見，教育部重視族群間的形式公平，故將各類特種生優待方式統一，根據其修正第三條的說明是：

（一）升學優待改採加分方式計算

依據「教育部特種生加分優待法規共同處理原則」第 4 點規定，特種生之成績優待措施，應採「加分」優待方式。經本部與原住民族委員會多次審慎研議，…另為鼓勵學生…，此係在提供學生取得族語認證之具體誘因，對於其既有升學權益並無影響。

（二）錄取名額採「外加」方式辦理，兼顧一般生與原住民學生之升學權益

原採取與一般生一起排序,於核定名額內分發。惟此項作法影響一般生之升學機會,本部亦迭獲一般學生抗議,對於原住民學生容易產生負面標籤作用。查目前原住民學生錄取人數均未超過 2%,因此本部與行政院原民會多次研商後,決議改採於核定名額外加方式,其比例按原住民占全國人口之比例 2% 計算。…除兼顧原住民學生及一般學生之升學權益外,並能符合原住民學生之特殊需求。

(三)提供原住民學生取得族語認證之緩衝期間

…為給予原住民學生緩衝適應之時間,未取得族語認證之原住民學生,始自 99 學年度各項招生考試起,其加分比率方逐年遞減 5%,…此規定除能保障原住民學生升學權益外,亦可兼顧升學考試之公平性,以及鼓勵原住民學生取得族語認證之作用,俾利原住民族語言及文化之延續與保存(原民會新聞稿,2006.9.20)。

由上述可知:教育部雖然將族語但書放在升學優待辦法的最後,但是並沒有刻意隱瞞大眾,只是用「兼顧升學考試公平性」、「俾利原住民族語言文化之延續與保存」,來宣稱修法的正當性,而且還強調自 99 年實施是為給予緩衝時間。在這樣冠冕堂皇的論述和恩給的意識下,原住民似乎沒有反對的理由和反駁的空間。同時因多數大學校系原住民錄取人數均未超過 2%,因此,教育部與原民會「多次研商」後,決議改採於核定名額外加 2% 計算。

由此可見:原住民學生的升學優待辦法和族語認證考試產生關連,是教育部和原民會共同協議的結果,降低加分比率也

和部會取得共識之後才公布。於是，原民會在 2007 年 3 月舉辦首次的全國分區「原住民學生升學優待取得文化及語言能力證明考試」，12 月再舉辦第二次考試，次年 3 月和 12 月也分別辦理該項考試，2009 年則改為一次考試。

　　總之，原住民學生的升學優待要通過族語能力認證考試，這是母語論述的再生產，用以避免政府招致偏袒原住民族的批評，也用以鞏固原住民有限的資源和權利。族語認證委員林生安（2003）站在阿美族語使用者的立場，認為族語能力認證的主要目的在於保存與推展族語，與英語等檢定制度的基本精神不同，並認為應當鼓勵族人或非族人參與考試，以挑戰自我的族語能力。至於其他原住民對此政策的詮釋和因應方式，根據林英津（2008：25）的歸納如下：

（一）問「原住民有必要經由族語認證才能證明他們是原住民嗎？」，高達 71.2%受訪者，認為沒有必要；非原鄉不認同的比例（73.9%），略高於原鄉（69.2%），顯然多數人認為族語認證與原住民身分的關連性不高，尤其是非原鄉的原住民更不贊同。

（二）問「是否會鼓勵子女取得族語認證？」58.7%的受訪者表示會鼓勵，有 27.5%受訪者會視子女的意願來決定，僅4.7%的受訪者不會鼓勵子女取得族語認證，表示多數家長已經接受現行的族語政策。

（三）原鄉家長鼓勵子女取得族語認證的比例（62.6%）較非原鄉高（53.4%）；不會鼓勵子女取得族語認證的比例，則是非原鄉高於原鄉，顯示原鄉家長與非原鄉的態度有差

異。

（四）為了子女能順利取得族語認證，受訪者認為父母可做的
　　　事中，最多人贊同的是父母平常在家盡量用族語交談
　　　（74.7％），次為到學校接受族語老師的教導（57.5％）、
　　　蒐集族語考試相關資訊（18.3％）；僅極少數會傾向以補
　　　習、請族語家教、參加族語加強班的方式，來幫助子女
　　　取得族語認證。因為原鄉與非原鄉的看法相當一致，可
　　　見，族語認證策略已產生實踐的效果。

（五）詢問受訪者升學或就業須取得族語認證的影響，多數受
　　　訪者對此抱持正面態度，58.5％認為可以增加年輕一代學
　　　習族語及文化的機會、可以提升族群認同與文化傳承使
　　　命感（47.9％），及營造族人說族語的積極環境（35.8％）。
　　　但是也有受訪者持負面評價，認為將增加年輕一代的學
　　　習負擔（23.9％）、限制原住民使用語言的權利及升學就
　　　業的機會（17.4％）。代表受訪者對升學或就業的族語認
　　　證制度尚有疑議，但多數人認為可以提升族群認同與學
　　　習語言文化機會。

　　　由上述問卷調查結果可知：學生升學優待要通過族語能力
考試，在此政策實施前就有爭議，但是實施後雖然多數人仍不
認同「原住民有必要經由族語認證才能證明他們是原住民」，
但是對族語認證制度已有正面的詮釋和回應。然而，許多研究
（周惠民，2008；林文蘭，2007；全文正，2006）發現：族語
考試對通過與不通過的學生，都有不利的影響。周惠民（2009）
則主張：

對原住民學生提供升學加分的作法，是對政府對長久
以來沒有作好教育機會均等的一種補償，也是保障原
住民入學與升學機會、促進社會發展與落實社會正
義、達成教育機會均等目標的一種方式。如果政策的
目的，僅是一昧追求數量上的平衡，在資源錯置的情
況下，非但不能實質達成教育機會均等的目的，反而
錯失了改善原住民教育環境與提升教育成效的機會
（周惠民，2009：10-11）。

周惠民認為：政府追求數量上的平衡，非但不能實質達成教育
機會均等，反而錯失改善教育環境與提升教育成效的機會。在
訪談中他進一步說：「原住民學生升學優待加分是消極性的作
法，現在加 35%有人認為太高了，也有人乾脆不要認證，只要
原來的 25%，可是以後會遞減到 10%，很多人不知道，至於外
加 2%的名額不是依人口數，因為原住民人口不只 2%」
（2009.12.08）。可是，根據原民會（2006.09.20）的新聞稿：
「…升學優待將有所變革…，並按原住民佔全國人口比例 2%，
以外加名額 2%方式，兼顧一般生與原住民學生之升學權益」。

　　可見，當初確實是依人口比例訂定 2%的錄取名額，如今造
成原住民學生的自我排擠，周惠民（2009：8）的研究已發現：
「新制的升學加分措施可能真的限制了原住民學生的選讀某些
學校，而且這樣的現象又以國立大學的情況更為明顯」。對於
這種現象，鄒族的原住民族群代表說（2009.12.7 訪談紀錄）：

　　　部落的耆老雖然贊成族語認證考試，但是他們不知道

升學優待辦法的嚴重性，原住民學生的自我排擠，2%
的限制讓原住民進不了一些熱門的科系，我們很多校
長都反對，但是沒有用。

周惠民則說：「升學優待辦法只是行政命令，只要教育部發現
確實有問題應該可以改，但是，現在每次開會教育部都派沒有
可以做決定的人來，所以，很難改變」（2009.12.08 訪談紀錄）。
研究者告之：原住民升學加考族語，起初是原民會建議教育部
修改升學優待辦法，後來還明訂在原住民基本法內，當然很難
改變。周惠民回說：「表示這個政策的制定草率，沒有經過公
聽會等程序」。但根據第 63 次委員會議紀錄（2003.09.25），
汪秋一處長有承諾：「俟本會專案小組之研商，結論經由公聽
會檢視後，再送教育部參處」。至於到底專案小組有那些人？
研商結果如何？有無辦理公聽會？因找不到相關的會議資料，
以致無法查證。尤哈尼‧伊斯卡卡夫特則說：

族語認證原來是由政大辦的，後來變成師大來辦，我
就知道族語教育註定要失敗…政大是用人類學的觀點
在做，師大是教育系統的，語言不是要學校教，應該
是讓部落的人來教，編了一堆教材、字典根本沒有用
（2009.11.21 訪談紀錄）。

研究者追問：「族語認證剛開始的時候有薦舉，後來全部改為
筆試，讓部落的耆老不敢教族語，這是什麼原因？」他答：「這
不是我的意思，我原來是想讓部落的人來教族語，後來就說他

們學歷不夠不會教,這都是教育系統出來的人說的,我本來就反對讓教育系統的人來教,尤其是現在推動族語的人,都是以前打壓族語的人,當然會失敗,而且很危險」(2009.11.21 訪談紀錄)。

對於尤哈尼·伊斯卡卡夫特指稱:反對讓教育系統的人來教族語,改由師大辦理族語認證,族語教育就註定要失敗;現在推動族語的人是當年打壓族語的人,編了一堆教材、字典根本沒有用。這樣的陳述令人吃驚與不解,因此,研究者專程至原民會訪問原民會高層人士,他說:

> 學生族語認證考試是為了升學優待而考,本來每年只要考一次,但是考量有些沒有報考的學生,所以又加考一次,我們完全是為學生著想的。族語認證取消薦舉是因為耆老不會書寫,而且教族語要鐘點費的問題。升學優待加族語辦法是…當副主委和…他們弄的,因為人家質疑為什麼原住民要優待?這不是族語教育政策。族語認證從政大改為台師大是因要依政府採購法招標的緣故,現在師大辦的越來越好了,我沒聽過族語政策失敗是因為師大辦族語認證這種話(2009.12.07 訪談紀錄)。

由上述可知,歷年來的族語認證考試,因受限於政府採購法必須每年招標,導致承辦單位更迭,影響執行績效。如今原民會每年為了認證考試,至少要投入三千萬的經費,結果學生考試通過後就不再說族語,顯然並沒有達成振興族語目的。觀察學

生族語認證實施三年來，目前對不通過學生尚有 25%的加分保障，原民會官員皆以為影響不大，但是周惠民（2008）等人已發現造成原住民學生無法就讀理想學校或科系，甚至因讀不起私校而輟學等問題，值得注意。

　　研究者認為：當年為激勵原住民家長和學生重視族語，同時為了要取得升學優待的正當性，原民會遂和教育部聯手將族語列為升學的門檻，殊不知十年來學校族語教學成效不佳，而政府每年投入那麼多的資源，卻是剝奪了弱勢學生藉升學爭取向上流動的機會，可見，即使是正面的意識型態，也可能產生負面的結果，政策的制定者實需要透過批判和反省，才能不斷的改進政策的缺失。

　　總之，當年學生族語認證政策的制定階段，可能缺少辦理公聽會和政策評估的過程，因此，產生了「目的與手段錯置」的後遺症，而今台灣原住民的人口數已不只有 2%，且自 99 學年開始實施「族語但書」條款，對於原住民學生升學必然造成負面的影響，原民會應該要考量原住民弱勢學生的未來，積極和教育部重新研議解套的對策。

三、書寫系統與語音符號的協商折衝

　　有不少人認為台灣本土語言與文字由於尚未標準化，因而不適合將鄉土語言當成學校裡的授課科目。然而，鄉土語言之所以缺乏文字化及標準化，乃是由於其身處低階語言之緣故，一旦其地位提昇並進入學校教學體系，那麼文字化及標準化必能水到渠成（曹逢甫，1998：177-178）。因此，原住民語言書

寫系統的確立，乃成為族語教學及族語認證所需的產品，而其
協商過程則是各利益團體彼此鬥爭的過程。

　　書寫符號本是約定俗成的產物，原住民各族的書寫符號，
過去有教會版、教育部版、民間版等，一直未在原住民社會中
產生共識。首屆原住民族語認證，就因書寫符號未統一，所以，
授權各族認證委員自訂筆試選用的規範符號系統，以免除不必
要的意見衝突，同時也顧及各族群的主體性。浦忠成（2002：
170）即指出：

> 原住民族語言的傳承需要一套語音符號，教育部早在
> 十年前便已委託語言學者發展一套南島民族語言符號
> 系統，而教會神職人員、語言文化工作者也各自研擬
> 較為族人接受的系統，首屆族語認證由於體認族人對
> 於語音符號的認知仍有歧見，因此授權各族群認證委
> 員採權宜的方式處理可能的爭議。

浦忠成進一步強調：原住民各族若能透過族語能力認證「建構
有一套足資遵循的語音系統，也是主體性的展現」。林生安
（2003）則主張：在書寫符號的制訂上，專家學者不應強制原
住民族接受一套符號，或強行修訂某套通行已久符號，以免引
起爭端，並希望專家學者尊重符號的本土性與適用性，也希望
學者與原住民族之間能夠進行充分的溝通。因此，語音或書寫
符號系統的規範，不能僅是語言學家的思考或主導，更須關注
符號使用者的態度與民族主體性，並針對各族的使用情況進行
評估工作。

　　族語的書寫或語音符號系統，究竟以何種版本最為適合，事實上是一個見仁見智的問題。綜觀而言，教會系統的羅馬字流通性較高，國語注音符號改良式、日文假名、國際音標等其他系統，在原住民族社會中的使用性皆低。所謂「教育部版」語音符號系統，乃是教育部委託李壬癸研訂「台灣南島語言的語音符號系統」，制訂原則係根據語言學研究使用的國際音標。但因有一些符號與各族通用的符號有所出入，教育部未能強制各族遵守使用，也未實施大規模的評估與宣傳工作，因而使用的程度有限。對此系統，尤哈尼・伊斯卡卡夫特說：

> 那些語言學家像…、…、還有一個姓鄭的，都是自稱專家，根本就不懂原住民的語言，…很權威，堅持布農族話沒有 a、o 音，我說有，他說那是原住民發音不準，還弄什麼南島語言系統。…用教英語的那一套也不對，原住民的話不需要文法、發音，像英語在台灣教文法教發音，結果沒有人會說。還有那個姓鄭的，我忘了名字，根本是…　（2009.11.21 訪談紀錄）。

可見，語言學者所研發的教育部版的符號系統，不被尤哈尼・伊斯卡卡夫特所認同。由於在首次族語能力認證的研討過程中，國語注音符號已無法為認證委員所接受，而採用多種書寫符號也不全為認證委員所贊同，當時的認證指導委員會意見是由各族認證委員來決定。原民會乃提供經費請認證委員回到部落後，以開設族語研習班的方式，介紹該次認證所採用的語音符號系統。因此，各族認證委員便在各族內部建立共識，以利

於編寫題庫及命題。

　　另外，針對族語書寫系統的建構，原民會乃於 2003 年擬議「原住民族語言書寫系統」，函請教育部審議。教育部為之召開五次會議，於 2005 年 9 月決議原住民族語言書寫系統通過，最後，在 12 月 15 日會銜公告。根據該公告書寫系統制定與協商過程，敘述如下：

（一）原住民族語言的書寫，從聖經、聖詩譯本、族語教材及坊間各種書寫文本，曾出現過羅馬拼音、漢字拼讀、日文假名及注音符號等書寫方式。其中以羅馬拼音最為通行，無論是「新港文書」，「聖經、聖詩譯本」，大都是傳教士協同各族族人辛勤累積的成果。

（二）教育部 1992 年委託中研院李壬癸教授編訂「中國語文台灣南島語言的語音符號系統」，並於 1993 年 4 月 23 日台（83）社字第 020434 號函頒布實施，對於原住民族語言書寫系統的正確性要求，有積極促進的效用。

（三）原民會於 2001 年辦理第一次「原住民族語言能力認證」，由國立政治大學承辦試務工作，並與各族 38 種方言別命題委員討論後達成共識，做為該次語言能力認證考試命題所採用的書寫系統。

（四）原民會於 2003 年 4 月 16 日召開「制定原住民族語言書寫系統研討會」，與會原住民族人代表熱烈討論，建立並確定了共識版本。

（五）原民會 2003 年 11 月 27 日原民教字第 0921070 號函請教育部，審議原民會擬議之「原住民族語言書寫系統」乙

種。

（六）教育部自 2003 年 12 月 12 日至 2005 年 9 月 23 日針對原
　　民會所提「原住民族語言書寫系統」計召開五次會議，
　　會議決議如下：

　　1. 2003 年 12 月 12 日決議：「請業務單位（指原民會）
　　　依委員建議，儘速整合各族語言文字書寫系統並試
　　　行一年後再議。該書寫系統請儘速確認後送請教育
　　　部會銜頒布」。

　　2. 2004 年 11 月 26 日決議：「本案原則通過，惟請國
　　　語推行委員會熟悉原住民語言及有意願參與之委
　　　員，儘速再作內容之確認」。

　　3. 2005 年 1 月 26 日決議：「國語推行委員會應邀請
　　　相關代表與委員們討論並提意見供原民會參考…
　　　俟尋求最後共識後提送本小組開會確認後，由教育
　　　部與原民會會銜頒布」。

　　4. 2005 年 5 月 20 日自行召集族人集會，並提請原民
　　　會參酌所提意見，召集族人再確認。

　　5. 2005 年 9 月 23 日決議：「原住民族語言書寫系統
　　　確認通過，惟建請該會參酌與會委員意見，需要進
　　　一步與族人確認部分，請調整將增修相關說明資
　　　料，函送教育部。本案再依行政程序由教育部及原
　　　民會會銜發布」。

（七）原民會於 2004 年委託東華大學辦理第四次「原住民族語
　　言能力認證」試務工作時，在當年 8 月 19 日「第二次命

題委員暨命題研習會議」中，也請了命題委員再次確認各族群語言之書寫系統，同時也通過了共識版本。

（八）原民會委託台灣語言學學會於 2005 年 6 月 11 日邀集語言學家、對族語結構有相當研究及了解的原住民族人，共同針對台灣原住民族語言的書寫系統，再次作了極詳細且熱烈之討論。

（九）原民會於 2005 年 6 月 25 日，召集原住民 12 族 40 個方言群族人計 80 餘人，及研究台灣原住族語的語言學者、原住民籍學者、教育部國語推行委員會委員計 15 人，召開「原住民族語言書寫系統確認會議」。除「阿美語」、「鄒語」、「雅美語」尚有爭議，「排灣語」部份，許松委員建議再與台灣基督長老教會總會排灣中會協調外，其餘各族皆通過原民會擬議之語言書寫系統，並取得共識。

（十）原民會為儘速完成尚有爭議之族語書寫系統協商、確認事宜，亦分別進行如下之協商：

1. 於 2005 年 7 月 1 日、7 月 4 日、7 月 21 日分別赴雅美、鄒族、卑南族等各族「原居地」，邀集族人完成研商、確認。

2. 於 2005 年 7 月 6 日邀請阿美族族人於原民會完成研商、確認。

3. 原民會 2005 年 7 月 22 日原民教字 0940021840 號函知台灣基督長老教會總會、排灣中會及東排中會等，有關原民會擬議之排灣語書寫系統，並請配合共同促進。

4. 原民會 2005 年 11 月 15 日原民教字第 0940033661 號
函請教育部會銜函頒（原住民族語言書寫系統，2005）。

由此可知：這套新建構的「原住民族語言書寫系統」，從
制定到公布過程歷經二年多，除了教育部召開 5 次會議外，原
民會也不斷的與族人和基督教長老會溝通研商，最後，推翻了
教育部 10 年前頒布的語音符號系統，顯然原住民族的主體意
識，已經戰勝語言學者的專業知識，而且學者、各族群和教會
勢力的鬥爭，讓此書寫系統可謂「得之不易」。然而，學者林
英津（2009：16）指出：

> 1994 年教育部發布之「中國語文台灣南島語言的語音
> 符號系統」和 2005 年最大的不同，是「選擇羅馬拼音，
> 而捨國際音標」，換句話說，書寫的符號系統根本就
> 是現成的。但是，並不會因為有了書寫的語音符號系
> 統，就自動轉換口語語音為文字記錄。
> 運用任何書寫系統、呈現口說的語言，都是無比勞心
> 勞力的浩大工程，沒有他者可以替說話者「越俎代
> 庖」。倘若新的書寫系統還是沒有人用、任其荒蕪，
> 轉眼又將錯失十年的光陰。

另根據「教育部國語推行委員會簡介」之「國語文教育現況」
敘述：南島語音符號係由教育研究委員會，委託中研院史語所
李副所長壬癸為本省九族原住民（十五種語言）所訂之一套語
音符號系統。該語音符號系統經原住民教育委員會第 15 次委員
會議決議，建請由國語會訂頒為「注音符第三式」，後經國語

會第 77 次常務委員會議決議，同意以「中國語文台灣南島語言
的語音符號系統」之名稱公布。該語音符號公告試行一年，經
試用期滿，於 1994 年 4 月 23 日正式公告使用。

可見，南島語言的語音符號系統是按部就班，先經公告試
行一年，才正式公告使用。而「原住民族語言書寫系統」，並
沒有試用就公告，據孫大川（2005）指出：李壬癸編訂的這套
系統未積極推廣，和流通於教會的拼音符號亦缺乏交流對話。
至 2000 年因應族語認證考試、鄉土文化課程教學，及內政部換
發新身分證，原住民並列註記「漢名」與「羅馬拼音族名」所
需，族語書寫系統之確立不但急迫且有現實的壓力。原民會為
求周延並獲致族人的支持，和教育部國語推行委員會召開多次
的協商會議，終於在 2005 年 12 月達成最後共識，公布實施。

族語的書寫策略，無論就母語的保存或原住民對漢語的介
入，其所呈現的權力推擠和主體位置的保衛戰，皆是一個值得
繼續觀察評估的課題（孫大川，2000a：44）。而且他指出：在
這世界上大部份的人終其一生，從來沒有文字書寫的經驗，民
族文化和歷史經驗的傳遞，不一定需要文字的中介；人可以有
言說和文字的書寫活動，原住民始終有著非常豐富且源遠流長
的「言說歷史」，文字的有無並不是原住民歷史斷層的元兇（孫
大川，2000a：88-89）。但在原住民書寫系統公告後，孫大川（2005）
則強調：

　　經過多年的努力，原住民不僅掌握了漢語，也完成了
　　族語書寫系統的法制作業；這不但使得族人擁有了一

套穩定的文字系統來記錄正在快速流失的族語；同時
也可以在這個基礎上，生產族語的文獻和創作，並發
展一套更有效的族語教學和學習的體系，這是原住民
文化復振最具關鍵性突破。

可見，孫大川雖說文化和歷史經驗的傳承是不需要文字書寫，
但也認為文字系統有助發展有效的族語教育體系，且書寫系統
的法制化是原住民文化復振的關鍵性突破。然而，林英津（2008）
認為：原住民族語書寫系統，不是單純記音符號的問題，而是
整個語言政策檢討的一環，環環相扣，源頭都是民族問題，是
不折不扣的政治問題。到目前為止，所謂「書寫系統」，耗用
了許多人力資源，還依然停留在記音符號。事實上，記音符號
已經是存在的，問題是有沒有人用？是不是有許多人願意透過
練習，將記音的符號內化為自我呈現的書寫創作？

黃東秋（2008）則主張：台灣原住民族的語言文化要重新
活起來，其書寫文字符號系統一定要「好學易記、眼看口出、
耳聽手寫、各族通用」，才能達成創造語言新功能、提升能見
度，以及拓增新使用者的終極目標。文字書寫符號推廣運用與
實施，需邀請語言學家、語文學家、教學者甚至是學習者，共
同來為各族群的話語作正音、正字、定音、定字的工作，並宣
稱原住民族的話語是有音就有字的語言系統。

林英津（2008）則指出：族語教師多次要求統一「實際上
該怎麼讀」的寫法，給一個「統一的標準」。顯然，就算現今
族語書寫系統已經法制化，仍然因為原住民語言的種類太多、

族人過去使用的書寫方式不同,再加上傳教者的歷史淵源主導,以致各族很難有一致的標準,而且也不符語言多元化和自然化的精神。總之,因原住民各族群的主體意識強烈,所以,捨棄了南島語音系統,且造成九階族語教材,其書寫系統有同一族不一致的情形,使得學校的族語教師無所適從,原民會也自認「九階教材耗費近億元,成果仍待觀察」(原民會,2006:11),該教材的書寫方式若未能配合修正,可能會如同過去的鄉土語言教材,最終束之高閣,浪費了許多公帑。

綜合上述的過程分析可知:由於原住民族語教育政策論述強調族群的集體權利和認同意識,其文本不僅忽視個人的語言權和教育選擇權,尚且運用族群認同的壓力,形成泛原住民的道德共識,將族語的學習變成原住民的任務。在族語教育政策的論述實踐上,雖然已將族語教學納入學校正式課程來推動,族語書寫系統也由原住民族主體來建構,但是族語教育依舊是問題重重;原民會多年來大力推動族語振興計畫,可是三年來學生通過族語認證考試的比率並沒有增加,至今族語還是只有老人家在說,羅馬拼音也只有教會在用。

最讓人憂慮的是:原民會和教育部將族語認證和升學優待結合,運用升學考試加分方式,表面上已產生讓族人重視族語的正向效果,實質上對於族語的振興並沒有幫助,因為學生升學考試後就不學族語,時間長久就自然不會說了,遑論還要能聽、讀、寫族語?反倒是每年約有四分之一的原住民學生,因未通過族語認證造成升學權益的損失無可彌補,不知當年爭取原住民權益的原運者今日何在?怎能無視於原住民自己內部殖

民的現象，不再為無力反抗的學生發聲？

　　再根據陳枝烈（2010）發現：族語教育已歷經九個年度，根據原民會 2009 年對 7302 名原住民國中一年級學生的調查發現：有 15.5%是完全不具族語的聽辨能力，50.5%是僅能聽懂一點的族語，合計有 66%的原住民學生，其族語的聽辨能力是不及格。另再調查 6173 名原住民國中一年級學生，其說族語的能力有 8.4%是完全不會說族語，有 64.2%是會講一點族語，合計有 72.6%的學生不及格。由此可證：教育部將族語納入正式課程的教學成效太低，原民會還得每年投入數千萬經費來辦理族語能力認證，且花那麼多的時間和資源重新建構了書寫系統，都未能突破族語人口及族語書寫的限制。

　　針對族語教育至今成效不彰的問題，研究者於 2010 年 4 月 12 日專訪孫大川主委，他站在原住民最高行政首長的位置上統觀全局，針對現行政策的缺失，提出了未來修正的方向，其內容包括：族語教材的研發、族語保存的方法、跳脫學校正規的學習模式、跨越血緣的門檻、學校制度的改變、族語考試適度簡化等等。研究者認為其政策論述頗為具體可行，對於未來族語教育政策實踐可能有所修正，所以，特別全文引用做為本節的附錄（如附錄六），請讀者參考。

　　對於孫大川站在原民會主委位置上說：「語言是公器，是公共財，我們應該嘗試跨越血緣的門檻，亦即要破除只有原住民使用族語才能享有獎勵的保守規定…」（2012.04.12）。研究者非常認同，因為過去十年來，原住民族為了掌控有限的資源，不但用語言來將原住民族分為二類，還配合教育部用族語認證

來減少對原住民學生的升學保障，雖然現在有些人發覺「被騙了」，但是為時已晚，誠如鄒族族群代表所言：「現在要改變很難，可能要透過修法，我們只希望教育部能在大學的科系調整比例，因為用人口比例為標準，對原住民學生不公平，到底要用全校或科系來算比例，應該要再研究」（2009.12.07 訪談紀錄）。

第三節　台灣原住民族語教育政策之社會分析

社會分析（social analysis）著重文本和主體（人）互動以及社會脈落之間的關係，解釋產生和詮釋文本過程的社會決定和社會條件（馬向青，2007）。根據前述的文獻探討和文本及過程分析，研究者發現族語教育政策論述，隱藏政治的意識型態和排他的意圖，在「母語是原住民的身分證」、「原住民是黃昏的民族」、「語言權是集體的權利」等文本中，建構出原住民的族群意識與身分認同，且將語言的工具價值擴展為族群的生存指標，運用族語認證的「規訓」，形成原住民族社會的共識，使得無權反對的原住民，必須採行各種的因應方式，或者是默然接受被「客體化」，造成了許多資源的浪費和族群的兩極化發展。

為何會形成這樣的政策？其政策背後的權力關係和運作機制如何？實需進一步分析，本節乃針對族語教育論述的社會實

踐層次，解釋生產／詮釋族語教育政策的社會條件、社會制度
等脈絡關係，以及政策實踐對於原住民社會的影響、族語論述
意識型態與權力運作的效應等。

一、生產／詮釋族語教育政策的社會條件

　　原住民族的建構係當代世界反殖民、反霸權之民權運動風
潮，與國內反威權體制、本土化、民主化運動的夾縫中產生。
從凝聚「泛原住民意識」到「原住民正名運動」，一貫的訴求
「還我姓氏」、「正名」，以對抗污名，擺脫宰制，找回原住
民族自我表述與宣說的權利，因此，母語傳承變成焦點，族語
教育政策就是在這樣的社會情境應然而生。

　　「認同政治」與「差異政治」係一體的兩面，當人們自覺
在各種位置受到禁錮時，會藉著「差異政治」來闡揚團體或個
人之間的差異，從而形成各種議題與政治行動。「認同政治」
則經由反壓迫的鬥爭，發展出政治與文化的認同和團結（李嘉
齡，2005：41）。在台灣認同政治發展的過程中，原住民精英
藉歷史敘事，召喚原住民被殖民、被壓迫的「集體記憶」，形
構成原住民族社會認同，同時建構出原住民族的主體性，以及
族語教育的論述體系。所以，台灣的族群想像、政治論述，提
供了原住民族語教育政策的有利條件，茲分析如下：

（一）台灣的族群想像與原住民的族群建構

　　人群分類是在衝突與競爭的社會脈絡下，不同群體進行「差
異化」的社會建構結果。在諸多群體差異中，必須透過與他人
的互動、溝通，才會發展出知識體系。個人對群體差異認知，

是在和集體互動的過程中，被整合成有系統的群體文化差異，通常是透過族群運動的過程所建構。王甫昌（2002）指出：今日台灣社會的族群問題，是在當代的族群想像下，所發生的衝突、矛盾與差異化的結果。「族群意識」通常是弱勢者的意識，只有弱勢者才會認爲自己受到的待遇是與其身分有關，優勢者不會有要求平等對待的「族群意識」，反而可能會產生「種族主義」的意識型態。

在過去的社會脈絡下，「族群想像」根本沒有存在的空間，往昔人類社會在交通不便或天然地形障礙的限制下，所依附的群體必是經常接觸和有實質社會互動的人，故遠親不如近鄰。然而，隨著交通便捷和資訊發達，現代社會的變遷快速，族群想像的空間也變大，更容易被族群運動者所操弄，在現代民主制度下，族群運動者爲增加政治影響力會設法擴大族群之規模，因此，族群團體不再全然是有共同的祖先或文化。所以，台灣的族群分類可說是一連串的族群運動的產品。

台灣「四大族群」的分類，最早是葉菊蘭在 1993 年所提出。四大族群指：原住民、客家人、閩南人與外省人（新住民），這四個族群都是有對比差異的族群，例如：「原住民族」是相對於「漢人」而產生的，主要是在原住民運動的過程中，要界定原住民共同的壓迫者是「漢人」，而建構出「泛台灣原住民」的族群想像。所謂「本省人」是相對於「外省人」，主要訴求於政治態度的差異；「客家人」則是對應於「閩南人」，通常是在區分語言文化與歷史經驗，也是基於某種意識型態，被族群運動者所建構出來。對於原住民主體的建構，孫大川指出：

「原權會」的成立，標示了不同於日據以來「污名性」
的泛族群認同，原住民的「主體」開始說話。「休戚
與共」的族類感，需要正面的挺立與創造性的建構，
1988 年之後，越來越活絡的文字、藝術等各方面的表
現，使原住民的「主體」更加豐富（孫大川，2000a：
149）。

綜合上述可知：原住民／漢人的族群想像是「原權會」推動的
族群運動所建構，乃是基於「長期被壓迫的經驗和休戚與共的
族類感」，其過程中所產生的族群意識、差異、不平等、集體
行動必要性等認知，逐漸形構成「泛原住民意識」，除為了要
彰顯政治行動的正當性外，更在建構原住民的主體性，並從語
言、文化及藝術的再現中，突顯原住民族主體的差異性。

尤哈尼・伊斯卡卡夫特（2002）也指出：族群不是自然誕
生的，而是經過歷史過程、競爭、對立的社會關係，所建構出
來的身分認同。實際上今日「原住民族」係分散在全省各地，
包含 14 個法定族群和 38 個語言系統，此外尚有未被認定之平
埔族群。各組成族群儘管內部存在分歧與差異，但爭相納入「原
住民族」體系已成趨勢，誠如孫大川所言：原住民族的存在是
一個「事實真理」而不是「邏輯真理」。

檢視台灣的族群意識，源自本土民主運動者對於政府的挑
戰，在民主化、平等權訴求下，以民進黨為主體的反對運動者，
提出打破「省籍不平等」的口號，並進行全島串連。而本省人
／外省人的分類，產生於 1975 年創辦的《台灣政論》雜誌，經

過 1979 年的「美麗島事件」，及反對運動者的宣揚，於是 1986 年成立的「民主進步黨」，透過「民主化」與「本土化」的論述，建構「本省人」的弱勢族群意識，成為族群認知的參考架構與政治行動的基礎（王甫昌，2002）。

王甫昌進一步指出：這種過去不曾存在的人群分類，獲得相當的動員成效之後被其他團體採用，「原住民」是第一個採用的群體。在黨外運動的鼓勵與支持下，1984 年原住民的精英成立「原住民權益促進會」，並發起原住民運動。因此，儘管原住民不同的部族之間，並沒有共同的語言文化可作為認同的基礎，但在社會中遭遇共同的不利處境，卻激發了「泛台灣原住民」的意識與原住民／漢人的族群想像，成為原住民運動者動員群眾和爭取政治權力的資源。

「泛台灣客家認同」則是受到「台灣民族主義」的刺激而興起。台灣民族主義運動者以福佬話為「台語」，並將國民黨政府界定為「外來政權」，不但忽視客家人的存在，而客家的「義民信仰」也被質疑，於是，「客家權益促進會」在 1987 年成立，1988 年全台的「義民爺」到新竹枋寮義民廟會合，將分散各地的客家人串連起來，創造了有利台灣客家人族群想像的條件，且因國語與福佬話的雙重推擠，使客語也有流失之虞，所以「客權會」舉行「還我母語」大遊行，這是台灣母語運動的開始。

1990 年代政治民主化與本土化，改變了台灣政治的權力結構，以及台灣的國家定位與文化走向。這種社會情境提供了外省人族群意識形成的條件，在面臨政治轉型的不利處境，「外

省人」族群開始被建構出來。但隨著台灣本土意識的抬頭，外省人的勢力日漸式微，同時也因國語政策的成功和通婚的結果，其後代不僅是以國語為其共同語言，而且不分省籍都以「新台灣人」自居，甚至還將閩南語、客語運用自如，只有在選舉的政客炒作時，才會察覺台灣人有外省／本省的差異。

　　總之，四大族群分類是一種「認同政治」，各族群運動者為了建構族群意識，會進行尋根或歷史文化的再現，建立族群認同來做為政治行動的合理性基礎。施正鋒（2004）認為：儘管族群認同形成的基礎有其客觀條件，不過更重要的是主觀條件，也就是在成員之間彼此的集體經驗、記憶或是歷史的建構。因此，在二次大戰結束前原住民是以部落或部族為歸屬，後來產生「泛台灣原住民」的族群意識，是因為在原住民運動的論述中，漢人是造成原住民不利處境的壓迫者，原住民無視於漢人內部差異性，在「泛原住民運動」的政治性訴求下，只強調原／漢的集體差異，並建構出原住民族群。

　　如上所述，台灣的族群想像係為政治分類，而一般人總習慣以語言為族群辨識的指標，加上近年來國際人權理念，發展到對少數族群認同權和文化權的保障，特別是在多族群的現代國家，將少數族群的「語言權」(linguistic rights)視為基本的權利，國家會把語言多元化當作是族群平等的象徵。所以，近十年來台灣原住民族語教育政策的論述，乃從母語消失、身分認同、文化傳承等訴求，走向了爭取語言權利平等的實踐。因此，教育部相繼推出鄉土語言教學和本土語言教育，原民會也自行推動語言振興、文化振興計畫，這就是台灣社會四大族群運動

所共同建構的結果。有關由族群運動者所形構的原／漢對立，或是省籍問題，孫大川說（2010.04.12 訪談紀錄）：

> 基於我自己的背景與了解，基本上我不認為有什麼漢人(這裡談到中國的宗法姓氏制度)。我覺得中國人的歷史是一個逼迫人去遺忘自己媽媽的歷史史觀，強調的是族群的融合與同化，族群各自差異性的發展比較不被鼓勵，不過這也是因為要治理一個大帝國可能不得不的一種作法，一個比較易於行政管理的想法。

由這段話可知：孫大川對原／漢對立的族群建構並不認同，對過去政府的同化政策，導致各族群邊界的消失也能理解。因此，挑撥省籍情節、製造族群對立，甚至否定別人對台灣的認同，其實都很不應該，茲引述他的陳述佐證之：

> 我一直說我們主體世界的邊界不能沒有，但是那應該是一種彈性的、變化的，要不然就是會變成一種固執。我覺得那些批評，什麼中國豬滾回去這種說法，我覺得那都是很殘忍的事情，例如一個河南人，他到老都會有一個自我認同的根源，我們不能否定他的情感，更不能因為這樣情感的存在，而要求他一定要回去，因為他在那裡的脈絡已經不在了。也不能因為這樣，就質疑他不認同台灣，我認為這樣的要求是不合理的要求，也不應該，每個世代都有每個世代的價值，都應該被尊重，這是一件好事（孫大川，2010.04.12）。

（二）台灣的政治論述與原住民族的主體性建構

　　一般社會發展會形成特定的政治論述，而變成社會的集體意識，對於其成員的自我認知與社會發展方向有決定性的影響。近五十年來，對台灣的政治意識具有定調作用的論述，主要是自由主義與國族主義。廣義的自由主義與國族主義，先後各提供了一套具有正當性的論述，在社會形成共識與發揮控制的影響力。觀察二者的消長及所體現的政治價值，有助於對原住民主體性論述的理解，茲分析如下：

　　當代知識分子堅持自由主義傳統，主要是在對抗國民黨的威權統治，由於自由主義著重個人權利，抗拒集體性的目標和價值；強調社會的自主、多元，反對由上而下的整合模式，且挑戰「民族」、「命運共同體」這類集體主義的建構，此外，基於對權力的疑懼，對政府組織主張採取制衡和限權的體制。1970 年代開始，本土政治人物逐漸主導政治言論，他們延續自由主義的論述，開啟了以台灣獨立與更新國家認同為號召的政治論述，「本土化」、「在地化」便成為主流社會的訴求。

　　1980 年代後期，台灣主體意識在民進黨的領導之下，發展成建構「台灣新民族」、「台灣新國家」的具體主張，並成功凝聚了台灣人的民族意識與國家意識，自由主義便由台灣國族主義完全取代。1990 年代後期，台灣國族主義因有「中華民國在台灣」的現實作為基礎，還有各族群受到壓制的集體記憶作為動力，更有海峽對岸明確的「他者」作為對比。因此，基於國家利益、民主利益、主權利益，使得國族主義在台灣取得了道德與政治的正當性。

國族主義所追求的價值，就是賦予國家高度的自主與優先地位，達成政治共同體的生存、穩定與發展，建構新的台灣民族與國家，正是以落實這項價值為目的。所謂建立新國家，就是以重新建構政治正當性為基礎，透過制度的安排以追求權力的集中、決策的統一，以及對國家意志與國家利益的明確界定。而所謂新民族的建構，則是為了讓人民有集體意識出現，以落實新國家的民主正當性，近年來台灣政治有「命運共同體」的論述產生就是明證。當國族主義取得了主導的地位，明顯的事實是台灣的「一邊一國」的意志凝聚，國家體制經由選舉取得了正當性，同時也取得了政策的主導權，國族主義成為當前台灣政治的主流論述與政治價值。

但回顧過去十餘年來台灣國族主義的發展，不斷強調對於土地、歷史、文化、語言等的感情認同與意識，以形塑台灣國家意識的「國民」，而與現代化國家在養成「公民」社會的方向歧異。台灣社會因而始終無法形成成熟、理性、尊重憲政與民主程序的公共空間，而是認同、激情、價值扭曲、不問是非、不斷分化、割裂的政爭。

總之，由於台灣的政治現實與歷史處境，「台灣主體性」成為集體的國民意識，台灣社會又走向國族主義的老路。同時，原本就依附在台灣本土論述與反威權抗爭的原住民知識精英，也成功複製了「原住民主體性」論述，使得早期原住民知識分子所積累的政治價值信念，轉變成宰制原住民族的集體主義，原住民的政治人物和政府官員，在向國家爭取主體性的同時，刻意抹除了族群內部差異及個人主體性，成為一種新的霸權論

述。

　　至於原住民主體性的內涵是什麼？和語言有何關連？孫大川（2000：39）指出：語言與主體性有密切的關連，原住民語言受到政治權力和意識型態的干預，不僅快速流失還介入許多外來語，而資本主義是隱藏的權力，不但將原住民社會納入經濟體系，也造成原住民的大量遷移，因此，在政治、經濟的權力網絡下，「國語」對原住民母語是連根的「替代」，使原住民的主體性蕩然無存。

　　直到 1970 年末期隨著台灣本土化，原住民族群乘勢而起，針對權力結構進行批判，集體對抗主流社會傲慢的宰制心態和政治意識型態。因為命名是典型的權力遊戲，是對他人主體性的蔑視、踐踏，「正名」運動即試圖擺脫權力的宰制，以建構自己的主體，「還我土地」運動、「自治區」的訴求，就要將被政治收編、經濟剝削的民族尊嚴和主體性拾回。所以，母語問題變成主體宣說的焦點（孫大川，2000a：40-42）。從此，母語主義有了生產與消費的條件，控制著原住民族語言教育政策的發展。

　　施正鋒（2004）指出：語言議題是我們對於族群政治、以及國家定位看法的表徵（proxy），語言政策的制定又牽涉到國家認同／民族認同（national identity）的定位，語言政策並不是單純的教育問題，不是在教育裡有母語（或族語）教學就可以解決的，語言政策的制定必須擴大參考架構的設定。因此，延續原住民運動的母語論述和族群認同論述，使得語言文化復振成為原住民主體性建構之首要。

　　檢視台灣近 20 年來的原住民政策，不僅實現原住民條款入憲，尚且通過許多原住民法規，例如：原住民身分法、原住民族教育法、原住民基本法等。而中央層級的民族委員會在 1996 年成立，地方自治和祭典活動也相繼推出，可見台灣政府已積極回應原住民的訴求。歷經十餘年政治實踐，「主體性」論述是否有了具體清晰的意涵？原住民族精英為何至今仍高舉「建構主體性」旗幟？故特別前往行政院原民會，當面向孫大川主委請教。孫主委（2010.04.12）說：

> 我不認為主體性要構築在所謂的母語主義、血緣主義或是本質主義，…我主張的主體性，是以一個脈絡中的主體，對話中的主體…因為有了原民會，促成了國家與原住民族兩造主體面對面的對話，並且讓主流社會有機會承認並面對彼此差異性的存在…為什麼需求談論原住民主體性的問題？是因為在過去原住民族在找尋自身確立其主體性前，主流社會的價值與國家的力量，在雙方沒有可能對話的機會與空間，滲透到原住民的社會。…國家或是主流社會在推動各種政策時，應該更加主動了解對方的文化背景，找出一個彼此都可以接受的方式去推動，去共同建構我們的未來，也就是多元文化主義的精神（詳如附錄六）。

由上述可知，孫大川所認為的主體性是「脈絡中的主體或是對話中的主體」，這是一種與國家對話的關係，也是一種族群互為主體性的認知。他強調族群要有邊界，但不能是排外的、否

定式的認同；國家應重視原住民的存在，政府要承認族群文化的差異性，所以，任何政策都要透過對話的機制，尋求共識後再來推動，而原民會就是一個對話的平台或原住民主體性的代表。可知，孫大川對於極端的、本質論的民族主義並不苟同，他的論述似與原民會以往推動母語政策的論述不同。

　　總之，不同的政治論述有不同政治價值，不同的政黨也有不同的意識型態，如今台灣執政黨再度輪替，社會情境亦隨之轉變，原住民族語教育論述歷經十年的社會實踐，隨著台灣社會族群意識型態、台灣政治論述的演變，從母語主義、本質主義，發展到原住民主體性建構。此外，由於台灣政權的移轉，原民會官員數度換人，現今原住民族在尋找、建構主體性方面，已從空泛論述轉向政策實踐，僵化的意識型態也有彈性修正的空間；但不可否認的，主體性論述已成為原住民集體主義的共識，從而形成宰制原住民社會發展的新霸權論述，值得當政者省思。

二、台灣社會制度與原住民族語教育政策的實踐

　　由於語言被視為族群圖騰，在台灣各族群人口比例懸殊的情況下，語言議題牽動族群間的緊張關係，尤其學校中的語言教育問題充滿了政治與利益的糾葛。原住民族語政策落實在學校教育場域，會同時受到許多勢力之牽引，例如：來自台灣社會中教育體制的精英主義、學校的升學主義、社會的文憑主義，以及學校場域本位與利益糾纏，而政府組織的權力關係等，都影響了族語教育的社會實踐。茲分析如下：

（一）台灣教育體制下的學校族語教育政策

　　台灣社會承繼了儒家思想「萬般皆下品，唯有讀書高」的社會價值觀念，認為透過教育向上流動進而改變自己的命運，所以，三級貧戶的阿扁也能當總統，因此，教育的功能早已內化為台灣普同的價值。而數年來，在台灣的升學主義與聯考制度下造就許多社會精英，聯考制度公平性更普遍為社會所認同，升學主義和聯考公平性緊密結合，產生對教育體制的宰制力量，追求高學歷已成為台灣社會的集體潛意識，對於台灣升學制度的建構，以及升學競爭的壓力，扮演著關鍵的角色。

　　原住民的傳統社會雖然儒化不深，但在過去政府保障原住民升學的政策下，也造就了許多原住民的知識分子和公教人員，加上大量移居都會地區的原住民逐漸被同化，其價值觀不免受到升學主義的影響，而且原住民學生在現行的教育體制下，並沒有其他的升學管道，要出人頭地就必須參加升學考試，當然亦受到升學主義和升學制度的制約。

　　原住民家庭除了一些因價值觀或生活壓力無心或無力關注子女教育的家長外，大多數亦期望子女順利升學、讀好學校，尤其是中上階級的家長對子女的期望更高，甚至不惜舉家遷移或單獨送子女「下山」，因此，從國小階段就有許多原住民的「小留學生」在都會區學校就讀，離鄉背井，在原鄉與都會中擺盪，父母竭盡所能無非是要圓孩子夢想，但是現實的條件不一，能達成目標的仍屬少數。

　　升學主義對於原住民而言，是一種限制也是激勵。原住民子弟力爭上游考取高中大學，是部落大事、家族引以為傲，原

鄉子弟視爲典範，形成正面循環。過去政府爲保障原住民學生升學，早在 1946 年即開始提供保送、加分、特別名額、獎助學金或免試免費等優待制度。時勢推移，在台灣社會權利意識高漲、族群碰撞以及公平性的訴求下，優惠政策幾經變革。而激烈的升學的競爭造成臺灣社會全體學生與家長的壓力，在僧多粥少的情況下，原住民部份學生優異的表現，引發非原住民族群對其升學加分優待正當性的責難，大社會的壓力迫使原民會不得不配合教育部修改升學優待辦法。

　　2001 年，教育部實施「國民中小學九年一貫課程」，從此政府對於語言政策有了新作法，2008 年教育部再修訂「補助直轄市縣（市）推動國民中小學本土教育要點」，要各級學校積極推廣三種本土語言，表面上各族群語言平等的訴求受到重視，但原住民的語言的流失與分歧的困境，在都會地區更顯弱勢，因爲都市生活的需要，家長在權衡利弊時，自然會選擇有用處的語言。

　　原民會於 2001 年公布「原住民族語言能力認證辦法」，並開辦族語能力認證考試，以提供學校族語教學的師資。接著在 2007 年 3 月開辦原住民學生族語認證考試，以「文化證據」取得升學加分優待的正當性。2008 年開始執行「原住民族語言振興六年計畫」，編列六年共七億一千九百萬元的經費，堪稱是歷年來原住民語言最具體的政策，但因學校的族語教學成效低落、原住民學生的升學增加族語考試的壓力、族語教材書寫體例不一等問題，使得原住民族語教育政策受到許多的質疑。

　　整體而言，當今原住民的族語教育政策，在 2000 年尤哈尼‧

伊斯卡卡夫特主政時期，已經藉著族群的意識型態，塑造出族語是原住民身分表徵的論述，進而對原住民社會產生制約的作用，也對政府官員的價值信念產生建構的效果。族語政策經過不斷的生產、再製與轉化，已企圖在 2013 年將族語變成可聽、說、讀、寫的語言，以落實「語言權」的實踐。然而，族語政策推動近十年，成果有限，但爭議不斷，其中最大的關鍵在於「族語認證」和「升學機制」的掛勾。

由於族語政策的論述不當影響決策，導致政策推行至今仍有許多爭議。首因是以意識型態主導政策，用「母語」來為人民標籤、分類，用「不會說母語就是不認同原住民」來形塑、區別我與「他者」，整個族語政策論述就是框架「原住民」的規訓機制，循著本質主義、母語主義進行的知識／權力運作，目的在形構「真正的原住民」。基於民主時代的公共政策是以民意為主的公共資源分配，有其政策形成的邏輯與程序，這種本質上就已脫離「公共」意涵的政策，自然會窒礙難行。

次因對族語不振草率的歸因，導致政策手段的失誤，掌權者認為「父母不教、孩子不學母語是因為母語沒有考試」、「母語在校園淪陷，要從校園救回來」等等。因此，要用「功利的箭」射向父母和孩子，讓他們擔負傳承責任，要把母語傳承從部落轉到校園。因此，把族語和升學連結，把學習成敗丟給孩子、家長、老師、學校，以及更大的教育體制，而掌權者就可以撇清責任。

由於族語教育政策的轉向，把原本單純部落化、家庭化的「族語傳承」轉換成「族語教學」而納入學校體制，族語政策

從而複雜化。學校原本就是各種勢力競逐的場域，從課程、教學、教師之規劃，均涉及本位主義、資源爭奪乃至政治力的牽扯。原住民語進入學校體制後面對優勢語言及課程體制，在課程安排、教學資源、師資來源均陷入窘境，邊緣化是乃勢所必然，成效不彰自可預期。原民會為求突破，乃複製「功利主義」邏輯，把「語言認證」和「升學體制」掛勾，企圖以「考試領導學習」、「加分誘導意願」，把政策績效扶正，結果使族語教育產生質變，產生非預期的效果。

總之，當年尤哈尼·伊斯卡卡夫特站在原住民主委的位置，其為挽救母語、推動母語用心良苦，值得肯定，但這似是而非的邏輯與說詞，不僅引發爭議也難以自圓其說，尤其是明擺著「功利交換」的政策思維，更難讓政策的消費大眾心服口服。這種功利交換的思維，正是反映了主政者本身，也內化了台灣社會功利取向的價值觀與求速效的短視心態。原民會現在每年為了學生的族語認證，編列大筆經費委外辦理認證考試，但學習結果呈現出：至 2009 年 12 月學生族語能力考試，成績總平均才 68.5 分，證實了：「族語經過長期推動，而且也列為學校的必修課程，實施的結果，在聽與說的能力上已嚴重地不及教學目標」（陳枝烈，2010.03.16）。

最值得注意的是：今（2010）年有 27.8% 的學生沒有通過認證，由於未參加或未通過認證的學生，都是原住民的子弟，原民會實應思考他們的權益要如何補救。面對只有 72.2% 的通過率，也應該深入檢討認證考試、族語教學的品質，以及後續與外延性問題，讓民眾對這項「原住民聯考」有公平性認同。因

之，強迫式的族群認同或族語學習，已不適用新生代原住民的學習模式，並且原住民族的排他意識，也無法為原住民語言環境創造有利的條件。

研究者認為：主政者要為全體族群謀福祉，尤其是大多處於邊緣、面對更多困境的都市原住民更應關照。現在不會說母語的原住民就儼然變成另一族群，沒有人在意他們的存在，也沒有人發聲，他們已被視為原住民族的「他者」，而且以後沒有族語能力的證明，依原住民基本法規定，也不能享受原住民的優惠措施，這勢將影響許多中下層原住民子弟的生涯發展。

（二）政府組織功能的侷限與部會的競合關係

原民會依組織條例規定「主管全國原住民族事務」，同時「對直轄市、縣(市)政府及鄉(鎮、市) 公所執行本會主管業務，有指導及監督之責」。從目前運作的情況來看，到底原民會的角色是甚麼？它是行政院底下一個行政機構？或是一個爭取原住民族利益的一個壓力團體？若為行政單位，原民會應就「全國原住民事務」盡規劃、執行及督導責任，並協調其他部會執行有關原住民社會的政策。若是做為原住民族的壓力團體，應是推動各種法案，同時成為原住民族主體的對外窗口，但目前看來，原民會似乎同時扮演這兩個對立角色，僅可定位為過渡性的部會組織（黃樹民，2008）。

在原民會與政府各部門的關係方面，無疑的，原民會在行政院各部會當中屬於弱勢單位，從人員編製、預算規模以及人力素質等均差人一截。各部會牽涉原住民族事務者，依據原民會組織條例所定，原民會應有協調統籌之責，而實際運作困難

重重，各部會長期以來就有依法掌管有關原住民族部份事項，但因本位主義或者專業特性，原民會無法也無能主導，尤其原民會和教育部的權責牽扯與糾纏，多位原民會的委員對此曾表示質疑。例如：

在第四次教審會中（2002.12.16）林明德質問：「原住民族教育之主導權是什麼機關？原住民是否真的能取得原住民族教育之自主真正權力？…」；在第五次教審會（2003.03.31）林明德再問：「原住民（族）教育與一般原住民教育業務、工作執掌如何分類？原民會與教育部太多職責重疊性…原民會主要職責是什麼？」；孫大川則提問：「教育部國教司有關充實國中小學原住民族英語、鄉土語言師資及教材費，目前實際運轉情況為何？本方面原民會也有推展，雙方面如何協調？…縣市政府辦理一般語言教育活動，將來與原住民之語言復育計畫是否能協調與銜接？」。可見，原民會與教育部很難分工，以致原民會無法掌控原住民教育的主權，並釐清族語教育的職責歸屬。

李建良委員（2003.03.31）則質詢：「教文處工作項目中，有些項目與教育部工作重覆，包括遠距教學等，這些在教育部工作項目裡均有列出。這些工作推動，不知教育部與原民會是否均有事先協商？或是各做各的？或是在某部分統合？」；洪清一委員說：「教育部編列之經費，以原住民角度來看似乎尚有不足，是否可請教育部提高原住民部分之經費？」；林明德委員則說：「原住民為一族群，而非身心障礙等團體，是否需要放在教育部之體制下，有待商榷」。

另在原民會第六十七次委員會（2004.04.15），林天生委員

則質問：「原住民教育經費有三分之二放在教育部，既然原住民族教育法已實行，為何經費仍放在教育部裡？」如此看來，不僅是教文處與教育部的工作有所重疊，連經費的編列和族群的定位都受到質疑，且因部會間的預算與執行程序並不能統合，相同的計畫常在不同的單位分別執行。

此外，自原民會成立後，很多單位就將原住民族事務等同於原民會的職掌，對於原住民族事務的推動與資源的挹注，存有觀望甚至推託的心態。至於原民會與地方政府關係上，依目前相關法令，本於地方自治，各原住民局處與中央原民會並無隸屬關係，因此，指導與監督只是形式，甚至於對原住民鄉鎮公所亦無實質行政權力，由於原鄉遼闊偏遠、財政枯乏，原民會本身在人力、財力不及的情況下，影響力自然有限。

再就原民會內部運作機制而言，原民會組織編制與職權不清，而且人員流動性太大，例如：除 11 個單位外，尚設有原住民族委員會（簡稱委員會）、民族教育審議委員會（簡稱教審會）、原住民族語言發展會（簡稱語發會）等。語發會主要在審議有關原住民族語言的法規、計畫等，但由於語發會從 2006 年成立以來，會議紀錄不曾公開，難以了解主導族語政策發展的是那些人？語發會的功能位階如何？而語發會和教文處語言科的權責是如何劃分？教審會任務看似也與教文處教育科的職掌重疊，不知二者是如何分工的？

原民會組織編制中除列有官等或職等者，其職務是依公務人員任用法規進用，其他人員皆為任期聘用或隨主委換人而更易，故原民會主委十年來已換了七位，因更換過於頻繁，對於

政策發展之瞭解有限。而隨著主委更迭，各委員會亦頻頻換人，其背景、素質和意識型態決定政策方向，且委員合議制容易掉入集體迷思的陷阱，故其決策品質堪虞。特別是尤哈尼‧伊斯卡卡夫特主政時期，聘用兩位牧師為參事，且委員會除了機關代表外，大都是社運人士、牧師及反對運動者，其委員的專業、威望、學經歷亟待提昇（馬賴古麥，2002）。

　　由於原民會組織的定位不明，且人員有許多的任務編組，而政策大多是透過委員會審議，尤其是在族語教育政策的制訂與執行上，原民會與教育部的權責更是難分難解。升學優待加上族語認證條件，就是在競合關係的互動下，建構出原住民委員的共識。就該辦法修正的過程來看，吳珮瑛委員在第 75 次委員會議發言，可能就是族語懲罰條款的由來，因為在此之前的教審會和委員會中並無任何相關發言紀錄，究竟逐年遞減 5%的根據是什麼？何時附加在升學優待辦法第三條之後？研究者電詢教育部高教司負責升學優待辦法的人員（2010.05.21 電話訪問），則答是依據原民會 95.6.12 原民教字第 0950017481 號函辦理，經調閱公文比對屬實。

　　據查原民會第 75 次委員會（2005.10.27），主要在審議「原住民族語言振興六年計畫草案」，當日主席是瓦歷斯‧貝林主委，由教文處長汪秋一和科長顏志光提出報告，會議中教育部專門委員林煌強調：民族教育部分是原民會，一般教育是教育部的職權，語言教育在學校的推動很重要，原民會應與教育部合作。會中吳珮瑛建議：「**如何讓不想學母語者能夠強制學習？應建立獎罰制度**」。這是否為教育部將未取得族語認證學生，

其加分比率減少的理由？因找不到相關的會議紀錄，只得到原民會當年教文處人員說明：「**因時間緊迫，升學優待辦法修正案，在 95 年 3 月 9 日經部會協商後，沒有送交委員會和教審會，直接用內部簽函教育部，建議將原訂 35%和 10%的差距，修正為逐年遞減 5%直到 10%為止**」（email 及電話查證，2010.06.28）。

　　至於 10%的依據是什麼？誰規定的？何時訂的？則無從得知。從時間脈絡來看：原民會於 2006 年 6 月 12 日函文給教育部，建議：「**自 99 學年度招生考試起，應逐年遞減加分比例，以加速原住民學生取得文化及語言能力證明及復振族語文化。並建請於本辦法第 3 條第 5 款增訂但書**」。接著在 9 月 11 日與教育部會銜公告「96 學年度原住民學生升學優待取得文化及語言能力證明要點」，又在 9 月 20 日檢附教育部的說明文件發布新聞稿，還印製了 20 萬份的答客問，卻不曾提及未取得族語認證者要減少加分優待，所以，現今少有人知道今年（99）要開始減少優待比率，原民會究竟是刻意隱瞞真相？還是不知其中玄機？

　　追問當時原民會新聞稿的撰寫人，何以在新聞稿和答客問中，都沒有提到「族語但書」的緣故？答覆是：「**主要是在強調認證通過可以加分，以鼓勵學生參加族語認證考試**」（2010.05.20 電話訪談）。事實上，優待比率改為加總分 25%算是減少加分了，更何況還要逐年遞減 5%，原民會沒說，以致「大部份的原住民學生與家長，對修正後之優惠政策缺乏認識，對政策亦無主導的權力，對於這項直接影響原住民子弟升學權益的政策，似乎只能被動地接受」（周惠民，2008）。

　　研究者發現不僅是學生和家長「對修正後之優惠政策缺乏認識」，連一些原住民知識精英都以為加分 25%和降低錄取標準 25%是一樣的，這種數字遊戲，需要舉例說明才能明白其差異：

　　假設某公立大學錄取標準為 400 分，過去採降低錄取標準 25%，原住民學生只要考 300 分就可入學，等於加了 100 分，換算優待比率是加總分 33.3%（100÷300×100%）。現在改加總分 25%，考 300 分的學生加分後只有 375（300×1.25）分，就無法達到該校錄取標準；而加總分 35%後雖有 405（300×1.35）分，多出了 5 分也不一定可以入學，因為各校系有原住民 2%的人數限制，所以，原住民學生就算努力通過族語考試，取得了加分的資格，依然會有人無法如願選讀學校，這種雙重關卡，豈能保障原住民學生升學？

　　再從瓦歷斯·貝林主持的第 79 次委員會（2006.08.31）紀錄，巴奈·母路委員以台北市原民會主委身分表示：「以台北市原住民的立場，反對用語言政策做為加分的誘因」，但教育部代表答覆：「目前原住民的升學優待辦法，是有原住民族教育法的依據，…事實上原住民社會對此優待辦法仍有兩面意見，但以教育部立場來看，讓原住民有升學優待，係因原住民文化特殊性，進入文化主流學習時仍有障礙，本身若具有族語文化能力，對外才有說服力」。鄭天財副主委則附和說：「升學優待要有文化語言能力證明，在原住民族基本法業已明定，政策方向已是確定的，未來也將繼續朝這方向推行…」。由此可見，自原住民基本法通過後，原民會官員就和教育部取得共

識，一起合作來推動族語認證的政策。

　　研究者認為：今年就有四分之一以上的原住民學生，因為不會使用族語而被剝削法律賦予的升學保障權利，這是很嚴重的事情，可是，教育部承辦人的答覆是「配合原民會的族語政策」，原民會的說詞是「教育部的辦法已經訂了，不能改」，學者的反應是「今年來不及改了」，一位自稱是原運老兵則說：「我已經受傷很重，部落裡面沒有人會聽我的話，原住民只有發生問題才想到要解決，否則，沒有人會理你的…」（屏東排灣族，2010.05.14），多少透露出族人對於政策的無奈以及和精英意識的疏離。

　　純就推動學校族語教學而言，語言課程規劃即陷入資源鬥爭循環，語言的位階與背後族群團體的勢力大小有關，當原住民族語進入學校場域，注定被排擠到邊緣，同理，原住民族內部四十種以上的語言，也會因族群權力產生排序，理應優先保護的最少數、弱勢語言將走向消亡，這是無法逆轉的命運。黃東秋（2008：6）指出：

　　　當下的原住民族語只有一週一次的教育權、使用權不廣與不足、傳播權不彰之下，貿然實施族語認證制度，簡直就是直接剝削原住民族新生代基本人權；再者，現在國中小實施母語教學的語言政策有待商榷，分開學習各自族群語言的結果，豈不是又造成了族群分立、隔閡與歧視，與當今的多元文化精神相違背，真是蠻諷刺且弔詭；更嚴重的是族語教師的專業不足導

致未獲得學校老師認同，甚至是學生們的不尊重，最
難過的是原住民族的多樣性，造成族語教師在同一學
校所教的課程與家庭所使用的語言有所差異，讓學生
們無所是從。

黃東秋指出了現行族語教育政策的弔詭和困境。事實上，學校
教育屬教育部管轄，當族語政策進入學校體系，原民政策單位
即無置喙餘地；目前國小族教學是從三年級開始，都會區一般
家長大多送子女到英語才藝班或安親班，原住民家長少有能力
給孩子補習英語，更遑論族語？在學校族語情境貧乏、孤立之
下，加上大多數族語認證教師缺乏教育背景、專業能力不足，
甚至連學生秩序都管不了，根本談不上教學。

　　總之，族語教育政策的規劃、制定與執行，僅憑掌權者的
意識型態與道德訴求即決定，在缺乏縝密的評估與程序下倉促
施行，當然是處處扞格、邊修邊行，具體而微顯現了族語教育
政策在先天不良，後天失調的情況下實施的結果，實質成效明
顯落後預期很多，把這種施政不力，歸咎到家長和學生身上，
這是不道德也是不負責任的作法。

三、語言文化政策實踐對原住民社會發展的影響

　　語言是一種辯證的力量，這種力量不只是在主／客體論述
產生知識／權力的效果，且普遍運作在人們身上，讓人們具有
權能（empower）或者失去權能(dis-empower)。歷年來台灣不同
的語言政策反映出族群勢力的版圖，就原住民而言，在振興母

語的政策運作下，過去被污名化的語言文化，今日是族群集體認同的重要表徵(signifier)，更是最大的資產與利益所在。因此，原住民語言文化振興政策的論述實踐，促進了原住民族的社會價值和社會結構產生量變和質變，茲分析如下：

（一）語言文化政策與原住民社會價值觀轉變

黃宣範（1998）指出：世界各地的弱勢語言大概都是因爲家庭失傳，學校不教，而斷送生命。其一語道盡原住民族語環境長期以來的困境，原住民族面對共同語「國語」的強勢，不管是公、私場所早已普遍使用，且因大量原住民移居外地謀生，而被迫學習閩南語／客語以求生存。所以，原住民的語言不僅面對外部強勢語言推擠，也因原住民社會內部異質化、多元化，以及都市和原鄉原住民的價值觀轉向，造成族語政策實踐困難重重。

原住民族因台灣社會現代化、資本主義化，帶動原住民大量移居都會地區，由於生活環境迥然不同，都市與原鄉原住民的差異日益明顯。都市原住民在散居、語言文化混雜、收入不穩且流動性高，空間限縮、生活壓力大的社會情境中，其生活目標轉向投入主流社會、子女教育及職場競爭，因而忽略族群文化的傳承以及族語使用。而且原住民人口外流呈現年輕化、教育程度較高、離鄉後回流率低的趨勢，一方面造成原鄉老化、空洞化，一方面外移原住民在都市社會網絡中適應困難，所以，今日原住民社會的城鄉差異和文化落差，對於族語使用，乃至族群認同均產生嚴重衝擊。

此外，原住民社會的階層化，包括年齡、性別、族群、生

活區域等，因不同群體間的生活方式、人際關係、推理思考、價值觀念等，都有不同看法及期待，而產生基本認知上的差異。現時原住民精英分子與邊緣團體的差距，不下於原、漢之分（黃樹民，2008）。當代原住民精英或公教人員儼然成了新階層，其生活方式、思維價值，多已傾向資本主義，而歷任掌權者的思維取向與特權地位，對於政策內容與手段策略，均站在壟斷主導位置，所有政策的邏輯都以「主體性」為前提，汲汲在「區隔差異、想像主體、當家做主」等象徵性價值上，而無視族人在城鄉間流轉只求溫飽的困境。

過去執政者以「意識型態」、「功利思維」來推動原住民政策，不僅扭曲、改變傳統文化認知信念，也解構了僅存的原住民部落傳統社會連帶，並且相對地合法化知識／權力運作機制，鞏固統治階層利益。現代許多原住民政策以「主體性」、「部落自主」的包裝，在缺乏政策規劃、評估及配套措施的狀況下，用經費補助或資源挹注方式推動，不但造成原住民內部裂解、再分化，更扭曲傳統倫理規範與價值。例如：部落傳統之共享式的「道德經濟」，在面臨資本主義市場制度時遭遇到困境，也在原民文化政策執行過程中被轉化、被扭曲。

許多政策推動因為經費的直接介入，造成部落內頭目、家族、婦女等團體都為了錢而爭吵，有些部落分裂成好幾個派系，連家族內部關係都變得非常緊張。尤其「文化產業」是原住民的重要政策，但是許多基層官員或部落領導，為爭取經費，熱衷於「再現傳統」，迎合觀光客，恣意改編祭典，把熱心的族人當成撈錢工具，導致族人的傳統文化信念受到很大的衝擊。

這種政策實踐改變了原本視文化傳承爲義務、爲使命的價值觀，許多部落要有錢補助才辦活動。有些原住民將文化當作是可獲利的商品，使文化傳承的動機變成功利主義，導致語言文化轉變成爲用來賺錢的資產，這種功利化價值觀，已經漸漸趨向常態，與原住民社會樸實勤奮的傳統形貌愈離愈遠。

此外，許多原住民政策是藉由政治力介入或計畫申請方式，來操縱原住民文化的差異發展，同時建立邊界作爲區隔。現在民衆對語言文化政策的詮釋從教化的認知，轉變成爲可直接獲取經濟資源的管道，鼓舞了族群中較爲邊緣的次群體，透過展示文化、語言差異的運動，強調與既有的族別不同，爭取政治與經濟資源重新分配，再藉由區隔來再現自我文化。問題是其所再現的語言或文化，可能只是爲爭取經濟或政治的資源而塑造出來的，不僅不足以「還原傳統」，反而造成負面觀感。

總之，語言文化政策實踐引發原住民社會價值觀轉變的效應，而且產生非預期作用，逆向影響政策作爲，而這種效果也實際普遍運作在族人身上，不斷複製與轉化。近代原住民族在政治權力獲得尊重，免於被強勢族群邊緣化的危機也獲得緩解之際，族語教育論述是否應從以語言差異做爲政治鬥爭的工具，回歸到民衆真正的需求與問題？此外，語言文化政策規劃與執行品質也應再提昇，健全各項監管機制，不再讓粗糙的政策影響人民權益，而原住民精英也應有所省思，在汲汲建構主體性時，原住民各個族群、階層，乃至個體不應該再被同質化、被壟斷，而應致力滿足差異性需求和維護原住民學生的升學權益。

（二）族語論述實踐對原住民社會體制的建構作用

　　從論述的主體／知識／權力關係的分析，可以說明論述者經由論述形構的「支配關係的再生產」（the reproduction of dominant relation）造成之社會不平等，以及透過論述科技化對社會的建構作用。根據研究發現「原住民族」是語言與社會的建構，是原運精英以主觀的意識型態，不斷的對曾經發生的事進行論述，而建構出歷史的「實體」。當我們面對這個「實體」時，這個「實體」卻反過來提供某種意向或價值，成為原住民集體的認同與價值信念，重新建構了原住民社會。

　　原運精英將族群認同和族語納入了原住民的分類方式，同時也排除了其他的身分認同，換言之，當「原住民族」成了所有原住民集體認同的歸屬，也同時形成了社會規範的框架。原住民「正名」的成功，被標舉為原運與原住民族最關鍵的成就，「正名」本身提供了分類與疆界，也定義了其他類目間的關係，而論述則促使「原住民」這種稱謂被頻繁的言說與書寫，使其被定制化成一種意識型態或「現實」。

　　當原運精英以運動的形式來促成原住民「正名」之後，「正名」議題的論述形構立即出現變化，置換了「正名」論述原有的權力關係，亦即原本被官方壟斷原住民的發言位置，逐漸被原運團體所篡奪。1996 年原民會成立，並成為原住民族的「主體」，原住民精英發展出「少數論述」(minority discourse)，向主流社會所塑造的刻板印象、迷思甚至論述挑戰，目的就是將被客體化的「原住民」加以界定，召喚其主體，建立新的論述，進一步逆轉「原住民」被支配的位置。

　　然而，主體／知識／權力關係不僅是一種壓制與控制，它同時也可以生產新的權力關係、新的他者等，因此，何種「再現」具有正當性，也是處於一種鬥爭的狀態中，探討「他者論述」，亦就是探討特定個人、團體如何動員意義，如何讓特定的詮釋具有主導性，究竟符合誰的利益等，而同時也承認誰掌控了論述，亦就是掌控了權力的來源。當原住民精英掌控了原住民論述權，站在主體論述位置，「原住民族」就重新淪入被論述的「客體」，再度成為被支配與宰制的對象。

　　所以，論述體系下的「原住民傳統」意涵，不僅成了意識型態的文本，而且也受到社會組織結構的確認，構成特定的符號資本，成了分類的權威，以作為維持社會現狀、強化權威，鞏固知識和社會規則之間的關係。以原住民母語為例：論述文本從母語消失、身分認同、文化傳承等訴求，走向語言權利平等的實踐，以「族語」做為符碼，向外部爭奪文化權、論述權，策略看來是成功的，但卻對原住民族內部形成控制與分化的效果，把族語和認同綁，把「族語認證」和「升學優惠」掛勾，形成統治與排除作用，族語認證就是篩選、檢驗與分類工具。

　　同樣地，面對「民族」內部不斷增生的成員，語言符號資源就形成論述鬥爭的焦點，部分族人（如不會母語者、平埔族群）在「再現」的實踐中成了「他者」，而主體對「他者」的論述，同時也產生社會的權力運作與支配關係。「母語是原住民的身分證」，是將客體化的「原住民」類型化，並透過某種文化形式的設計（如族語認證），在生活世界中將族人歸類，一部分人被劃歸為與我群存有差異的「他者」，再將若干本質

化、化約式、自然化的特徵附加於其上，以合理化實踐的功能，包括劃定與他者的疆界、標示與他者的差異、確立對自我認同、鞏固對他者的支配等等。

這種主體／知識／權力效果，不僅形塑了原住民個人對「自我」的觀點，也影響其對社會角色認知，同時更形構了「主體」的權力運作空間。由於「母語」論述的優位性，結合各種知識／權力的實踐技術，產生了新的社會結構，歷任掌權者把母語論述化為政策，並逐步機構化、法制化，所以，各地區的語言機構、團體及政府行政單位紛紛成立，而且逐年通過各項法律案、經費預算及人員編制。觀察近十年來原住民族語振興論述，至今已化身為物質結構，使得原住民社會出現一批族語認證委員、族語教師、族語指導員，形成族語的權威體制，掌控了族語教育的所有資源，也取代只會「說族語」的耆老地位。

其次，族語知識的客觀化，讓族語得以進入學校體制，成為正式知識的一環，經由主流社會認可的知識疆界和內容，納入更大、更穩固的社會機制。這種藉著正式知識的規範，形成共同遵循的途徑，經由有秩序的、有效率的傳遞，對「傳承傳統知識」維護、穩固特定的社會秩序都有作用。然而，當掌權者消費母語論述，藉由知識／權力網絡，成功再製原住民社會，使得傳統族長或耆老退位，甚至喪失教授族語的資格，族語認證委員變成族語的主體，在原住民社會中成為理所當然，支配關係也就天經地義。

總之，現今原住民語言文化的詮釋權，掌握在通過族語認證的原住民手中，傳統部落的耆老、不會羅馬拼音的原住民，

都只能接受支配，難怪尤哈尼‧伊斯卡卡夫特要憂心的說：「學校讓不懂原住民文化的人來教很危險…那些語言學家根本就不懂原住民的語言…原住民的話不需要文法、發音…」（2009.11.21訪談紀錄），實值得當政者警惕。

四、族語政策論述意識型態的呈現與權力運作

原住民在遭遇以主體宣稱的外來統治者時，才對照出我是「他者」的形象，所以，論述對抗的目的是在找回一個能表述自我與生存立足的主體，因此，抗拒論述（counter-discourse）有了基本的正當性。但主體論述是一種具生產性、可轉化社會的動力，通常是藉由優勢的個人或團體而發展出來，但並不代表某個主體具有權力的絕對優勢或弱勢，而是各個主體／知識／權力，彼此之間的增強、阻礙或轉向的效果。

研究發現：至今原住民掌權者已將「原住民主體性」論述，建構成一種意識型態，而族語論述體系是「原住民主體性」意識型態的物質呈現，因此，進一步從正當性與有效性角度來解析族語論述體系，主要是理解其如何能夠建構其正當性？經由何種論述規則確立相對權威性？如何取得社會認同成為原住民知識精英的共識，進而形構主導原住民政策之霸權論述。以下從論述體系、論述結盟等面向來分析：

（一）確立論述體系之權威以鞏固掌權者的既得利益

歷史敘事總帶有某些意圖以及不同觀點的利益衝突，因此，歷史敘事包含了各種納入與排除的標準，隱含對「過去」的解釋模式，這些都反映出論述主體的意識型態和抉擇。也就

是說，論述者選用特定的論述體系「再現過去」，因而歷史論述就形構出相對的主／客體空間。這樣的分析觀點，說明論述體系和實踐層面的關係，從論述體系可理解其合法化基礎，以及此論述所蘊含的知識／權力關係；從制度可理解透過論述的實踐散佈的技術，及論述所形構的主／客體樣態。

孫大川（2000：9-11）指出：「山地平地化」的政策，對原住民而言，實乃藉社會、經濟現代化之名，行民族同化之實。當時一切以國家安全至上，文化變成政治的附庸，因此，同化政策使原住民變成台灣經濟、政治的受害者，不管社會、語言、文化與風俗，乃至心靈均受到嚴重衝擊，連帶也使得原住民的人格扭曲。這種「敘事」主要循「邊緣論述」觀點，形構「原住民族」成爲他者、弱勢的處境，來對照殖民統治的主體壓迫，從而轉化、置換成「黃昏民族」新的主體論述。

從解構論看來，歷史的敘事是一種散佈論述的文體，藉由比喻和一連串譯碼的過程，再現表象下的事物，而其譯碼與解碼的模式，也會因論述者／讀者的背景而異。歷史的敘事變成一種複雜的詮釋運作，其並非全然的真或僞。此外，歷史的敘事不僅涉及了敘事模式的選擇，還有意識型態的涉入，透過批判論述分析可揭露潛藏的各種意識型態。當敘事者宣稱「歷史證據」與「歷史事實」具有真實符應的關係，其實是透過歷史敘事的安排，在權力關係中被合法化，成爲無上的權威，所以，應質疑這個合法化的敘事過程的正當性。

「邊緣論述」或「弱勢者意識」建構「原住民族」的正當性基礎，原住民精英巧妙置換了論述位置，持續在邊緣發聲，

把語言、文化、傳統與歷史毫無批判的浪漫化、本質化，把自身形塑為一個中心化的權力主體，在新的論述中一再賦予這一主體相等的定位和道德。原住民掌權者以應然的話語，將意識型態表述成原住民社會的共識，至於素樸的人民，儘管也有一定個人的自由，但總是被規制、匿名在論述的框架內，只能被再現，以從屬與劣勢者的基本形式或界限被壟斷，再現其從屬與劣等地位。因此，堅守「邊緣論述」意謂著固守關鍵位置，鞏固了掌權者最有利的位置。

語言文化成為原住民表述其差異／認同之核心概念，因此，以多元文化論對抗同化論是理所當然的選擇。「差異政治」的基本觀點是強調介於國家與個人之間，還有各種不同的社群，例如：種族、性別、宗教等，這些社群對個人的生命價值和角色定位極為重要。因此，如果在政治領域中歧視或排除這些差異，就可能造成宰制、剝削、邊緣化、甚至非理性的攻擊等不幸後果。這種多元文化論成為原住民的差異／認同論述，甚至在各項政策中重復引用，成為其論述鬥爭的重要觀點。

對於原住民族權利的論述根基是聯合國人權主張，當前有關原住民人權最重要的文件係 1989 年「原住民與部落人民公約」，緣於原住民族地理、歷史及族群因素，其民族權在基本權利方面有生存權、自由權、平等權。在特殊權利方面有自決權、資源權、發展權、文化權、環境權及和平權等。不過這些民族集體權的內容正在形成或爭辯之中（高德義 2006）。原住民族據以論述原住民族自治之合理性，2007 聯合國通過『聯合國原住民族權利宣言』，有幾個重要的特點：

1.統合《公民暨政治權利公約》和《經濟、社會暨文化權利公約》，
　認為人權是相互依存、不可分割的，結合了兩個分立的人權
　公約。
2.同時肯定個人人權與集體人權，反駁西方學者認為集體權利不
　是人權的看法。
3.強調民族對其社經文化發展的自決權，以抗衡西方國家以國際
　人權標準及人權外交干涉他國內政之策略（以撒克・阿復，
　2010）。

　　此外，1996 年『世界語言權宣言』在矯正各國語言不均衡
的情形，以確保所有語言得到充分的發展和尊重，並建立正義
公平的語言原則，該宣言是以語言社群而非國家為其出發點，
且鼓勵創造語言多樣性的政治架構。族語政策吸納了世界語言
權宣言的論述，唯夷將・拔路兒（2007）強調族群集體生存的
權利，孫大川（2000）則提醒社會保障並尊重原住民之生存權
和文化權。

　　總之，原住民主體論述的發展循著「邊緣論述」的軌跡前
進，當「原住民黃昏論述」凝聚泛原住民意識，並以「正名」
置換了官方主體位置，原住民精英援引社會學、政治學、教育
學等學術理論觀點，以補足論述的正當性，其中多元文化理論
成為語言文化政策核心內涵，聯合國的人權理念與語言權宣
言，也提供原住民自治與保障的正當性與有效性基礎。從族語
論述的發展脈絡可見主體／知識／權力的運作，原住民精英藉
著學術知識／權力的運作結果，在某些特定族語論述基礎上，
將特定的「階級分類標準」和「物質資源分配結構」加以合法

化，也鞏固了族語論述體系的知識／權力關係與掌權者的既得利益。

（二）論述結盟強化權力運作空間產生社會實踐的效應

「再現」論述是有條件的，由各種勢力交鋒爭執後所形成的論述，產生符合某種真實的「知識」，換言之，「再現」其實是各種力量較勁後的論述，這種再現的觀點，透露了論述背後的政治意涵。回顧歷史，原住民運動與台灣政治轉型過程間，存在著多重的弔詭與辯證關係，一方面企圖解構主流文化霸權對「山胞」的論述，但這種反霸權論述又在主流霸權的媒體上進行；一方面企圖以「去殖民化」的召喚來建立自我認同，但另一方面又面臨新興「中原／本土」論述爭霸的擠壓，受到其他優勢族群動員的收編壓力；一方面強調「原質」的文化認同與自我解釋權，但另一方面又必須挪用漢語進行論述形構。

這種既聯合又鬥爭的策略，隨著論述權力大小、方向轉移或轉化，但這種論述相互結盟的效果，確實集結了各自需要動員的勢力，民眾成為各種論述的俘虜，隨旗幟起舞。在黨外運動的鼓勵與支持下，原住民精英成立「原住民權益促進會」，以共同遭遇不利處境激發了「泛原住民」的意識，並且以「漢人」為對立他者，發動群眾爭取政治權力的資源，事實上，所謂「漢人」指的是國民黨威權體制，正反映知識／權力運作機制其實隱含政治意圖，「原權會」後來成為反對黨的外圍組織，並隨著 2000 年政黨輪替而上台。

這種論述聯盟又鬥爭的場景，也在族語政策競合上展示。尤哈尼‧伊斯卡卡夫特，強力推動「母語政策」，但母語流失

嚴重加上施政諸多制肘抵制，逐聯合教會系統共同推動部落母語傳承；一方面以「功利的箭」對準原住民家長孩子，要求擔負母語傳承責任，決定要推動「族語認證」，並做為學生升學優惠門檻條件。浦忠成（2007）進一步引用「文化證據論」，主張原住民若已不具足以辨識血緣身分與文化證據，甚至連學習族語的意願都沒有，就難以享有升學優待的正當性。

浦忠成將原住民的語言視為身分的「文化證據」，為了擁有享受特殊待遇的權益，原住民具有傳承語言文化之責的說法，顯然是為因應外部的社會情境壓力。時任教育部長杜正勝也強調「沒有經過檢測的原住民，對於保留原住民文化少有幫助」（李嘉齡，2005：81）。而原住民族基本法通過，「族語認證」勢在必行，但弔詭的是尤哈尼·伊斯卡卡夫說：「原住民基本法根本是立委亂搞，我原來提出的是原住民發展法，裡面有 100 多條，如果照我訂的通過，現在就不會這樣了，原民會有多大，訂了基本法根本行不通，反而所有的事都要跟別的部會協調，所以很難做事」（2009.11.21 訪談紀錄）。至於基本法到底是誰制定的？因不在本研究探討範圍，故略而不談。

從教育部陳述：「各類特種生法規之成績優待方式，應有一致性規定，…兼顧升學考試公平性，…俾利原住民族語言文化之延續與保存」，而原民會也同時發佈新聞，強調「族語認證通過可以加分…增加原住民錄取機會，也不影響一般學生的升學機會」。族語政策經由這些論述的結盟，產生社會實踐效應，印證了「教育政策在巧妙的正當性權力運作下，充滿了堂皇的理由、暗示和說服，且不乏技術官僚或學者專家的科學數

據和意見以資佐證」（王慧蘭，1999）。

　　另外，「原住民主體性」意識型態，更具體呈現在書寫系統的建構上，這套「原住民族語言書寫系統」，除了教育部召開 5 次會議外，原民會也不斷的與族人和長老會研商，最後，推翻了語言學家訂定的系統，充分展現原住民族的主體性，而學者、各族群和教會勢力不斷鬥爭，最後，教會勢力顯然是書寫系統角力戰的贏家。

　　近年來原住民精英又將主體性等論述，轉化為原住民族必需通過部落重建，才能完成民族實體化的主張，於是，「部落主義」經由不同的實踐方式，完成了原住民族的初步建構，「部落主義」成為原住民族發展的核心論述，最終目的在使各部落得以成為法律上的權利義務主體，從而實現原住民族自治的意圖。然而，黃樹民（2008：15）指出：

> 在過去二十五年來原住民族的精英分子為提升、改善
> 原住民的社會福利上，已經取得許多成果。但當這些
> 精英份子，想將上一波的社會運動再提高一個層次，
> 脫離出台灣多元社會的框架，追求個別民族的獨立發
> 展軌跡時，他們是否應該放慢腳步，諮詢一下不論是
> 在原鄉或都會的原住民，他們面對的日常生活上的困
> 難是甚麼，而他們關心的又是甚麼？

總之，台灣政治現實與歷史處境，以及特殊的族群比例結構，過去的原住民精英將「台灣主體性」，複製為「原住民主體性」論述，從正名、還我母語、還我土地等運動，形構了「原住民

主體性」的集體意識，同時，透過論述的結盟和歷史集團的操作，運用族語教學和升學制度，以及主體／知識／權力的運作機制，將族語振興和族群認同建構成原住民社會的共識。近年來原住民精英已將「原住民主體性」意識型態嵌入各種政策中，其政策實踐結果對原住民的社會價值觀和社會結構，均產生決定性的影響，其利弊得失實值得掌權者省思。

本章小結

　　Fairclough 認為：論述除了能藉由「建構」認知信念、關係、主體身分外，也同樣能夠藉著「解構」轉變社會。根據本研究的文獻探討和批判論述分析，研究者發現：台灣原住民的族語教育政策，是政治性和本質性的意識型態逐步建構，最後，在「原住民主體性」的論述下，對內用「原住民是黃昏的民族」、「消失的語言」型塑民族集體存亡的焦慮，以凝聚泛原住民族群意識；對外則宣示「語言權是集體的權利」，以主導歷史詮釋與論述權，並高舉「母語是原住民的身分證」之論述，標示族語本質論的邊界。

　　觀察近十年來原住民知識精英和官員，從族語教育政策論述文本中，建構出原住民的族群意識與身分認同，並將語言的工具價值擴展為族群的生存指標，運用學校族語教育和升學認證考試的機制，將部份原住民被「他者化」，使得弱勢原住民再度被邊緣化，不但浪費許多教育資源，且有再製族群階級之虞。因此，研究者企圖以批判論述分析來解構族語教育的論述，

茲總結本章分析的結果如下：

一、文本分析

文本分析的焦點在文句所呈現出的意識型態、企圖要形塑的社會關係、文本生產者希望傳達的認同意義。根據本研究的文獻探討，研究者發現：原住民族語教育論述主題有尤哈尼‧伊斯卡卡夫特的「母語是原住民的身分證」、孫大川的「原住民是黃昏的民族」、夷將‧拔路兒的「語言權是集體的權利」，這三大論述彼此互文指涉，形構了「原住民學生享受升學優待，必先通過族語能力認證」的族語教育論述。

鉅觀原住民族語論述是「母語消失、黃昏民族」危機意識的呈現，以建構原住民族群和鞏固權力關係，因此，由原初「母語主義」的意識型態，建構出「原住民主體性」的霸權。微觀而言，族語政策是尤哈尼以原住民最高行政首長位置宣示，其「族語滅，族群亡」論述旨在激發原住民的危機感，此乃從差異化創造認同，用認同塑造主體性，把原住民族單一化、本質化。「母語是原住民的身分證」論述旨在質問誰有資格成為「原住民族」的一分子，把「母語」當做區隔他／我的工具，認為不會說母語就表示不認同族群，從認同中區隔差異，將原住民族二分成「認同族群」和「不認同族群」，甚至是「真原住民」和「假原住民」，展露本質民族主義的意識型態。

總之，尤哈尼‧伊斯卡卡夫將「族語」論述成「民族」識別與存亡的知識；夷將‧拔路兒則提出「語言是基本人權」，明白表述族語／權力的關連與知識的優位性。兩人先後擔任原

民會主委，從主體位置把「原住民知識」劃定優先順序，藉這
種知識階層化的論述，構成族語教育各種知識／權力的實踐技
術，也形構了原住民族主體／客體不同的權力空間，因此，其
族語教育論述文本中隱藏「我族中心主義」的意識型態和排除
他者的行動意圖。

二、過程分析

　　過程分析焦點在詮釋族語教育政策的論述如何形構？運用
什麼方法實施？以及關係人對族語政策有何詮釋？產生什麼效
應？本研究發現：族語教育與族群認同的論述形構，已對原住
民產生知識／權力的作用，但因主體的身分不同而有不同的詮
釋，而「不會說母語的人，就是不認同原住民」論述，在原住
民社會已產生排除與分類作用，造成族群的自我排擠和差異化
效應。

　　由於族語認證與升學優待掛勾，係社會壓力與部會競合關
係的產物，與教育價值性無關。族語認證作為原住民學生升學
優惠門檻不但未如預期（認證及格率與實質能力、學校族語教
學目標），反而造成負面效果（再污名化、反向歧視、功利化）。
書寫系統與語音符號從制定到公布過程歷經二年多，最後，推
翻了教育部10年前頒布的語音符號系統，顯然原住民族的主體
意識，已經戰勝語言學者的專業知識，基督教長老會可謂是書
寫系統爭戰的贏家。

三、社會分析

社會分析探討重點在：解釋族語教育政策與情境、制度、社會等脈絡關係，以及對於原住民社會文化的影響。研究發現：台灣社會的族群想像和政治論述，是族語教育論述文本的生產和詮釋條件，而族語教育論述實踐受到台灣的教育體制和政府組織功能的限制。近十年來族語教育政策對原住民社會的影響，主要在傳統價值觀和社會結構的轉變，尤其是原住民精英與邊緣團體的階級落差，已不下於原、漢之分。

由於掌權者把「族語」優位化、機構化、法制化，因此，族語教育論述轉化成物質結構，與原住民族的社會形成統治體制。而且族語知識的客觀化，讓族語得以進入學校體制，成為正式知識的一環，藉著對「傳統知識」維護，穩固特定的社會秩序，限縮了個別原住民的權利。

總之，過去的主政者以「意識型態」、「功利思維」來推動原住民語言文化政策，不僅扭曲傳統知識信念，也解構了原住民傳統社會，相對地合法化知識／權力運作機制，鞏固掌權者的位置。現今族語教育在缺乏政策評估及配套措施下，以經費補助和族語認證方式來推動，不但造成原住民內部再分化，更扭曲傳統倫理規範與價值。而且原住民精英以論述的結盟來確立族語論述的權威性，現今「原住民主體性」論述已成為原住民精英的共識，形構成主導原住民政策之霸權論述。

第五章 結論、反思與建議

　　本章第一節係從政策制定的過程出發，再將文本分析、過程分析、社會分析的結果，循著本研究目的與問題意識做概括性的結論；第二節則就研究者本身的意識型態和研究歷程做省思；最後，針對未來政策發展及研究的可能性提出建議。

第一節　結　論

　　本研究關心的是：近年來台灣原住民語言教育政策的論述中，隱藏那些意識型態和權力關係？其政策如何生產？如何實踐？在現今「學生族語認證」政策下，處於低社經地位的原住民，能否翻轉階級複製的命運？換言之，研究者把原住民族語言教育政策，當成是一種論述轉變的社會場域，企求對原住民族語言教育政策有清晰的、脈絡性的理解，茲將本研究的結論說明如下：

一、現行族語教育政策制定與執行過程欠缺評估與監督

　　一般政策過程需進行政策評估，以提供效果資訊做為政策管理的基礎。由於影響教育政策制定的因素很多，而且政策實施期間可能會因政黨輪替產生政策變遷（林水波，2006），所以，必須不斷對政策效果進行評估與監督，以減少政策實施與

規劃的差距。目前族語教育政策制定已近十年，政黨再度輪替，教育部長和原民會主委也幾度換人，應該要評鑑各項計畫執行的成效，再據以做爲評估族語教育政策是否持續、修正或終結的依據。

　　綜觀原民會的族語政策是在尤哈尼・伊斯卡卡夫特主委任內制定的，該政策在執行過程中，爲了培育族語教學師資及取得任教資格，原民會首開先例，自 2001 年起辦理「原住民族語言能力認證考試」，後因族語教學與族語認證考試所需，以及實踐族語文字化目標，原民會另會同教育部公告「原住民族語言書寫系統」。又因族人學習族語的意願不高，並爲舒解社會情境的壓力，且符應「原住民基本法」第 9 條的規定，原民會乃配合教育部修改升學優待辦法，不但將族語認證通過做爲升學優待的條件，且還建議教育部增列族語但書，使得族語考試從 2007 年起變成原住民學生升學的門檻。

　　此外，爲了幫助學生通過族語認證以取得升學優待的正當性，原民會於 2007 年開始推動「原住民語言巢計畫」，並辦理學生族語認證考試。然而，研究發現受到政策影響之家長和孩童的需求與權益是被忽視的，基於教育政策主旨是解決教育的問題及滿足家長和學生的需求，而現行的族語教育政策不僅未能解決族語流失的問題，尙且產出許多非預期的效果，似爲族群集體的利益而犧牲了學生和家長個人的權利，如：升學保障、教育選擇、學習自主等，這樣的政策實違反教育政策制定的本意。

　　目前已有許多學者指出學校族語教學在師資、教材、教法、

授課時數、經費、學習態度等方面的困境；而且「族語條款」造成族語工具化、限制選讀學校、考試引導教學等現象。另根據原民會 2009 年的調查：原住民學生「不會講族語的原因」有85.4%為語言生態的缺乏。所以，若不能改善族語的生態環境，而只致力於學校的族語教學，對於族語教育的成效不會有所提升。研究者認為：今日族語教育政策的成效不彰，不能全部歸責於原住民父母不教或孩子不學，政府對歷來所推出的族語教育計畫或辦法，若設有監督或評鑑機制，就不會放任政策問題自生自滅，以致現在連尤哈尼‧伊斯卡卡夫特（2009.11.21）都評論學校族語教育為「失敗的政策」。

再從中研院調查結果顯示：若以族語能力為原住民族的表徵，原鄉對「族語認證」有 71.2%表示不支持；非原鄉更高達73.9%表示不支持（林英津，2008），可知：「母語是原住民族的身分證」等論述，至今仍未獲得多數原住民的認同。研究者發現：學者以「文化證據」來取得原住民升學優待的正當性，乃是一種基於促進族語教育目標達成的正面意識型態，可是卻忽視原住民語言環境不足的社會現實，基於「族語條款」已對原住民學生升學產生不利的影響，所以，當政者應針對原住民學生族語認證考試制度和升學優待辦法，深入檢討以修正未來的政策方向。

除此之外，現今族語書寫系統雖然已經法制化，但因各族過去的書寫習慣不同和發音有異，以致各族群本身的文字很難一致。近年來由於原住民各族群的主體意識強烈，所以，捨棄了語言學者所訂的南島語音系統，造成九階的族語教材有書寫

不一致情形，使得學校的族語教師無所適從。該教材若未能配合修正，很可能會如同過去的鄉土語言教材，最終僅供參考或研究使用。而且羅馬拼音畢竟和英語發音不同，族語要國際接軌也很難，因此，族語要在 2013 年發展成「聽、說、讀、寫」的語言，似乎陳義過高。

再對照九年一貫課程原住民語的能力指標，陳枝烈（2010）指出：族語經過長期推動，而且也列為學校的必修課程，結果在聽與說的能力上嚴重地不及教學目標，教育部與原民會若認為所訂的能力指標內涵是對的，那麼就應檢討族語實施的政策與制度，若認為所訂的能力指標內涵太難，就應面對問題重新修訂能力指標。總之，族語振興六年計畫目標與學校族語課程能力指標，都到了需要檢討的階段，現行族語教育政策的制定過程與執行結果，因缺少評估與監督的機制，確實已經產生許多極待改進的問題。

二、族語教育隱藏我族中心主義的意識型態與權力鬥爭

教育政策為能彰顯其重要性與執行力，通常會提出一些正面的論述，以增進社會大眾對政策的認同度，然而，政策背後的意識型態並非是如表面所論述的那麼客觀中立，而是隱含著多面向的價值，並同時和其他政策交互影響。通常政府在制定政策時，會闡述政策目標及實施程序，若以權力關係的觀點來探究政策的論述時，將會發現政策內涵基本上是權力的運作，充滿著意識型態和妥協。所以，政策是權力結構用來規訓思想與言行的論述，也是行動主體參與辯論和詮釋的文本（張建成，

2002）。

　　根據本研究的文本與過程分析，研究者發現：在「母語即將消失」的集體危機意識下，原住民族語教育政策論述文本隱含排除「他者」的意圖。原住民族的掌權者和教會人士以「母語是原住民的身分證」、「母語滅，族群亡」等論述，建構出原住民的族群意識與身分認同，且將語言的工具價值擴展為族群的生存指標，再運用學校族語教育的「國家機器」和族語認證考試的「規訓」，控制原住民族的行為和意識型態，形成原住民社會的道德共識，使得無權反對的學生和家長，必須用族語能力來證明自己的原住民身分，甚至於造成原鄉與都市原住民的學生和家長，為爭取 2%的升學機會而互相競爭、彼此排擠。

　　基於不同的族群團體會藉著論述鬥爭，以建構有利於己方的政治認同，自台灣政治解嚴後，原住民族也開始進行政治認同的追求，展開「泛原住民運動」，建立集體行動的正當性與道德性，並藉族群意識來形構族群認同。同時，族群意識將原住民整合成一個原住民族，並塑造出一個漢人假想敵，而將之視為壓迫的優勢族群。尤其是民進黨執政後，當政者以國家機器將母語論述，用來爭取政治資源，也用來排除不會母語的同胞，以鞏固其統治權力。所以，升學優待需通過族語認證，是一種由上而下、藉由政策貫徹個人意識型態的措施，也招致「考試領導教學」、「加分領導學習」等之非議（林英津，2008）。

　　研究者認為：「族語條款」其實是原住民族內部產生的「社會秩序」，由母語主義、本質主義出發，形成對原住民學生的一種壓迫，尤其對於其父母不會說族語，又沒有能力補習族語

的學生，形成一種權力不對等的霸權宰制。由於族語論述吸納了世界語言權宣言，再生產為「語言即為民族集體權」的論述，因此，執政者站在原住民族最高行政首長的位置，以權力／知識的真理效應，宣稱語言權是集體權，同時也排除了原住民個體的自主權，使得學習母語轉變成一種義務，更使得學校族語教育從補償變成了壓迫，故其論述的意識型態是「我族中心主義」和「母語主義」，而意圖把族語政策視為原住民族自治的前導作業。

具體而言，原住民掌權者在取得政治權力後，將不會說族語的原住民視為「非我族類」或原住民族的「他者」，進而減少其升學與就業的保障，不但造成原住民族群自我分化，也使部份同胞陷入階級複製的循環。研究者認為：原住民族自我競爭將導致族群分裂，在以多數決的民主時代，反而不利原住民族的發展。而族語教育的論述太過於強調族群集體意識，忽視了教育基本法賦予學生的學習權和家長的教育選擇權；且運用族群認同的壓力，產生霸權的效應，讓原住民學生和家長不得不順從。總之，政府多年來推動的族語振興政策，表面上雖已產生重視族語的效果，實質上學生通過族語認證的比率並沒有增加，且通過考試後就不再學族語，族語還是只有老人家在說，羅馬拼音也只有教會讀經時在用，顯然，意識型態主導的族語教育，對於族語振興並無助益，反而窄化了原住民學生的升學之路。

近年來族語政策主導權落入「教育系統」，族語政策從部落傳承轉向納入學校教學，族語教學進入學校系統，確實也難

以避免權力／知識的拉扯與利益的糾結，首先在教師選擇方面，原先「傳承派」倚重的地方耆老、部落長老與家長，因無證照資格被拒於門外，即使有認證之母語教師也常被質疑缺乏教學素養，以致「教育派」全面主導族語教學。在學校課程設計方面，則是依循教育部「本土語言」教學規劃，然而，由於原民語系複雜，師資嚴重不足，在都會學校連原民學生也選讀「有趣且有用」的閩、客語。

再從學校體制的歷史觀察，由學術科目、檢定考試以及有學習力的學生間的三角聯盟，一直是鞏固學校學術主義的論述，也反映學校自始就是精英體制，學科要能夠被認定有價值，才能進入論述實踐的框架。教育場域的監管原則，反應出優勢知識／權力的結構，例如：決定如何篩選可傳遞的知識，因此，原民族語課程被邊緣化是必然的，教育是專業，學校是教育部的「管區」，豈容外人置喙。而原民會在知識／權力的規訓效果下，積極把族語化身為客觀知識，以執行民族篩選的功能，並且在客觀知識的宣稱下，透過學校課程和學習的進行，以及學術研究的結果，強化知識「支配／趨從」關係，以維護民族權益的邊界及鞏固統治權力。

三、原住民主體性論述是主宰當今族語教育政策的霸權

語言成為族群認同與身分識別的表徵，欲探討族語教育論述間的互動關係，自然必須瞭解這些論述體系互相滲透、交錯的關係網絡。綜合本研究的分析：除了前述三個主要論述彼此互文指涉之外，「原住民主體性」論述，更是理解族語政策之

主體／權力／知識作用，如何與意識型態形成交織網絡，以及找出政策背後的各種競逐勢力，讓政策回歸本質的關鍵。

　　Fairclough（1992）強調：權力是透過論述的運作，因此，應關注論述的霸權、意識型態、權力關係。本研究發現：「原住民主體性」論述，是當今主宰原住民政策的霸權，也是原住民集體主義的根源。原住民族語教育政策實際上是殖民權力的複製，知識精英以復興民族語言文化做訴求，製造一種意識型態的煙幕，成了掩飾族群內部差異或集體利益的藉口，幫助掌權者進行政治壟斷，族人只是被擺弄的「他者」，一如原運分子當年嚴厲批判國民黨國語政策之翻版，把族語振興政策視為文化抵抗(cultural-resistance)或論述權的爭奪，正好顯示出後殖民論述鬥爭內在的吊詭與困境。

　　自從原民會成立，標示台灣原住民社會邁向自主管理、追求社會發展的新里程，但由於歷任主政者多為當年原運精英，循著本質民族主義及反殖民意識型態推動各項政策，「原住民主體性」變成掌權者的共同邏輯。知識分子一方面以啓蒙、教化的面目出現，努力再現傳統，把語言、文化與歷史浪漫化、本質化，以建構族群認同意識；一方面把自身形塑為一個中心化的權力主體，在論述中一再強化其定位和道德性。面對異議或批評，便以叛徒、漢化的知識分子、墮落的原住民加以反擊；至於庶民，只能噤聲，只能被再現、被壟斷，而複製其從屬與劣等地位，甚至因「文化證據喪失」而被剝奪其原住民身分。

　　由於原住民掌權者利用「職權」和應然的話語，將「主體性」論述轉化成政策，並表述成原住民族社會的共識和規訓族

人的真理。觀察現行族語教育政策，乃是「原住民主體性」論述的生產和詮釋結果，且運用「母語死即族群亡」的隱喻，突顯民族集體存亡的焦慮，以凝聚「泛原住民族」的意識。對外則宣示「語言權是集體的權利」，以主導歷史詮釋與論述權；對內則以「母語是原住民的身分證」劃定族語本質論的邊界。並且運用學校族語教育和升學考試的「規訓機制」，僞裝成原住民族社會的共識，目的在使族語朝向「國家語言／官方語言」的目標發展。

　　再從權力運作的角度而言：原民會的成立，乃是過去的統治者將權力移交給民族精英，表面上後殖民抵抗，由人民與知識分子的結合，轉向了原住民精英的統治，然而，這種轉化不過只是精英階級繼承了過去殖民者所占領的位置。當原運精英成爲原住民政府的領導階層，堅持「主體性」便成爲原住民政策的論述基調，但是強調「主體性」也帶來內外雙重壓力，因爲對外宣稱「原住民主體性」，導致原／漢之對抗拉扯，對內則形成壓制異議、消除差異的作用。因此，幾波還我土地運動及保留地重編等政策，引發了原／漢利益衝突之「平權會」運動，「漢人」便運用政治優勢、財團人脈、法律知識，要求全面檢討、調整原住民特殊優惠及保護政策。同時「主體性」論述對原住民內部產生霸權意識，變成主導政策、分配資源，甚至區別異己的邏輯。

　　研究者認爲原住民政策若死守「邊緣的論述」，只是鞏固了掌權者的關鍵位置，無法真正使原住民族脫離黃昏處境。現今原住民族群在政治權力獲得尊重，被邊緣化的危機也獲得緩

解之際，如果政策思考仍然持續「對立二元」的論述，不僅難獲社會同情，也招來反彈，例如：平權會的反撲，造成「保留地政策」遭抵制延宕至今未解，「學生升學優待」政策被迫修正等等。原民會在外部的權力受挫退讓，轉化到族群內部，正好落入「以夷制夷」窘境；「升學優惠」綁上「族語認證」，產生內部排擠、對立的效應；現代原住民的掌權者藉主體／權力／知識的交互作用，不斷複製邊緣與界限，讓原住民族內部陷入內耗的循環。

　　再就批判論述分析的觀點而言，政策係權威的分配，制定政策者是以權力關係為核心的運作，當然會產生吸納或排除的強制作用。政策文本之間會相互援引，文本的權力是在互為生產性中不斷複製、再生產，而使自身形塑為一個中心化的權力主體。因此，族語教育政策在制定之初，原本只是回應原住民「母語消失」的黃昏焦慮，要讓母語從部落活化、在原鄉傳承。但因「原住民主體性」論述經過不斷的生產與詮釋後，納入原住民族語教育來實踐，使族語傳承逐步機構化、法制化，所以，當族語認證與升學機制掛勾時，所有原住民新生代升學壓力增加；當語言被宣示為集體權利時，所有原住民均無法迴避傳承的重責大任；而不會族語當然是非我族類，喪失「文化證據」，自然不能享有原住民族身分權益，原住民族語教育政策發展至此，已經變成當代原住民主體性論述生產的「文化霸權」。

四、族語論述實踐與台灣族群意識和政治存在辯證關係

　　在威權時代，台灣原住民只是黨國體制的附庸，原住民被

馴化於黨國論述的邊陲，隨著台灣民主化和本土化，原住民隨著社會的主流論述形構自我族群意識，而翻轉了論述位置。根據本研究的過程和社會分析發現：族語政策的論述實踐和台灣的族群意識，以及政治論述呈現一種辯證關係(dialectic relationship)。原住民的知識分子一方面透過族群想像，致力於再現語言文化傳統，召喚集體記憶，生產泛原住民的族群認同意識；一方面透過原住民自決與自治的政治訴求，以建構原住民族的政治主體，而這種族群意識和政治論述的交互作用，對於族語教育產生宰制力量，而族語政策也建構了原住民的族群認同和政治主體性的社會條件。

從族群認同的過程來看，泛原住民族群意識歸功於長期被統治、被殖民的共同記憶，透過這種族群意識將過去少有互動的部落社群建構成「原住民族」，因此，原住民族不再是有共同的祖先或文化，而是透過再現而建構的族群。由於過去台灣四大族群是一種政治性分類，而以語言來作族群辨識與動員符號，原住民族精英發動「正名」、「還我姓氏」運動，突出母語問題，以奪回主體宣說的權利；加上近年來各國將少數族群的「語言權」視為基本人權，所以，台灣原住民族語言教育政策的論述，乃從母語消失、身分認同、文化傳承等訴求，走向爭取語言權利平等的實踐，以為宣示原住民主體性與建構民族自治基礎。

再從台灣政治論述演變的過程來看，原住民族的主體性論述和台灣政治情勢轉變、社會主流論述密切相關，在威權時代知識分子崇尚自由主義傳統，抗拒集體性的目標和價值，挑戰

「國族」等集體主義。1970 年代開始,台灣本土政治人物逐漸主導政治言論,將自由主義傳統轉化成以台灣獨立為號召的政治論述,「本土化」、「在地化」便成為主流社會的訴求。因此,依附在「台灣主體性」論述的原住民精英也展開邊緣論述,複製為「原住民主體性」,從自由主義、本土論述到台灣主體性,原住民精英亦步亦趨在邊緣發聲,一方面蓄積動能,政治結盟,一方面論述自我,形構族群,同時在形構「原住民主體性」論述過程中,將「搶救母語」嵌入原住民族的基本思維和社會的集體意識。

2000 年民進黨執政,尤哈尼・伊斯卡卡夫特透過各地部落教會來推動母語教育,於是其任內所定下的族語認證政策,成為日後原住民社會的「知識信仰」。延續著「主體性」論述,瓦歷斯・貝林進一步以「部落主義」為主軸,推行各項政策,並將族語教育在部落深化,意圖恢復原住民族本真性、再現祖先光榮,進而實踐「部落自治」的論述。然而,所謂「部落主義」是把原住民族拉回遙遠的年代,原住民族在各式各樣的「鴻溝」間跨越、流轉,徒耗費資源卻不見績效,這種行動意圖顯然並非建立在政治現實基礎之上,也與原住民現代社會的生活需求不符。

夷將・拔路兒接任主委之後,宣示原住民族語言為「集體人權」,將語言與人權掛勾,要立法成為國家語言,至此,推動原住民族語復興運動的努力似乎已粲然大備。然而,在實際政策的執行結果卻問題重重,原住民社會不斷有反彈的聲浪,族語教育政策顯然與當初預期有很多落差。事實上,過度強調

「主體性」必然會帶有雙重的壓迫作用，一種壓迫為排除了一些人，另一種則是對接受這種知識的人施加強制性規範，同時「主體性」的排他性，正好落入過去殖民統治者「以夷制夷」的弔詭；而對內的本真性、強制性，讓大部份人噤聲，族人彷彿只能任人宰割。

2008 年政黨再度輪替，孫大川接任主委，對於原住民「主體性」理念似乎有了修正看法，他把「主體性」定義在「對話平台」機制，認為原民會扮演與主流社會對話功能，因此有其制度上的意義。研究者認為目前台灣社會已進入多元文化時代，原住民族群內部也開始差異化，族群認同變成一個可以選擇的課題，主政者必須誠懇面對這種差異性，將本質性、種族主義式的精英論述退場，以社會結構條件與族人需求為考量，適時修正族語教育政策，以避免弱勢原住民階級再製的命運。

五、族語政策論述體系重構原住民族社會的知識信仰

Foucault 指出：論述體系、知識／權力效果、主／客體相互辯證，三者共同建構成了我們所感知的「現實」（李嘉齡 2005）。通常統治者或政策制定者會藉著論述的規則和實踐體系，產生論述的主／客體，形成特定論述體系，並生產出特定社會條件脈絡下的「實體」。

研究發現：原住民精英搭上歐美反殖民、反霸權及民權運動風潮，並與國內反威權、民主化、本土化勢力結盟，在大變動時代形成的氣氛之中，結合當代意見領袖、知識分子、政客與媒體，再現「原住民族」，也形構了原住民社會與歷史的「現

實」。然而，原運精英的論述體系，係透過歷史的特定觀點或敘事安排，難免蘊藏各種意識型態或價值判斷，當「原住民族」成爲集體意識的框架，族語論述也就成爲原住民「主體」論述的前提，主／客體的位置也就理所當然地確立了。

由於族語政策論述者藉著權力的實踐技術，合法化並鞏固其優勢地位和權益，因此，十年來原民會建立許多法案，以爲政策推動依據。從 1997 年之後，推動原住民族語言教育有憲法保障，另在原住民族基本法中規定：政府提供原住民族優惠措施，得於相關法令規定受益人或應考人應具備原住民族語言能力，使得原住民學生升學優待辦法修正有了法律根據，所以，儘管抗議聲不斷，原民會依然耗費經費、人力推動學生族語認證考試工作。

值得注意的是論述主體的權宜心態與作法，尤哈尼・伊斯卡卡夫特強勢推動母語政策，卻使用所謂「功利主義」粗糙策略，從「族語認證」來論斷身分，並恣意剝奪族人既有權益，不僅無法達到預期目標，也忽略了政府在施行過程該有的責任與努力。「功利交換」的施政心態變成原民政策的常態措施，也變成知識／權力運作技術的合法化機制。例如：族語社區化、部落化，係以經費直接補助各地區教會、民間社團進行，而繞過地方行政體制。部落重建運動則是透過某些「中介」運作，並直接撥付經費到各地「部落組織」或「社區理事會」，因而遭到行政抵制及「集體分贓」的抨擊。

這種以經費補助卻缺乏監督的方式，帶來極爲嚴重的後遺症，不但造成原住民內部再裂解、再分化，使得傳統倫理規範

與價值淪喪。有些主事者浮濫消化預算，並掌控文化的詮釋權，恣意改編祭典「再現傳統」，導致傳統文化變質。此外，以計畫篩選補助或獎金來鼓勵推動語言文化政策，在部落尚造成惡性競爭，這種政策手段改變了原本視語言文化傳承為義務的價值觀，而同時這種作法也成為政府或政客結合選舉、操作選票的輸送途徑，讓部落更形四分五裂。所以，族群文化的差異化被當做賺錢的資產，這種功利化價值觀，實為原住民社會發展的隱憂。

總之，原住民掌權者複製了主流社會的功利思維與作法，已然形成穩固的宰制力量，許多原住民政策在「主體性」、「部落自主」的包裝下，以經費補助或資源挹注方式推動，扼殺了部落僅存的傳統知識信仰。原住民將語言文化政策詮釋為資源再分配，鼓舞了族群中較邊緣的次群體，透過文化再現、語言復興等運動，與原有族別區隔，爭取政治與經濟資源的分配來保障自我利益，2001 年以來被承認的「新族群」，其背後就是這種思考邏輯在運作（劉璧榛，2008）。如今原住民社會已然泛政治化，政策實施處處充斥政客角力與利益交換，也因此更添政策實施之困難。

研究者認為：現代社會變遷快速，原住民不論是在質和量方面，都有了根本上的改變，而且台灣社會持續的都市化、資本主義化，甚至全球化，不僅影響原住民的價值觀，更引導近半數原住民移居到都會地區，原住民族漸成異質性強、內部多元的社會，其城鄉、階級、世代價值之差異也愈趨明顯。而原民會受制於現行組織編制、法規與經費預算，無論在人力上、

資源上都明顯的不足，要實現民族自治恐非現有原民會的層級
所能承擔。所以，有關原住民政策的制定，若仍用僵化的意識
型態來主導，將導致政策失當失靈。在台灣逐漸走向成熟的多
元社會，原住民族的自治與自決，實際上是一種無限的內部分
化、民族切割的發展，可能並非是台灣原住民族的福祉，因此，
就以一位原運老兵的話作爲註腳：「部落自治的開始就是權力
鬥爭的開始」（排灣族，2010.05.14）。

六、族語教育政策和原住民的族群認同應解構

當尤哈尼・伊斯卡卡夫特在 2000 年接任原民會主委，站在
原住民最高行政首長位置宣示振興族語，其族語政策是以「族
語滅，族群亡」和「母語是原住民的身分證」兩條軸線，進行
族群認同(ethnic identity)論述的形構。但根據研究發現：多數原
住民至今仍不贊成族語和族群認同有關連，因此，研究者企圖
將族語教育和族群認同的論述解構。茲說明如下：

（一）在「族語滅，族群亡」論述方面

尤哈尼・伊斯卡卡夫特將原住民族語的流失及滅亡，歸因
於歷來外來民族統治與殖民的結果，尤其強調族語最大的危機
來自國民黨政權，強制實施語言一元化及同化政策，企圖讓原
住民族「平埔族化」。母語的消失等同於民族的滅絕，意在激
發原住民普遍的危機感進而動員族群，凝聚共同體意識的符
碼。這種危機感讓原本歧異、散落甚至衝突的各族連結一體，
變成「我們都是一家人」而「他們」（漢人）是敵人。從差異
化創造認同，用認同塑造主體性，同時，原住民內部的差異性

也抹除了。

（二）在「母語是原住民的身分證」論述方面

　　尤哈尼‧伊斯卡卡夫特用母語或族語做為族群識別的標記，是在於質問到底誰有資格構成「原住民族」的一分子。顯然，他將族群外部鬥爭概念引入族群內部運作，用「會不會母語」當做區隔他／我的工具，認為不會說母語就表示不認同族群，隱含著將不會母語的原住民視為「他者」的意圖，而且他主張：族群的生命力與延續，取決於該族群是否有強烈的族群認同與集體意識，從認同中區隔差異，以確立「原住民族」的認同。

　　因為尤哈尼‧伊斯卡卡夫特否定不會族語的原住民之身分認同，也不願讓非原住民來參加族語認證，且用族語將原住民族二分成「認同族群」和「不認同族群」，甚至是「真原住民」和「假原住民」，顯示其論述著眼於資源分配，且隱藏著強烈排除他者的意圖。他將「族語」論述成「民族」識別與存亡的知識，夷將‧拔路兒則提出「語言是基本人權」，明白表述族語／權力的關連性。兩人先後從主體位置把「原住民知識」劃定優先順序，藉這種知識階層化的論述，構成各種知識／權力的實踐技術，也形構了主體／客體不同的權力空間。

　　可知，他們站在原住民最高行政首長的位置，將論述的對象客體化、階層化，即透過某種文化形式的設計（如族語、認證），在生活世界中將原住民歸類，一部分人被劃歸為與我群存有差異的「他者」。再以本質、化約、界定其特徵，以合理化實踐上的功能，包括劃定與他者的疆界、標誌與他者的差異、

確立對自我認同、鞏固對他者的支配等等，這種知識／權力效果，不僅形塑原住民個人對「自我」的觀點，也影響其社會角色認知，但相對地同時更形構了「主體」的權力運作空間來合法化／鞏固其優勢地位。

研究者認為在這種語言與認同的論述形構下，把語言教育變成族群的生存競爭與政治權力的鬥爭工具，對於原住民有不利的影響，應該要將語言政策和族群認同的論述連結解開，理由是：

首先，台灣的族群認同機制一般採行父系優勢原則，「不學母語就是不認同族群」的論述有其可議之處，例如：當代異族通婚盛行，母語究竟是「媽媽的話」還是「爸爸的話」？其子女應該要認同那一個族群？說誰的話？由於在日常生活裡，傳統的族群認同機制深植人心，何況原住民的身分已依原住民身分法規定保障，再以語言作為原住民的族群認同與否的依據，對大多數原住民而言沒多大意義。

其次，用「會不會族語」做為「文化證據」只是主體論述者用來質問、區辨誰是真／假原住民的邏輯。族語和認同可劃上等號嗎？認同指涉為何？是認同原住民集體主義？還是主體論述者？現代原住民隨著族群外婚盛行，族群分類的重要性必當式微，何況台灣轉入全球化、後現代社會情境，構成民族認同的一些基本要素，如：語言、習俗等，已隨著全球化腳步與「他者」文化混合、雜交、揉混，轉換成新的面貌與價值。因此，語言文化的傳承應當要開闊視野，共同讓原住民語言提升成為全體國民珍惜的公共財，而語言保存或文字化其實只是技

術性的任務，不應把重擔壓在弱勢原住民孩子身上，讓學生樂學、樂說，才是真正活化族語的正道。

七、從後殖民論述的觀點反省原住民族語教育政策

Fairclough 認為：論述除了能藉由「建構」認知信念、關係、主體身分外，也同樣能夠藉著「解構」轉變社會。根據本研究的文獻探討和批判論述分析，研究者發現：台灣原住民的族語教育政策，隱藏政治性和本質性的意識型態，用「原住民是黃昏的民族」、「母語消失族群滅亡」型塑民族集體存亡的焦慮，且宣示「語言權是集體的權利」，以主導歷史詮釋與論述權，並標示母語本質論的邊界。近十年來原住民精英，將族語的工具價值論述為族群的生存指標，運用族語教育和升學考試機制，將部份原住民「他者化」，使弱勢者再度被邊緣化，有再製族群階級之虞。

研究者認為：原住民／漢人的族群想像，是一群原住民知識精英，基於長期被殖民的記憶所產生的「認同政治」，而催生「泛原住民意識」，進而論述、建構了原住民族，所以，建立「主體性」乃成為原住民族社會的共識。1990 年代，台灣民主化成果將「原住民」納入政府體制，從中央到地方先後成立了原住民機構，統治者將權力移交給原住民精英，標示台灣原住民社會邁向自主管理、追求社會發展的新里程，但由於歷任主政者多為當年原運精英，循著本質民族主義論述，及反殖民意識型態推動各項政策，莫不以「主體性」建構為施政核心理念。

　　2000 年尤哈尼‧伊斯卡卡夫特上任，主張「會說母語才是真正的原住民」，將原住民族本質化、道德化。歷任原住民主委也以訴求「主體性」建構爲政策，進一步實踐所謂「原住民族自治」，以「新部落運動」爲主軸，推行各項政策。且將族語、文化、部落發展政策結合，使「部落」圖騰化，意圖復原民族本真性，以爲原住民族自治工程奠定基礎。2007 年，夷將‧拔路兒宣示原住民族語爲「集體人權」，要立法成爲國家語言，表面上後殖民抵抗，由人民與知識分子的結合，轉向了知識精英的統治。然而，這種轉化只是精英階級繼承了過去殖民者所占領的位置。

　　從後殖民論述的觀點而言，族語政策實際上是殖民權力的複製，訴求復興民族文化只是一種意識型態的煙幕，幫助統治階級進行政治壟斷來掩飾內部差異或擴張集體利益的藉口，因此，族人成了被擺弄的「他者」，一如原運當年嚴厲批判國民黨國語政策之翻版。由於所有的統治集團都有自身的知識分子來捍衛其階級利益，共同生產論述、形塑文化霸權，所以，統治者與精英共謀，把人民綁在邊緣位置當做鬥爭的工具。但隨著現代社會的發展變遷，種族的重要性逐漸式微，我們只能「在具體的歷史處境中，根據具體的語境重新建構自己的身分」（E. Said, 1983；薛絢譯，2009）。

　　研究者認爲未來原住民族群內部的階層化，以及台灣社會結構的階級問題，才是原住民族整合與衝突的關鍵所在。因此，原住民教育政策論述要回歸基本面，務實回應民眾需求並解決問題，不要將族群認同拿來作爲鬥爭的工具，套用薩依德（1978）

的話「世俗生活厚重的結構，不應該全部被驅集在民族認同這一教規之下，而與一種偏執的界線相呼應」（王志弘等譯，1999）。目前「主體性」論述不僅要採取更有彈性與善意的說詞，最重要的是原住民精英要有本事主導政策，原民會要把「主體性」展現在施政作為上，用政績展示自理自治的能力，才能讓族人產生信心與信任，足以承擔原住民族未來發展的重責大任。

此外，研究者認為：原住民族語教育政策透過歷史集團的操作，將族語振興和族群認同形塑成原住民族社會共識，企圖建構原住民社會的主體性。近年來原住民掌權者又將「原住民族主體性」等論述，轉化為原住民族必需通過部落重建、文化復振，才能完成民族實體化的主張，「部落主義」成為原住民族政策的核心，以實現民族自治的意圖。然而，這是一種政策包裝或政治修辭學？是為實現民族利益還是個人利益？抑或只是滿足原住民族長期被壓抑後對尊榮的渴望？

把族語政策視為文化抵抗，或是論述權力的爭奪，正好顯示出後殖民論爭內在的弔詭與困境。族語政策在制定推動之初，原本只是回應原住民「母語消失」的黃昏焦慮，讓母語從部落活化，並在原鄉傳承。但政策的制定是權力與資源的分配，必然設立了排除與納入機制，同時，政策也是一種文本，文本之間會相互援引、牽扯和共享，約定出隱藏性規範，於是，族語傳承逐步機構化、法制化，當族語認證與升學機制掛勾或語言被宣示為集體權利時，所有原住民被迫納入台灣社會的分類機制運作，每個人均需獨力面對且無法迴避族語傳承大任；不

會族語當然是非我族類，喪失「文化證據」自然不能享有族內任何權益，當然「沒有臉享受升學優待」。

　　由於知識和權力是相互連結的，權力的運作常常經過一系列令人迷惑的「自我包裝」，雖然權力可能透過強力的實施來展示，但更可以似乎超越的、無功利的文化啟蒙的面目出現。過去原住民掌權者把語言、文化、傳統與歷史毫無批判的浪漫化、本質化，把自身形塑為一個中心化的權力主體，並站在主體論述者位置，賦予這一主體相等的定位和道德，至於人民則再度成為被客體化論述的「對象」，被定義、被規制、被壟斷，再現其從屬與劣等地位（E. Said, 1978；王志弘、王淑燕譯，1999）。

　　2008 年政黨再度輪替，孫大川接任主委，對於原住民「主體性」的論述似乎有了修正看法，他把「主體性」定義在「對話平台」機制，認為政府制定各種政策，要找出大家都可以接受的方式來推動，並提供國家與原住民族對話的機會。研究者認為：政府是為人民而存在，政策的目標不外乎實現社會正義，增進人民福祉；民主政府應該以服務人民為目的，政策只是實現這個目的之手段，兩者不能錯置。今日原住民泰半仍是生活在貧窮線下「受苦受難的人們」，解決生活困境應該是施政首要，同樣地，族語教育政策更不應該變成原住民學生的惡夢，成為原住民精英用來爭取政治資源，或掌權者用來排除異己的機制。

第二節 反 思

　　一般質性研究以研究者為工具，雖然批判論述分析揚棄對價值客觀中立的要求，但是，研究者本身的知識背景、生活經驗、意識型態等都會影響對政策文本的詮釋，因此，研究者在批判政策的意識型態時，必須對自己的意識型態或知識偏見有所反省，以增進研究的嚴謹度。茲從研究者的身分、研究過程省思如下：

一、我的身分：被邊緣化的都市原住民母親

　　若以台灣四大族群的分類來看：我的族群身分是外省人第二代的「芋頭蕃薯」。父親在大陸的家世顯赫，18 歲時因戰亂而追隨國軍撤退來台，赤手空拳、身無分文，被安置在海軍造船廠的福利社當小弟，因勤奮聰穎逐漸晉升為工廠領班，不但國語標準還會說閩南語，只有在和同鄉談話時，才出現鄉音。母親是高雄市的在地人，因弟妹繁多，從小就到處幫拥，只讀過民教班，但是國語也很溜，據說我父親到她家提親時，外祖父把禮物丟到地上，罵「外省仔」滾出去！後來這個外省女婿，不但每月送錢、送米去孝敬他，還幫忙把幾個未成年孩子拉拔長大．

　　我出生在高雄市旗津海邊的村落，每天和不同省籍的人生活在一起，常因說方言被罰錢，老師直到寫畢業證書時才發現我是「外省仔」。小時候對族群的認知是：眷村的男生很喜歡和大陳村男生打架；大陳人很團結，不要去惹他們；山東人過

年一定要吃水餃，否則冬天耳朵會凍掉；河南人媽媽很會做烙餅；台灣人媽媽炒米粉很好吃；我外婆蒸的蛋糕又大又香...。不同的美食文化，讓我的童年充滿香甜滋味，因此，族群認同對我而言並無意義，但若將我歸類爲壓迫者／漢人，我就會抗議，因爲我父親隻身逃難到台灣，處境比原住民還艱苦，一切從零開始，而我從不覺得自己是弱勢族群，要學說「爸爸的話」，且我明明是在台灣出生的，爲什麼閩南人說我是外省人，原住民說我是「白浪」？我只好自嘲我是「台灣山東人」。

　　至於有人用「番仔」來稱呼原住民，就如同人家說我是「外省仔」般，在孩童時期並不懂這是污名化，腦海出現的是一群奇裝異服的婦女，頭頂著大布袋，沿家挨戶的兜售農作物，有時還會向人乞討錢或衣物...。直到讀屏東師專看到山地班同學包辦田徑、游泳、樂團、繪畫等獎項，而晚會節目都是原住民同學的表演，感覺大開眼界，但內心對這群男生儀容不整、喧嘩嬉鬧很反感，所以，從來沒想要與他們交往。可是姻緣巧妙，在師專畢業旅行途中因腳傷，老師派了二位男生來照料，其中一位後來成爲我的夫婿。我原本擔心父親會反對，沒想到他說：「山地人也是人，我看他很老實，不錯！」，反倒是外婆家的人說：「番仔愛喝酒、吃檳榔、男女關係很亂，妳呀揀阿揀，揀到賣龍眼！」（閩南語）。我這時才瞭解台灣社會不僅存在「性別歧視」，還有嚴重的「種族歧視」。

　　那時山地人迎娶山東人可是一場跨世紀的婚禮，不僅參加公教集團結婚由市長證婚，尙回到部落請耆老祝福，晚上還換著布農族服飾和族人共舞，喝婆婆親手釀造的小米酒，賓主盡

歡直到深夜，成為親友難忘的回憶。想當年是國民黨主政的時代，我們都能跨越傳統與現代，兼採原住民的儀式，如今政府復興原住民語言文化已逾十年，理論上原住民的慶典應可恢復傳統，結果去年（2009.11.22）在南投望鄉部落觀看布農族的婚禮，除了保存分豬肉、喝大碗酒的習俗外，儀式只有牧師到家用族語祝禱，婚宴中新娘換裝數次皆為現代禮服、來賓輪番混用國語和族語致詞或高歌、電子音響伴社區婦女跳舞、紅酒和啤酒取代米酒（據說望鄉部落禁止賣酒）…，最後杯盤狼藉的景象與一般鄉村無異，不免對政府復振原住民語言文化的成效，大打折扣，望鄉部落尚且如此，遑論都會地區？

　　婚後抱持「嫁雞隨雞」的心學族語，但在部落中發現除了耆老外，說國語就可以通，而公婆都會說國語、日語和閩南語，因此，沒有再學族語的必要。我生了一男一女給公婆帶到三歲，才接來都市讀托兒所，因為沒有特別教「爸爸的話」，所以，孩子長大也不會說族語，只知道自己是布農族，卻不知有族群的差異，一直到高中聯考放榜，被罵是靠加分考上高雄中學。兒子確實是因加分而進明星學校，我怕他受不了同儕壓力要他轉附中，他卻說：「雄中的書包背起來比較好看」，堅持讀完雄中還考取台大，結果學校的 BBS 網站又有人罵他。今年研究所畢業，問他：「你認為原住民升學優待有沒有必要？」他答：「原住民受高等教育的人數和一般人比較是很少的，就算是位於原住民頂端的精英，其社經地位在台灣也只是中上的水準，所以，目前應該是有必要，除非是原住民的人才夠多了」（2010.08.04）。

　　身為二個都市原住民的母親，對子女因加分進入名校，其實是擔心多於喜悅的，但看到名校賦予學生尊榮感、資源豐富、同儕優秀，才理解政府長期提供特殊學生升學優待，讓孩子有機會激發潛能是有意義的作為。可是因涉及一般學生的升學權益，原住民升學優待辦法的修正有其必要性，所以，曾經站在校長的位置宣導族語政策，提醒原住民家長要教族語，並請求高雄市原民會派族語教師至校。後來發現教的是羅馬拼音系統，有些孩子連注音符號都學不好，還有 ABC 要學，當然不想再學另一套文字，所以，孩子學習族語的意願不高，歸責於家長是一種錯誤的認知，而現在還要以不同的加分比率來製造族群內部的差異，實在是不恰當的作為。

　　再就教育的原理來看：學校的族語教學若不符志願性、認知性、價值性，當然是一種無效的教育，徒然浪費許多資源。設身處地想自己若是低收入家庭的原住民母親，在都會地區生活不易，任何事物都得花錢，有錢人家的小孩可以補習功課、才藝、英語，也可以補習族語，升學和族語考試當然都難不倒他們，我家的孩子要如何與他們競爭？我本身也不會羅馬拼音，我要怎麼教孩子？從前原住民孩子還可以靠加分去讀公立學校，現在加分減少了只能進私立學校，我那裡有錢可供應孩子讀書？只好要他們去打工，如果成績太差就輟學，先賺錢養活自己再考慮學業的問題吧！同為都市原住民的母親，對於現實的無奈我感同身受，所以，我要站出來發出不平之鳴。

二、我的研究：回答自己對都市原住民教育處境的憂慮

　　孫大川曾說他無論身處什麼地位，都只是「在答覆自己對原住民黃昏處境的焦慮」（2000a：6），研究者反思己身，似乎也只是在找一個答案：這種不利於原住民升學的族語教育政策到底是怎麼制定的？過去政府無條件提供保送、降低錄取標準、加分等優惠，大多數的原住民學生還很難升學，今日政府為了舒解社會壓力而消費族語，都市原住民學生要如何跨越升學和族語的門檻，如何避免階級的複製呢？

　　基於長期在部落和都會地區穿梭的生活經驗，研究者發現很多人認為都市原住民學生的學校條件好，不應該享受升學優待的特權。其實根據在教育現場的觀察，不論是原鄉或都市原住民和一般家長相較，都是屬於亟需親職教育的對象，許多家長對於子女教育的關心遠不及對經濟的需求，而都市原住民除了公教子弟外，其教育資源反而比部落還少，因為現在許多部落有公益慈善機構進駐，以協助課業輔導或英語教學，而都市原住民學生只能靠自己努力，現在還得克服族語環境欠缺的問題，所以，我對都市原住民學生的教育處境充滿憂慮。

　　由於批判論述分析主旨在探討政策是如何形成的？研究者除了要找出政策形成的脈絡外，尚得指出誰說了些什麼？何時說？用什麼權威說？這樣的研究過程，讓我經常陷入心理衝突，因為以傳統研究倫理而言：研究者必須遵守保密、匿名原則，但是批判論述分析卻要指明是那些人的論述；對於有爭議的政策，當受訪者說出是誰的主張時，雖經查證屬實，卻面臨

是否遵守忠實原則，不顧當事人感受地將原音呈現？最後，研究者決定遵守誠實原則，盡量以書寫文本爲佐證，訪談紀錄則經受訪者確認後再引述；對於需匿名或具指責性的話語，則採用「…」符號來代替，以保留陳述的真實性。

　　本研究閱讀的書寫文本包括：原民會官員的著作或文章，原民會公告的委員會會議紀錄、新聞稿、計畫、辦法等，從中發現問題並研擬訪談大綱。正式訪談時程爲 2009 年 11 月起至 2010 年 4 月，首先到望鄉部落拜訪尤哈尼・伊斯卡卡夫特，再根據他提供的線索調閱相關資料，並以電話預約訪談等相關人員，訪談紀錄摘要寄送受訪人檢核，倘若受訪者有疑慮，即將訪談內容修改以示尊重。此外，研究者尙隨機訪問原住民族群代表、家長、原運老兵等，作爲交叉比對分析之參據，必要時則透過電話訪談相關業務承辦人員，針對某些疑問予以澄清或證實，以致力於從不同的角度解讀或批判政策。

　　本研究過程中最大的阻礙是：原民會的人員更替頻繁，當初政策制定者和執行者都已換人，現在的人員對檔案的調閱困難，所以，至今未見族語條款最後定案的紀錄。若根據教育部的說法是依原民會的函示辦理，也查證確實有此公文，顯示原民會擁有族語政策的建議權或主導權，可是，原民會官員的態度卻很消極，讓研究者認爲答案已經浮現：那就是部會共謀減少原住民學生升學加分優待的比率。至於族語教育的成效如何？對於原住民學生升學有何影響？當政者認爲那是家長和學生的問題，而且都市原住民的教育處境，並不是族語教育政策所考量的範圍。

　　由於 CDA 學者會選擇主動介入社會實踐，因此，我決定要站在原住民學生和家長陣線發聲，企圖解構現行族語教育政策，希望以「非原住民的都市原住民母親」的邊緣論述，呼喚新生代的原住民精英站出來，不要背負歷史的包袱，不要被前人的族群經驗掌控，設法讓族語認證和升學優待脫勾，以幫助弱勢原住民學生升學和爭取改變命運的權益。

第三節　建　議

　　基於族語教育政策至今未能解決族語流失的問題，尚且產出許多非預期的效果；而本研究的研究限制不少，所獲得的研究成果自然有限，所以，僅針對族語教育政策未來發展和後續研究方向提出建議。

一、對原住民族語教育政策的建議

　　Anderson（1991）認為：族群或族群認同乃是情境的（situational）產物；族群認同也是一種選擇的產物（Waters, 1990）。Gans（1997）則主張從涵化（acculturation）的角度來看同化現象，雖然涵化終究也是認同強勢的主流文化，可是，依舊保存族群身分與色彩。在現代多族群的社會大多呈現涵化趨勢，雖然是文化統一，但並不是民族熔爐，而是民族共和。因此，研究者認為語言政策應該和族群認同解構，這樣族語教育才能脫離意識型態的掌控，基於對現行族語教育的理解，研究者提供未來修正的意見如下：

（一）建立族語教育政策評估和監督的機制

　　一般政策執行過程需進行政策評估或評鑑，以提供效果資訊做為政策管理的基礎。由於影響教育政策的因素很多，而且政策實施期間可能會產生政策變遷，所以，必須建立政策評估與監督的機制，以減少政策實施與規劃的差距，避免浪費有限的教育資源。

　　本研究發現某些單位執行族語教育計畫後雖有成果報告，但內容多半為經費核銷單據、學生報名表、自編教材、照片等，未見實施前後差異比較、前後測驗成績、自我檢核表、機關評鑑結果等，似有消化經費之嫌。建議政府委派評鑑人員，詳加檢核近年有關族語教育的計畫或預算，以提升族語教育政策之執行績效。

（二）尊重學習主體的語言權和家長的教育選擇權

　　根據世界語言權的宣言：人人均有權通曉各種語言、人人均有權學習任何語言。研究者認為：語言學習的主體應該是個人，族群為了生存，對外固然可以強調語言是集體的權利，但是對內仍應尊重個人的語言權，政府若強迫個人學習某種語言，這不僅是擴大了集體權，也是一種「文化霸權」，對於原住民學生非常不公平。

　　再根據教育基本法第二條：「人民為教育權的主體」，第八條：「…學生之學習權、受教育權…，國家應予保障。…國民教育階段內，家長…得為其子女之最佳福祉，依法律選擇受教育之方式、內容…之權利。學校應…提供良好學習環境」。所以，原住民學生的學習權、教育權不容剝奪，目前學校沒有

提供良好的族語環境，已屬違法，還用族語認證來侵害原住民的升學保障權，而且家長有權為其子女選擇教育的內容，原民會既無權、也不該苛責「學生不學、家長不教」族語。

（三）開放學生族語認證應考資格擴大族語使用環境

由於「族語是原住民身分證」論述再生產為「文化證據」的論述，原住民基本法也規定享受優惠需通過族語驗證，以致原民會每年投入大量經費辦理學生族語認證考試。然而，在台灣現行升學制度下，學生族語認證考試，不但無法振興族語，反而加重了原住民學童的學習負擔。

建議原民會將二項族語能力認證考試合併辦理，比照英檢制度或客語認證，全面開放應考資格，提高族語位階與能見度、擴大族語使用的市場效應，正面提升原住民學習族語的意願和態度。由於許多原住民父母已經不會說族語，更不會羅馬拼音，政府可另訂獎勵親子共學族語辦法，提供實質補貼給學習族語的家庭，應可加速族語家庭化。

（四）重啟部會協商將族語條款和升學優待辦法脫勾

原住民在台灣社會大多處於邊緣位置，為了提升原住民社經地位，政府提供原住民學生的教育特別保障是於法有據（教育基本法第四條）。但因過去原民會主政者認為族語條款可提高學習族語的意願，而教育部受制於社會觀感的壓力，因此，教育部和原民會經多次協議修訂「原住民學生升學優待辦法」。

但根據本研究發現該政策的宣導不足，以致原住民對「族語條款」所知有限，而且在原住民族社會已產生不良的效應。基於政策制定應以解決人民的問題為依歸，建議主政者重啟協

商機制,將族語認證和升學優待脫勾,另從文化差異和實質機
會平均的角度,研訂可保障原住民教育發展的辦法。

(五)追蹤輔導原住民學生的升學進路和生活適應情形

根據研究發現:近三年來原住民學生通過族語認證的比率
並沒有增加,代表十年來推動的族語教育政策並不成功,這種
情況不能只是歸責於家長和學生。由於原住民的升學優待加上
族語條款的設限,目前在配套措施不完善情況下,無論是對通
過或不通過學生都有不利的影響。

研究者認為除了因加分造成污名化或進入學力不相當科系
的學生,需要加強其心理和課業輔導外,對於族語認證不通過
或未參加的學生,建議原民會主動調查其家庭背景、追蹤其升
學進路是否受到中斷?進而研議一些補救措施,以免因過去掌
權者的意識型態和權力鬥爭,造成現代原住民族內部的階級
化,甚至使處於原住民邊緣的弱勢家庭子弟,更加邊緣化而且
永無翻轉的機會。

二、進一步研究的建議

本研究先從政策制定的角度,檢視原住民族語教育的政策
過程,發現目前族語教育的缺失或問題,其實和主政者對族語
教育的論述有關,因此,本研究走向批判論述分析。

研究過程中,雖盡量要讓論述者和事件自己說話,並藉由
他人之口或書寫文本來呈現不同面貌,希望能將真相留給讀者
自己去判斷。但是最後研究者審視自身所處的位置與發聲的角
色後,覺得應該要表明自己的身分和態度,研究者自認代表原

住民的弱勢階級說話，也許是受到自身位置的視野限制，同時也可能反映在研究文本選擇和研究結果詮釋上。

　　為了避免有所偏頗或遺漏，建議未來相關研究可以深化研究內容的選擇，例如：原住民升學優待政策的立論、語言與社會階級的關係、族語文字化的發展等，也可以根據歷年來原住民學生的教育統計資料，分析族語教育政策演變對原住民社會的影響、比較原鄉和都市原住民學生的升學進路和生活適應情況等。至於在研究方法的選擇上，建議可採用鄭燕祥等人的分析模式，以多元、多面向的檢視族語教育政策的發展，提出更具體的建議。甚至採用個案研究法，選擇某所國高中，深度訪談原住民學生和家長，以對族語教育政策實踐有更進一步的詮釋。

　　此外，為深刻瞭解族語被壓抑迫害的時間脈落，以及充分掌握各論述者何以有那樣的主張，建議可採用歷史研究法，研究訪談對象尚可增加其他不同立場的人員，以更深入重建族語政策過程，進而擴展研究議題的範疇。

參考書目

一、中文部份

台邦‧撒沙勒（1993）。廢虛故鄉的重生。**台灣史料研究，12**，28-40。

瓦歷斯‧尤幹（1994）。語言、族群與未來－台灣原住民族母語教育的幾點思考。**山海文化雙月刊，4**，6- 21。

瓦歷斯‧諾幹（2004）。**台灣原住民族語言教育人權及未來**。發表於族群與文化發展會議－族群語言之保存與發展分組會議論文集（頁 80-82），行政院客家委員會主辦。2004.08.4-5。台北：世新大學。

巴蘇亞‧博伊哲努（2004）。「原」氣淋漓的文化辯論－鄒族兄弟的沉思。台北：黎明文化。

巴蘇亞‧博伊哲努（2005）。**從部落出發思考原住民的未來**。台北：前衛。

孔文吉（2010）。**平埔族的正名之路**。中國時報，時報廣場 A18，2010.06.11。

方永泉譯（2004）。保羅‧弗雷勒（Paulo Freire）（2003）原著。**受壓迫者教育學**（Pedagogy of the oppressed）。台北：巨流。

王振寰（2002）。**台灣社會**。台北：巨流。

王慧蘭（1999）。教育政策社會學初探。**教育研究資訊，7（3）**，

87-108。

王慧蘭（2006）。批判教育學：反壓迫的民主教育論述和多元
　　實踐。收於李錦旭、王慧蘭主編。**批判教育學：臺灣的探**
　　索（頁 59-91）。台北：心理。

王雅蘭（2003）。**高中多元入學方案意見調查之研究**。屏東師
　　範學院國民教育研究所碩士論文，未出版。

王雅玄（2005）。社會領域教科書的批判論述分析：方法論的
　　重建。**教育研究集刊，51（2）**，67-97。

王雅玄（2008）。CDA 方法論的教科書應用：兼論其解構與重
　　建角色。**教育學刊，30**，61-100。

王音萍（2009）。**學校生活世界言談之批判論述分析**。屏東教
　　育大學教育學系碩士論文，未出版。

王嵩山（1998）。台灣原住民族文化政策芻議。**台灣博物館民**
　　族誌論壇社通訊，1（3），3-7。

王志弘、王淑燕、莊雅仲等譯（1999）。愛德華・薩依德（Ed
　　warn W. said）（1978）原著。**東方主義**（*Orentalism*）。
　　台北：立緒文化。

毛榮富（1994）。勾勒權力／知識之系譜的雕手傅科。收於葉
　　啓政著。**當代社會思想的巨擘**（頁 158-181）。台北：正中
　　書局。

內政部統計處（2002）。**九十一年臺閩地區國民生活狀況調查**。
　　台北：作者。

布興・大立（2002）。承認原住民的族語 跨出一大步。檢索日
　　期：2010.02.12。取自 World Wide Web：http://www.libert

ytimes.com.tw/2002/new/jan/4/today-o1.htm#o7

丘昌泰（2005）。**公共政策**。台北：巨流。

史穎君（1984）。**我國國語運動之研究**。政治大學教育研究所碩士論文，未出版。

卯靜儒、張建成（2005）。在地化與全球化之間：解嚴後台灣課程改革論述的擺盪。**台灣教育社會學研究，5（1），39-76。**

行政院主計處（2000）。**1999 年統計資料**。台北：行政院。

行政院文化建設委員會（2005）。**族群與文化發展會議大會實錄**。台北：作者。

行政院原住民族委員會（2007b）。**原住民族語言發展論叢：理論與實務**。台北：作者。

朱元鴻等譯（1994）。Best, S. 與 Kellner, D. 著。**後現代理論──批判的質疑**。臺北：巨流。

朱志宏（2004）。**公共政策**。台北：三民。

全文正（2006）。**我國原住民學生升學優待政策之研究**。暨南大學教育政策與行政研究所碩士論文，未出版。

夷將‧拔路兒（1994）。台灣原住民族運動發展路線之初步探討。收於**原住民文化會議論文集**（頁 275-296）。台北：行政院文化建設委員會。

夷將‧拔路兒等編著（2008）。台灣原住民族運動史料彙編上、下。台北：行政院文化建設委員會。台北縣：國史館。

守寤寤（1996）。**在地的人，在地的話── 台灣的母語教學**。台灣大學新聞研究所碩士論文，未出版。

志村雅久（1993）。**中華民國台灣地區推行國語運動之研究**。台灣大學三民主義研究所碩士論文，未出版。

吳天泰（1999）。**原住民族學院規劃研究期末報告書**。台北：行政院原住民族委員會。

吳京（1999）。**吳京教改心**。台北：天下遠見。

吳淑慧（2006）。**原住民學童族語教育與文化認同之研究－以銅門國小實施族語教學現況為例**。東華大學族群關係與文化研究所碩士論文，未出版。

吳美慧（2004）。**解嚴後臺灣語言教育政策之發展**。臺灣師範大學社會教育學系在職進修碩士班論文，未出版。

吳政達（2002）。**教育政策分析：概念、方法與應用**。台北：高等教育。

吳定（2003）。**公共政策辭典**。台北：五南。

吳叡人譯（2010）。班納迪克・安德森（Benedict Anderson）（2006）原著。**想像的共同體－民族主義的起源與散布（新版）**（*Imagined Communities: Reflections on Origin and Spread of Nationalism*）。台北：時報文化。

沈台訓譯（2003）。Schech, S. 與 Haggis, J. 原著。**文化與發展－批判性導論**。台北：巨流。

李亦園（1983）。**山地行政政策之研究與評估報告書**。台北：中央研究院民族學研究所。

李明寰譯（2002）。Dunn, W. N. 原著。**公共政策分析**。台北：時英。

李易蓉（1995）。**台灣弱勢語族語言反抗運動之解析**。東吳大

學社會學研究所碩士論文，未出版。

李良熙（1982）。**台灣光復後推行國語教育問題**。台灣師範大學教育研究所碩士論文，未出版。

李惠敏（2000）。**國族主義影響下的語言政策與華語教學**。台灣師範大學華語文教學研究所碩士論文，未出版。

李台元（2003）。**台灣原住民學生族語言能力認證制度之評估**。政治大學語言學研究所碩士論文，未出版。

李允傑、邱昌泰（2003）。**政策執行與評估**。台北：元照。

李文忠（2004）。**族群與國家認同**。中國時報，2004.08.02。檢索日期：2009.03.30。取自 World Wide Web：http://intermargins.net/Forum/2004/citizenship/ethnic01.htm

李壬癸（2004）。台灣南島語言論文選集（第二卷）。台北：中央研究院語言學研究所。

李壬癸（2007）。台灣南島語言的回顧和展望。收於台東大學華語文學系編。**原住民族語言發展論叢理論與實務**（頁 1-11）。台北：行政院原住民族委員會。

李嘉齡（2005）。**語言運動在近年臺灣認同政治上的角色**。嘉義師範學院國民教育研究所博士論文，未出版。

李季順（2005）。原住民教育體系一條鞭體制之建構－走出一條生路。台北：國家展望文教基金會。

何乏筆、楊凱麟、龔卓軍譯（2006）。費德希克‧格霍（Frederic Gros）（1996）原著。**傅柯考（MICHEL FOUCAULT）**。台北：麥田。

汪秋一（2007）。原住民學生升學優待政策的變革與檢討。原

教界，**14**，4-5。

孟樊（2001）。**後現代的認同政治**。台北：揚智。

邱才廉（1994）。**加拿大語言權之探討**。國立政治大學法律研究所碩士論文。

周惠民（2008a）。我國原住民學生升學優待政策的發展與現況。收於行政院原住民族委員會編。**2008 全國原住民族研究論文集**（頁 1-8-1）。台北：行政院原住民族委員會。

周惠民（2008b）。**台灣社會變遷下的原住民教育**。發表於台灣原住民社會變遷與政策評估研究計畫成果發表會論文集。中央研究院民族學研究所主辦。2008.05.30-31。台北：中央研究院。

周惠民（2009）。**原住民族教育發展與人才培育**。發表於 2009 年原住民族教育學術－教育文化與人才培育研討會。行政院原住民族委員會、教育部主辦。2009.11.26-27。台北：台灣大學民族研究中心。

周德禎（2001）。邁向批判研究方案— Carlos A. Torres 。**教育社會學通訊**，**28**，10-14。

周蔚譯（2001）。大衛‧克里斯托原著。**語言的死亡**。台北：城邦文化。

周愚文（2000）。**儒家文化與升學競爭**。發表於亞洲儒家文化圈(地區)升學競爭問題之比較研究國際學術研討會會議手冊（頁 204~210）。行政院國家科學委員會、教育部顧問室主辦，國立台灣師範大學教育學系、國立台灣師範大學教育研究中心承辦。

林淑雅（2000）。**第一民族：臺灣原住民族運動的憲法意義**。台北：前衛。

林英津（2008）。**台灣原住民族語言政策的觀察：從國語政策到原民會的族語認證**。發表於台灣原住民社會變遷與政策評估研究計畫成果發表會論文集。中央研究院民族學研究所主辦。2008.5.30-31。台北：中央研究院。

林再生（2005）。**都會區原住民母語推展行銷策略之研究--以高雄市為例**。中山大學高階公共政策研究所碩士論文，未出版。

林水波、張世賢（1991）。**公共政策**。台北：五南。

林水波（2006）。政策變遷的三面向分析。**政策研究學報，6**，1-18。

林雅雯（2000）。**兒童母語教學活動與社會支持之研究－以台北縣國小客語教學為例**。中國文化大學兒童福利研究研究所碩士論文，未出版。

林純雯（2003）。批判的教育政策分析－以高等教育整併政策為例。**教育研究集刊，49（2）**，117-139。

林修澈（2006）。原住民語言教材編寫的回顧與展望。收於行政院原住民族委員會編。**舞動民族教育精靈－台灣原住民族教育論叢第一輯民族教育**（頁114-125）。台北：行政院原住民族委員會。

林修澈（2007）。多語言＝競爭力？**原教界，14**，10-13。

林文蘭（2007）。族語認證作為升學優待的隱憂。**北縣教育，5**，6-7。

林安生（2003）。讀黃美金教授──原住民族語言能力認證：
　　回顧與展望一文的觀感。**原住民教育季刊，30**，142-144。

政治大學原住民族研究中心（2009）。工作項目。檢索日期：2
　　009.10.01。取自 World Wide Web：http://units.nccu.edu.tw
　　/server/publichtmut/html/wZ10/cwZ10.html

洪惟仁（2002）。台灣的語言政策何去何從。收於施正鋒編。
　　各國語言政策：多元文化與族群平等。台北：前衛。

洪湘婷（2005）。淺論教育政策分析。**教育趨勢報導，12**。檢
　　索日期：2009.10.01。取自 World Wide Web：http://www.
　　public.com.tw

韋積慶（1994）。結構馬克斯主義者的舵手阿圖塞。收於葉啟
　　政著。**當代社會思想的巨擘**（頁149-153）。台北：正中書
　　局。

胡薇麗（1995）。社會科學研究與政策制定－知識應用面的探
　　討。收於張家洋主編。**公共行政的知識議題與新趨勢**（下
　　冊），453- 471。

施正鋒編（1996）。**語言政治與政策**。台北：前衛。

施正鋒、張學謙（2003）。**語言政策及制定：語言公平法之研
　　究**。臺北市：前衛。

施正鋒（2003）。**語言與多元文化政策**。發表於2003年全球客
　　家文化會議。行政院客家委員會主辦。2003.11.12-16。台
　　北：行政院客委會。

施正峰（2004）。**語言與認同政治－族群認同以及國家認同的
　　考量**。發表於族群與文化發展會議－族群語言之保存與發

展分組會議論文集（頁9-15），行政院客家委員會主辦。2004.08.4-5。台北：世新大學。

施正鋒（2005）。**台灣原住民族政治與政策**。台中：新新台灣文教基金會。

施正鋒、李安妮、朱方盈（2005）。**各國原住民人權指數之比較研究**。台北：行政院原住民族委員會。

南方朔（2003）。**語言是我們的居所**（初版四刷）。台北：大田。

馬向青（2008）。**台灣一九九O年代以後國民中學升學制度改革之批判論述分析**。高雄師範大學教育學系博士論文，未出版。

夏金英（1995）。**台灣光復後之國語運動（1945-1987）**。台灣師範大學歷史研究所碩士論文，未出版。

倪炎元（1999）。批判論述分析與媒介研究之初探—兼論其在華文媒介上的應用。**傳播管理學刊，1**（1），205-233。

倪炎元（2005）。**再現的政治：台灣報紙對「他者」建構的論述分析**（一版二刷）。台北：韋伯文化。

孫大川（2000b）。**山海世界—台灣原住民心靈世界的摹寫**。台北：聯合文學。

浦忠成（2004）。弱勢族群媒體與其語言文化發展。發表於族群與文化發展會議－族群語言之保存與發展分組會議論文集（頁42-46），行政院客家委員會主辦。2004.08.4-5。台北：世新大學。

浦忠勇（2007）。族語學習和競爭力。**原教界，14**，8-9。

翁興利（1996）。**公共政策－知識應用與政策制定**。台北：商
　　鼎。

翁秀琪（1998）。批判語言學、在地權力觀和新聞文本分析：
　　宋楚瑜辭官事件中李宋會的新聞分析。**新聞學研究，57**，9
　　1-126。

翁福元、吳毓真（2002）。後殖民主義與教育研究。**教育研究，**
　　103，88-100。

高德義（2000）。原住民教育的發展與改革。載於張建成主編，
　　多元文化教育：我們的議題與別人的經驗（頁 125-148）。
　　台北：師大。

高德義（2004）。**原住民族自治制度之研究與規劃：排灣族、**
　　魯凱族及雅美族。台北：行政院原住民族委員會。

高德義（2009）。**解構與重構－原住民族人權與自治**。花蓮：
　　國立東華大學原住民民族學院。

教育部（1997）。**原住民族教育法草案報告**。台北：作者。

教育部（2000）。**1999 年教育統計**。台北：作者。

教育部（2003）。原住民學生入學機會倍增升學管道多元寬廣 。
　　高教簡訊，150。

教育部統計處（2006）。**九十四學年度教育統計**。台北：作者。

梁永安譯（2008）。比得‧蓋伊（Peter Gay）（1966）原著。
　　啓蒙運動（下）：自由之科學（*The Enlightenment: The S*
　　cience of Freedom）。台北縣：立緒文化。

梁永安譯（2010）。愛德華‧薩依德（Edwarn W. said）（198

6）原著。**薩依德的流亡之書**（*After the Last Sky: Palestinian Lives*）。台北縣：立緒文化。

郭東雄（2007）。**繪我族語：屏東縣原住民語言地圖之研究**。載於台東大學華語文學系編，原住民族語言發展論叢理論與實務（頁63-79）。台北：行政院原住民族委員會。

郭評儀（2006）。**認證與優待脫鉤　原民會未允**。中國時報（2006.04.20），第Ｃ４版。

陳伯璋（1988）。**意識型態與教育**。台北：師大書苑。

陳雪雲（1990）。論媒介現實之論述分析。**社會教育學刊，19**，135-167。

陳美如（1996）。**台灣光復後語言教育政策之研究**。台灣師範大學教育研究所碩士論文，未出版。

陳美如（2000）。從多元文化教育論台灣原住民語言教育的實踐。**教育研究集刊，45**，173- 201。

陳宏賓（2002）。**解嚴以來（1987～）台灣母語教育政策制定過程之研究**。台灣師範大學教育研究所碩士論文，未出版。

陳其南、劉正輝（2005）。文化公民權之理念與實踐。**國家政策季刊，4(3)**，77-88。

陳楚治（2007）。原住民族傳播權益之探討：以原住民傳播政策為例。收於行政院原住民族委員會編。**2007 全國原住民族研究論文集**（頁1-5-1-22）。台北：行政院原住民族委員會。

陳誼誠（2007）。96 年族語加分考試的考生表現分析。收於台東大學華語文學系編。**原住民族語言發展論叢理論與實務**

（頁 101-121）。台北：行政院原住民族委員會。

陳金萬（2007）。**原民母語考試聯招也加分**。新台灣新聞週刊，
2007.03.08。檢索日期：2010.04.26。取自 World Wide We
b： http://www.newtaiwan.com.tw/bulletinview.jsp?bulletinid
=67474

陳依玲（2008）。語言教育政策促進族群融合之可能性探討。
教育研究與發展期刊，4（3），223-249。

陳威任（2009）。**傳承族語靠自己**。台灣立報，98.10.09，第 1
9 版。

章英華、林季平、劉千嘉（2008）。**台灣原住民的遷移與社會
經濟地位之變遷**。發表於台灣原住民社會變遷與政策評估
研究計畫成果發表會論文集。中央研究院民族學研究所主
辦。2008.05.30-31。台北：中央研究院。

莊啟文（2006）。**鳳山地區攤商家庭升學主義意識形態與成就
價值觀之歷史社會學分析**。屏東教育大學教育行政研究所
博士論文，未出版。

黃宣範（2009）。台灣南島語的研究。收於台灣大學民族研究
中心編。**2009 年原住民族教育學術－教育文化與人才培育
研討會論文集**（頁 20-40）。台北：行政院原住民族委員會。

黃俊傑等（1996）。**分流教育的改革：理論、實務與對策**。行
政院教育改革審議委員會叢書。

黃純敏（2000）。從多元文化主義論台灣的語言教育。收於張
建成主編。**多元文化教育：我們的課題與別人的經驗**（頁 4
3-61）。台北：師大書苑。

黃嘉政（2001）。**戰後以來台灣台語教育發展之研究**。台灣師
　　範大學教育研究所碩士論文，未出版。

黃新民（2003）。**再製與抗拒－我國高中職入學制度(1971-200
　　2)之研究**。國立交通大學教育研究所碩士論文，未出版。

黃新民（2004）。不變的再製－以我國高中職入學制度之轉變爲
　　例。**台灣教育社會學研究，4（1）**，77-111。

黃月美（2004）。**Goodson 課程史研究之批判論述分析**。台北
　　師範學院教育政策與管理研究所博士論文，未出版。

黃煌雄、黃勤鎮（2004）。**原住民地方文化產業總體檢**。台北：
　　行政院文化建設委員會。

黃美金（2004）。**台灣原住民族語言教育現況及展望-族語總體
　　學習環境之營造**。發表於「族群與文化發展會議」。台北：
　　行政院客委會。http://www.ihakka.net/htm/0729web/p01.htm

黃美金（2006）。原住民族語能力認證：回顧與展望。收於行
　　政院原住民族委員會編。**舞動民族教育精靈－台灣原住民
　　族教育論叢第一輯民族教育**（頁 59-77）。台北：行政院原
　　住民族委員會。

黃美金（2007a）。台灣原住民族語言教材之回顧與展望。收於
　　台東大學華語文學系編。**原住民族語言發展論叢理論與實
　　務**（頁 213-224）。台北：行政院原住民族委員會。

黃美金（2007b）。台灣原住民族語能力認證考試之回顧與展望。
　　收於台東大學華語文學系編。**原住民族語言發展論叢理論
　　與實務**（頁 82-100）。台北：行政院原住民族委員會。

黃志偉（2007）。原住民母語教育的論述－多元文化思潮的反

思。收於行政院原住民族委員會編。**舞動民族教育精靈－台灣原住民族教育論叢第一輯民族教育**（頁 59-77）。台北：行政院原住民族委員會。

黃乃熒（2006）。**教育政策科學與實務**。台北：心理。

黃書祥（2007）。**國小社會教科書家庭概念之批判論述分析－以 K 版第一冊第一單元為例**。臺北教育大學課程與教學研究所碩士論文，未出版。

黃東秋（2008）。**多語言互通論：社區多語言教室的學與教**。發表於台灣原住民社會變遷與政策評估研究計畫成果發表會論文集。中央研究院民族學研究所主辦。2008.05.30-31。台北：中央研究院。

黃樹民（2008）。**全球化與台灣原住民基本政策之變遷與現況**。發表於台灣原住民社會變遷與政策評估研究計畫成果發表會論文集。中央研究院民族學研究所主辦。2008.05.30-31。台北：中央研究院。

張佳琳（1993）。**台灣光復後原住民教育政策研究**。台灣師範大學教育研究所碩士論文，未出版。

張芳全（1999）。**教育政策分析與策略**。台北：師大書苑。

張芳全（2003）。教育政策分析的典範與研究取向。**教育研究月刊**，**105**，44-59。

張芳全（2004）。**教育政策分析**。台北：心理。

張鈿富（2004）。**教育政策分析－理論與實務**。台北：五南。

張復聚（2004）。**關於台灣母語教育的幾點建議**。發表於族群與文化發展會議－族群語言之保存與發展分組會議論文集

（頁 32-36），行政院客家委員會主辦。2004.08.4-5。台北：世新大學。

張錦華（2004）。**傳播媒體報導弱勢族群的語言建議－從多元文化論觀點檢視**。發表於族群與文化發展會議－族群語言之保存與發展分組會議論文集（頁 37-41），行政院客家委員會主辦。2004.08.4-5。

張學謙（2007）。重新點燃族語火種：師徒制與原住民語言復振。收於台東大學華語文學系編。**原住民族語言發展論叢理論與實務**（頁 201-212）。台北：行政院原住民族委員會。

張世賢（2005）。**公共政策分析**。台北：五南。

張茂桂（2002）。台灣是多元文化國家？！。**文化研究月報，1
3**。

張長義、蔡博文等（2003）。**原住民族傳統領域土地調查研究報告**。台北：行政院原住民族委員會。

張耀宗（2004）。**台灣原住民教育史研究〈1624-1895〉----從外來者的殖民教化談起**。台灣師範大學教育研究所博士論文，未出版。

張建成（2001）。傳統與現代之間：論台灣原住民的文化認同。收於新竹師院原住民教育中心主編。**九十年度原住民族教育學術論文發表暨研討會論文集**（頁 558-575）。新竹：新竹師院原住民教育中心。

張建成（2002）。**批判的教育社會研究**。台北：學富文化。

張慶勳（2005）。**論文寫作手冊（三版）**。台北：心理。

張錦弘（2009）。**升學弱勢原住民學生僅 41% 念大學**。聯合報，

教育 AA4，2009.10.16。

雅柏甦詠（2003）。原住民升學優惠公平嗎？**原住民教育季刊，30**，117-132。

彭淮棟譯（2000）。愛德華‧薩依德（Edwarn W. said）（1999）原著。**鄉關何處（*Out of Place*）**。台北縣：立緒文化。

游美惠（2000）。內容分析、文本分析與論述分析在社會研究的運用。**調查研究，8**，5-42。

游美惠（2001）。多元文化教育的理論基礎。收於譚光鼎等編著。**多元文化教育**（頁 33-56）。台北：空大。

童信智（2008）。台灣原住民族的民族自覺脈絡研究。收於行政院原住民族委員會編。**2008 全國原住民族研究論文集**（頁 1-5-1）。台北：行政院原住民族委員會。

葉啓政（1994）。**當代社會思想巨擘**（第二次印行）。台北：正中書局。

殷曉容譯（2004）。諾曼‧費爾克拉夫（Norman Fairclough）（1992）原著。**話語與社會變遷（*Discourse and Social Change, 1993,1th ed.*）**。北京：華夏。

廖維達（2004）。**美國種族優惠性差別待遇－兼論我國原住民升學優惠制度**。台北大學法學研究所碩士論文，未出版。

廖傑隆（2008）。**都市原住民族語政策研究—以臺北市語言巢為例**。台灣師範大學博士論文，未出版。

廖炳惠編著（2003）。**關鍵詞 200－文學與批評研究的通用辭彙編**。台北：麥田。

趙素貞（2002）。**高雄市都市原住民社區參與和生活適應關係**

之研究。屏東師範學院國民教育研究所碩士論文，未出版。

蔣嘉媛（1997）。**原住民學生升學優待政策之評估研究**。台灣
　　師範大學教育研究所碩士論文，未出版。

鄭燕祥（2003）。**教育領導與改革新範式**。台北：高等教育。

鄭良偉（2007）。民族語言教育的世界化意義和人性化意義。
　　原教界，14，6-7。

鄭惠美（1999）。**台灣光復後原住民語言政策演變之分析**。政
　　治大學民族研究所碩士論文，未出版。

劉唯玉（2002）。台灣原住民語言教育政策之研究。收於陳枝
　　烈編。**九十一年原住民教育學術研討會論文集**（頁 289-31
　　3）。屏東：屏東師範學院。

劉美慧、陳麗華（2000）。多元文化課程發展模式及其應用。
　　花蓮師院學報，10，101-126。

劉秋雲（2002）。**台灣原住民母語教育政策之探討：以布農族
　　為例**。政治大學語言研究所碩士論文，未出版。

劉煥雲（2007）。全球化、民主化與本土化－二十一世紀台灣
　　原住民文化發展方向之研究。收於行政院原住民族委員會
　　編。**台灣原住民族教育新思維專輯論文**（頁 2-19）。台北：
　　行政院原住民族委員會。

劉璧榛（2008）。**文化產業、文化振興與文化公民權：原住民
　　文化政策的變遷與論辯**。發表於台灣原住民社會變遷與政
　　策評估研究計畫成果發表會論文集。中央研究院民族學研
　　究所主辦。2008.05.30-31。台北：中央研究院。

劉森堯、梁永安譯（2008）。比得‧蓋伊（Peter Gay）（1966）

原著。**啓蒙運動（上）：現代異教精神的崛起**（*The Enlightenment: The Rise of Modern Paganism*）。台北縣：立緒文化。

蔡源林譯（2001）。愛德華・薩依德（Edwarn W. said）（1993）原著。**文化與帝國主義**（*Culture and Imperialism*）。台北：立緒文化。

蔡淑玲（2001）。語言使用與職業階層化的關係：比較台灣男性的族群差異。**台灣社會學，1**，65-111。

蔡真宜（2002）。**台灣母語教育政策之研究－以閩南語教育爲例**。台灣師範大學三民主義研究所碩士論文，未出版。

蔡佩如（2003）。**中華民國歷史教科書的後殖民分析－以台灣論述爲核心**。台灣大學政治學研究所碩士論文，未出版。

蔡采秀譯（1998）。**傅科 MICHEL FOUCAULT**（Smart, B. 著）台北：巨流。

蔡其達（1994）。實踐的馬克斯主義者葛蘭西。收於葉啓政著。**當代社會思想的巨擘**（頁 119-135）。台北：正中書局。

蔡淑菁、謝儀霏譯（2010）。克里斯托（David Crystal）（2006）原著。**語言的秘密**（*How language works*）。台北：貓頭鷹。

歐用生（1985）。**國民小學社會科教科書意識型態之分析**。台北：教育部。

歐用生（2006）。台灣教科書政策的批判論述分析。**當代教育研究，14（2）**，1-26。

歐秀梅（2009）。**原住民中學生對升學優待與族語認證之知覺**

研究－以屏東縣為例。屏東教育大學教育行政研究所碩士論文，未出版　。

賴佳欣（2005）。**國內學者研究教師分級制度之論述分析**。花蓮師範學院國民教育研究所碩士論文，未出版。

蕭新煌（1996）。台灣新興社會運動的分析架構。載於徐正光、宋文里編，**台灣新興運動**（頁21- 46）。台北：巨流。

薛絢譯（2009）。愛德華‧薩依德（Edwarn W. said）（1983）原著。**世界‧文本‧批評者**（*The World, the Text, and the Critic*）。台北縣：立緒文化。

謝堂樹（1994）。**當今台灣地區推行與實施本土語言教育的須要**。輔仁大學語言學研究所碩士論文，未出版。

謝麗君（1997）。**戰後台灣語言教育政策之政治分析：1945－1997**。台灣大學政治研究所碩士論文，未出版。

謝卓君（2005）。對師資培育政策中市場化論述的批判反省。**台灣教育社會學研究，5（1），**119-157。

謝斐敦（2003）。**德國與台灣教育分流制度之比較研究**。國立暨南國際大學比較教育研究所博士論文，未出版。

謝嘉璘（2006）。**台灣原住民升學優待政策之研究－以升學加分和原住民教育體系為例**。台北教育大學教育政策與管理研究所碩士論文，未出版。

魏宗明（2007）。**建構式數學課程改革論述分析**。中正大學教育研究所博士論文，未出版。

簡宏江（2004）。**國民小學學校本位課程政策執行評估之研究**。國立臺北教育大學教育政策與管理研究所博士論文，未出

版。

簡成熙、洪仁進（2000）。**台灣地區升學競爭問題之比較研究**。發表於亞洲儒家文化圈(地區)升學競爭問題之比較研究國際學術研討會會議手冊（頁 113~145）。行政院國家科學委員會、教育部顧問室主辦，國立台灣師範大學教育學系、國立台灣師範大學教育研究中心承辦。

簡成熙（2005）。**教育哲學專論 當分析哲學遇上女性主義**。台北：高等教育。

闕河嘉（2006）。臺灣族群意識的想像：論述形成的迷思。收於李錦旭、王慧蘭主編。**批判教育學：臺灣的探索**（頁 347-373）。台北：心理。

顏國樑（1998）。原住民族教育法的立法經過、內容分析及評論。**原住民教育季刊，11**，69- 85。

顏國樑（2001）。台灣原住民族籍學生升學優待辦法修正的重要內涵、特色與建議。**原住民教育季刊，23**，136-148。

顏國樑（2002）。我國教育政策合法化的過程、影響因素及其啟示—以師資培育法為例。**新竹師院學報，15**，1-36 。

顏國樑（2007）。原住民教育政策的發展、理念基礎及實踐。收於行政院原住民族委員會編。**舞動民族教育精靈－台灣原住民族教育論叢第一輯民族教育**（頁 59-77）。台北：行政院原住民族委員會。

顏昌國（2001）。原住民的族語教育。**原住民教育季刊，24**，4- 9。

譚光鼎（1999）。原住民教育政策的前瞻規劃。收於台灣原住

民族教育學與台灣師範大學社會教育系合編。**原住民族教育研討會論文集**（頁 17-36）。台北：行政院原住民族委員會。

譚光鼎（2000）。國家霸權與政治社會化之探討－以「認識台灣」課程為例。**教育研究集刊，45**，113-137。

譚光鼎、劉美蕙、游美惠（2002）。**多元文化教育**。台北縣：國立空中大學。

譚光鼎（2002）。**臺灣原住民教育－從廢墟到重建**。台北：師大書苑。

譚光鼎（2007）。原住民教育政策檢討與規劃。收於行政院原住民族委員會編。**舞動民族教育精靈－台灣原住民族教育論叢第一輯民族教育**（頁 42-58）。台北：行政院原住民族委員會。

蘇蘅（1992）。**我國電視節目文化意涵的研究：以方言節目為例**。台北：政治大學新聞研究所博士論文，未出版。

蘇峰山（2003）。教育市場化論述分析：教育鬆綁的雙重詮釋。收於齊力、蘇峰山編。**市場、國家與教育：教育社會學的分析**（頁 1- 26）。高雄：復文。

二、西文部份

Althusser, L.（1971）. *Ideology and Ideological State Apparatuses. Lenin and Philosophy and Other Essays*. London: New Left Books.

Alvarez, R.（2002）. Confessions of an information worker: a

critical analysis of information requirement discourse. *Information and Organization, 12*, 85- 107.

Anderson, B. (1991). *Imagined communities, reflection on the origin and spread of nationalism.*（Rev. ed.）. Verso.

Ball, S. T. (1990). *Politics and policy making in education : Explorations in policy sociology.* New York: Routledge.

Ball, S. J. (1994). *Education reform: A critical and post-structural approach.* Buckingham; Philadelphia: Open University Press.

Banton, M. (2001). Progress in Ethnic and Racial Studies. *Ethnic and Racial Studies. 24(2)* ,173-194.

Bertens, H. (1995). *The idea of postmodern: A history.* New York: Routledge.

Blake, R. T.(1999). *Doing Quantitative Research Design, Measurement, and Statistics.* London: Sage .

Bruno, J. E. (1976). *Educational policy analysis a quantitative approach.* New York Crane, russak & Company, Inc.

Boehmer, E. (2005). *Colonial and Postcolonial Literature: Migrant Metaphors.* New York : Oxford University Press.

Carabine, J . (2001). *Unmarried motherhood 1830-1990: A genealogical analysis.* In M. Wetherell & S. Taylor & S. J. Yates (Eds.), Discourse as Data : A Guide for Analysis (pp. 267- 310). London : Sage.

Cameron, L.(2003). *Metaphor in education discourse.* New York: Continuum.

De Cillia, R., Reisigl M., Wodak, R. (1999). The discursive construction of national identities. *Discourse & Society, 10 (2)*, 149- 173.

Dewey, J. (1993). *How we think ?*. New York : The Free Press .

Dunn, W. N. (1994). *Public Policy Analysis: An Introduction*, 2nd ed. Englewood Cliffs, NJ : Prentice-Hall.

Edelman, M., Haugerud, A. (2005). *The Anthropology of Development and Globalization: From Classical Political Economy to Contemporary Neoliberalism.* Malden, Mass.: Blackwell Publishing.

Foucault, M. (1972). *The Archaeology of Knowledge.* New York : pantheon Books.

Foucault, M. (1983). The subject of power. In H. L. Dreyfus, H. L. and Rabino, P.. *Michel Foucault : beyond structuralism and hermeneutics* (2nd ed.) (pp.208- 226). Chicago : University of Chicago Press.

Fairclough, N. (1989). *Language and Power.* London ; New York : Longman.

Fairclough, N.(1992). *Discourse and Social Change.* Oxford : Polity Press.

Fairclough, N. (1995). *Media Discourse.* London ; New York : Edward Arnold.

Fairclough, N. & Wodak, R. (1997). Critical Discourse Analysis. In T. A. Van Dijk (Ed.), *Discourse as Social Interaction* (pp.258 - 284). London: Sage.

Faircloug, N. (2003). *Analysing Discourse : Textual analysis for social research* .   London : Routledge.

Fischer, F. & Forester, J. (1993). *The Argumentative Turn in Policy Analysis and Planning.*   Durham and London: Duke University Press.

Fowler, R., Hodge, R., Kress G., & Trew T. (1979). *Language and Control*. London: Routledge and Kegan Paul.

Gans, H. J. (1997). Toward a Reconciliation of Assimilation and Pluralism: The Interplay of Acculturation and Ethnic Retention. *International Migration Review 31*(4):875-892.

Gramsci, A. (1985). *Selections from the cultural writings* (D. Forgacs & G. Nowell-Smith, Eds. ; W. Boelhower, Trans.) . Cambridge, Mass : Harvard University Press.

Grin, F. (1999). Economics. In Fishman, J. A. (ed.) . *Handbook of language and ethnic identity*. NY, Oxford: Oxford University Press.

Hall, S. (1997). *The spectacle of the Other* . In S. Hall (Eds.), Representation : Cultural Representations and Signifying Practices.   London: Sage.

Hammersley, M. (1997).   On the Foundations of Critical Discourse Analysis. *Language & Communication, 17 (3)*, 237- 248.

Haddad, W. D. (1994). *The dynamics of educational policymaking:*

Case studies of Burkina Faso, Jordan, Peru, and Thailand. Washington, DC: The World Bank.

Hill, M. (1993). *The policy process : A reader.* New York: Harvester Wheatsheaf.

Hodge, R. & Kress, G. (1993). *Language as Ideology.* New York: Routledge.

Kaufman, R. (1996). *Educational planning strategic tactical operational.* Technomic publish co. inc.

Kogan, M. (1985). *Education policy and values.* In I. McNay & J. Ozga(Eds.), Policy-making in education(pp.11- 24). Oxford: Pergamon Press.

Krone, R. M. (1980). *Systems analysis and policy science-theory and practice.* New York: Toronto.

Kincheloe, J. & Steinberg, Shirley R. (1997). *Changing Multiculturalism. Buckingham.* Philadelphia: Open University Press.

Laclau, E. & Mouffe, C. (1985). *Hegemony and socialist strategy: towards a radical democratic politics.* London: Verso.

Laclau, E. & Mouffe, C. (1990). *Post-Marxism without apologies.* New reflections on therevolution of our time. London: Verso.

Locke, T. (2004). Critical discourse analysis. London; New York: Continuum.

MacRae, D. J. & James, A. W. (1993). *Policy Analysis for Public Decisions.* North Suituate, MA: Duxbury Press.

Mills, S. (1997). *Discourse.* New York: Routledge.

Mitchell, B. (1992). *Notes taken in Class ED P & L 845.* Columbus, OH: The Ohio State University.

Mumby, D. K. & Clair, R. P. (1997). Organizational Discourse. In Van Dijk (Ed.) , *Discourse as Social Interaction* (pp.181- 205). London: Sage Publications.

Novoa, A. (2001). Text, images, and memories : writing "new" histories of education. In Popkewitz, T. S., Franklin, B. M. & Pereyra, M. A. (Eds.), *Cultural history and education : Critical essays on Knowledge and Schooling* (pp.45- 66). New York and London : Routledge Falmer.

Okamura, J. Y.(1984). *Situational Ethnicity.* Ethnic and racial Studies, 15(4):452-465.

Portney, K. E. (1986). *Approach public policy analysis: An introduction to policy and program research.* Englewood Cliffs, NJ: Prentice-Hall.

Rogers, R. (2004). An introduction to critical discourse analysis in education. In R. Rogers (Ed.), *An introduction to critical discourse analysis in education.* （pp.1~18）. New Jersy：LEA.

Rosaldo, R. ed. (2003). *Cultural Citizenship in Island Southeast Asia.* Berkeley: University of California Press.

Skutnabb-Kangas T., Phillipson, and M. Rannut, eds.（1994）. *Linguistic Human Rights: Overcoming Linguistic*

Discrimination. New York: Mouton de Gruyter.

Teo, P. (2000). Racism in the news: a Critical Discourse Analysis of newsreporting in two Australian newspapers. *Discourse & Society,11 (1)*, 7 - 49.

Thompson, J. B. (1984). *Studies in the Theory of Ideology*. Cambridge: Polity Press.

Taylor, C. (1994). The Politics of Recognition in Charles Taylor (ed.). *Multicuturalism*. N.J.: Princeton University Press.

Van Dijk, T. A. (1993). Principles of critical discourse snalysis. *Discourse & Society, 4 (2)*, 249 - 283.

Waters, M. C. (1990). *Ethnic Options: Choosing Identities in America.* University of California Press.

Webber, D. J. (1992). *The distribution and use of policy knowledge in the policy process.* New Brunswick Transaction publishers.

Wodak, R. (1999). Critical Discourse Analysis at the End of 20th Century. *Research on Language and Social Interaction, 32 (1-2)*, 185- 193.

Wood, L. A. & Kroger, R. O. (2000). *Doing Discourse Analysis: Methods for Studying Action in Talk And Text*. London: Sage.

Young, I. M. (1990). *Justice and the Politics of Difference*. Princeton, N.J.: Princeton Univ. Press.

附錄一 台灣原住民族語教育政策與升學優待辦法變革年表

年代	重要措施	資料來源
1895	日本皇民化統治	陳枝烈，2008
1945	國民政府山地平地化	陳枝烈，2008
1946	1. 政府開始提供原住民保送、加分、特別名額及獎助學金等升學優待政策	汪秋一，2007
	2. 辦理高山族優秀青年免試免費入省立高中，由各縣保送六年制國民學校畢業優秀兒童三十	周惠民，2008
	3. 中國國民黨政權成立「國語推行委員會」	尤哈尼，2002
1947	1. 教育部指定台灣大學開辦國語專修科（翌年由省立師範學院接辦）。通令各級學校授課以國語為主、禁用日語，違者嚴懲	林英津，2008
	2. 省政府推薦各小學採購「新編初小國語手冊」，以利推行國語	林英津，2008
	3. 山地學校課程增加音樂體育時數，以協助推行國語	林英津，2008
1948	1. 教育部訂定中等學校國語文教學實施綱要，山地職業補習學校招生以國語口試	林英津，2008
	2. 省教育廳與民政廳委託省訓團調訓及招訓山地國民學校師資，為期六個月；語文課程由國語會設計並派員講授，由精通國語者擔任「國語教材研究」科目	林英津，2008
1949	1. 省教育廳發布「山地教育方針」，第一條為「徹底推行國語、加強國家觀念」	林英津，2008
	2. 省教育廳實施各師範學校應屆畢業生國語文統一考試，不及格不准畢業	林英津，2008

	3. 國語會於台灣廣播電台開設國語廣播教學	林英津，2008
1950	1. 省政府發布「非常時期教育綱領實施辦法」，規定各級學校及社教機關應加強推行國語運動	林英津，2008
	2. 省教育廳訂定「播音教育實施辦法」、「教育機關設置播音教育分站辦法」，並正式核准語文補習學校，以輔導小學教員進修爲中心工作	林英津，2008
1951	1. 省政府公布「台灣省各縣山地鄉實行國語辦法」	陳美如，2000
	2. 省政府發布「山地施政要點」，第廿條爲積極獎勵國語、國文，以各項有效辦法啓發山胞學習國語文的興趣，嚴格考核山地國語文推行進度	林英津，2008
	3. 省民政廳檢討山地行政業務，中心目標之一爲獎勵推行國語運動	林英津，2008
	4. 省教育廳推動山地國語教學內容包括：成立山地工作人員國語講習班、新任人員應遴選國語及格者，規定山地各級學校應用國語教學、教師限期補習國語	林英津，2008
	5. 教育廳規定師範學院各科系一年級國語（國音）爲必修四學分課程，不及格不能畢業	林英津，2008
	6. 國語會爲加強山地推行國語，曾邀集臺大教授凌純聲、董同龢、芮逸夫、周法高、吳守禮等語言學家多人，研討山地方言符號問題	林英津，2008
	7. 教育部規定投考專科以上學校的原住民學生，准予降低 25%錄取標準，是最早的加分政策	周惠民，2008

	8. 降低錄取標準 25%計算，乃是以原始總分乘以 4/3 即爲加分後的分數	陳誼誠，2007
1952	1. 教育部公布「山地國小改進教學方法應行注意事項」，規定教學用語除低年級外，一律使用國語且嚴禁使用日語。	陳美如，2000
	2. 教育部規定原住民學生投考高中或同等學校，准予降低 10%錄取標準	周惠民，2008
1954	1. 各縣市設置「國語推行員」、各山地鄉組織國語推行小組	廖傑隆，2008
	2. 教育部規定原住民學生投考高中或同等學校，改增加總分 20 分且專科入學標準降低 25%錄取	周惠民，2008
1955	禁止教會以羅馬拼音傳教	陳美如，2000
1956	1. 開始推行「說國語運動」	廖傑隆，2008
	2. 禁止台灣各族群講母語，並鄙視母語爲方言	尤哈尼，2002
1957	1. 公布「山地鄉組織國語推行小組設置辦法」規定本省傳教士以國語傳教；傳教文字應加注音符號	陳美如，2000
	2. 大專聯招原住民、蒙藏生、邊疆生降低律錄取標準 25%，優待升學	廖傑隆，2008
	3. 中國國民黨禁止原住民族教會使用母語羅馬字	尤哈尼，2002
1958	訂定「台灣省加強山地鄉教室實施辦法」並全面禁止教會以日語傳教	陳美如，2000
1962	明文規定教學不得使用母語	廖傑隆，2008
1968	教育部規定原住民國中畢業生投考高中職，亦享有加總分 20 分優待；參加五專、師專考試錄取標準降低 25%	周惠民，2008

1969	訂頒「改進山胞教育實施計畫」，加強山地國語推行，以普及山地國語。	高德義，2000
1970	國家語言政策轉為獨尊國語，原住民語言成為被消滅的對象	陳美如，2000
1973	制訂「台灣省各縣山地鄉國語推行辦法」，第一條規定本省為普遍推行國語，徹底糾正山胞使用日語、方言之習慣，藉以灌輸祖國文化，增加國家觀念	陳美如，2000
1975	台灣版羅馬字母語聖經被沒收	尤哈尼，2002
1980	修訂「台灣省加強山地國民教育辦法」，規定國語科教學應特別加強，並注意低年級之說話教學，教師教學及日常講話，均應用國語	陳美如，2000
1987	1. 政治解嚴，教育部公布「台灣地區山地族籍學生升學優待辦法」，專科以上原住民學生錄取總分降低 25%，高中增加總分 20%錄取（1987.1.5）	廖傑隆，2008
	2. 山地族籍學生係依「台灣省山胞身分認定標準」，原非山地族籍之養子女，不得享受優待	歐秀梅，2009
1990	1. 烏來鄉國中小學開辦泰雅族雙語教育	廖傑隆，2008
	2. 教育部函示：政府對各地方言並未禁止；國小教師應使用國語教學，方言可利用課外時間學習	陳美如，2000
	3. 台灣吹起一陣原住民語言復振的風潮，原因有來自政府的鼓勵、原住民的內部、世界原住民族群的推波。	陳枝烈，2008
1993	1. 頒布「國民中小學課程標準」，規定方言教學可利用鄉土教學活動和團體活動等時間實施	陳美如，2000
	2. 頒布「獎（補）助山胞母語研究實施要	陳美如，2000

	點」	
	3. 陸續在花蓮、新竹、台中、屏東、台東等師範學院成立原住民教育中心，進行原住民教育、語言、文化等資料蒐集與研究	陳美如，2000
	4. 教育部實施「發展與改進原住民教育五年計畫」（1993-1998 年）	廖傑隆，2008
	5. 人文及社會學科教育指導委員會，接受教育部委託著手規劃鄉土語言輔助之教學相關事宜	廖傑隆，2008
	6. 教育部長郭為藩提出「母語教育與鄉土教材專案報告」	廖傑隆，2008
1994	1. 教育部通過「國民小學新課程標準」，新增鄉土教學活動，原住民族語教學有了法定位置	陳枝烈，2008
	2. 憲法第三次增修將「山胞」正名為「原住民」	高德義，2000
	3. 教育部發布由李壬癸教授編訂之「中國語文台灣南島語言的語音符號系統」	黃樹民，2008
	4. 文建會推動「社區總體營造計畫」	黃樹民，2008
1995	1. 教育部訂定「補助民間團體辦理原住民社會教育實施要點」，其重點包括原住民母語及藝文教育	陳美如，2000
	2. 教育部訂定補助國民中小學鄉土教學實施計畫，鼓勵編輯鄉土和母語教材及教學設計等	陳美如，2000
	3. 教育部明訂「國民小學原住民鄉土文化課程」	廖傑隆，2008
	4. 教育部（1995.7.5）修正公布更名「台灣地區原住民族籍學生升學優待辦法」，原住民族籍依「台灣省原住民身分認定標準」	歐秀梅，2009

	5. 原住民族籍學生升學優待辦法第三條規定：報考專科以上錄取標準降低 25%；報考高中增加總分 35 分	周惠民，2008
	6. 教育部委託教師研習會和八縣市，分別編輯十三種不同族群的鄉土語言教材	廖傑隆，2008
	7. 教育部成立「鄉土文化教材編輯小組」，出版十族的《國民小學原住民鄉土文化教材》	黃樹民，2008
1996	1. 教育部首次召開「全國原住民教育會議」且實施「教育優先區計畫」，給於原住民集中地區的學校大幅的補助，故對提升原住民教育頗有助益	廖傑隆，2008
	2. 實施「國民中小學課程標準」，國小 3-6 年級每週 40 分鐘鄉土教學活動	歐秀梅，2009
	3. 立法院審議通過「行政院原住民委員會組織條例」，於 12 月 10 日正式成立行政院原住民委員會	黃樹民，2008
	4. 原民會組織條例規定教育文化處掌理原住民族一般教育政策；歷史及語言研究、保存與傳承等	原民會，2007
1997	1. 通過憲法增修第 10 條，積極維護發展原住民族語言及文化	廖傑隆，2008
	2. 憲法第四次增修條文，改稱為「原住民族」，正式賦予各族「民族」的法律地位	林英津，2008
	3. 第四次憲改，原住民族條款入憲，致使台灣原住民族的主體權利首次出現在台灣歷史的行政版圖	黃樹民，2008
	4. 原民會發布辦事細則第五條規定教文處設原住民族教育科、文化科、社教與傳媒科、語言科	原民會，2007

1998	1. 教育部公布「發展與改進原住民教育第二期五年計畫」，執行要項包括：研修原住民教育課程、改進原住民教育之教材教法、推動原住民語言文化教學（含語言文化教材編擬、選定學校進行實驗教學、於都會區原住民聚集區設立原住民文化教學中心）、推動多元文化課程與教學、評鑑各種實驗課程與教學之成效	陳美如，2000
	2. 公布實施「原住民族教育法」，其第 19 條規定：各級政府對學前教育及國民教育階段之原住民學生，應提供學習其族語、歷史及文化之機會	廖傑隆，2008
	3. 公布九年一貫課程語文課程總綱綱要，將鄉土教學納入正式課程，可謂為原住民語言政策之濫觴	劉唯玉，2002
1999	1. 修訂「國民教育法」並通過「教育基本法」	廖傑隆，2008
	2. 教育基本法第四條規定：人民無分性別、年齡、能力、地域、族群、宗教信仰、政治理念、社經地位及其他條件，接受教育機會一律平等。對於原住民、身心障礙者及其他弱勢族群之教育，應考慮其自主性及特殊性，依法令予以特別保障，並扶助其發展	原民會，2007
	3. 台灣省政府原住民事務委員會裁撤歸併行政院原住民委員會，並於中興新村設置中部辦公室	原民會，2009
	4. 原民會發布民族教育審議委員會設置辦法，分為規劃組、行政組，每三個月開會一次為原則	原民會，2007

	5. 教育部訂定發布補助辦理原住民社會教育實施要點，維護及發揚原住民傳統藝術及語言文化	原民會，2007
	6. 原民會實施「1999-2004年原住民族文化振興發展六年計畫」，第一期進行的有建立原住民各族語言符號系統、編纂原住民各族語言辭典、編輯原住民各族語言教材、培訓原住民各族語言師資、製作原住民各族語言教學視聽媒體、推展原住民族語言教學及傳播。	原民會，2006
2000	1. 九年一貫課程語文課程總綱將鄉土語言（含原住民語言）由選修列為必修	陳美如，2000
	2. 教育部修訂公布「台灣地區原住民族籍學生升學優待辦法」，原住民族籍依台灣省原住民身分認定標準，第三條規定學生報考專科以上學校按一般錄取標準降低總分 25%；報考高中依考試成績加總分 20%優待（2000.4.14）	歐秀梅，2009
2001	1. 九年一貫課程實施，將鄉土語言納入本國語言和英語同屬語文領域課程，從此族語成為正式課程的一部分，而且強調尊重各族語文，以促進理解，培養兼用族語和本國語的習慣，以資訊科技和工具書的方式來提升族語學習成效。	廖傑隆，2008
	2. 原民會開辦族語能力認證考試（政大承辦）	原民會，2006
	3. 教育部辦理族語種子教師研習（72 小時）	廖傑隆，2008
	4. 原民會補助各地方政府編輯各族語言教材並舉辦族語教學教材教法觀摩會	歐秀梅，2009
	5. 原民會（2001.11.5）公布「原住民族語言能力認證辦法」並補助辦理原住民族語	原民會，2006

言能力認證相關研習活動

	6. 教育部配合多元入學方案修訂公布（2001.1.20）更名之「原住民學生升學優待及原住民公費留學辦法」，第三條規定各校得於核定名額外加1%供原住民入學；考試分發入學者，大學指定考科降低錄取標準25%，高中及五專登記分發者錄取標準降低25%，並增訂自辦法生效第四年起原住民籍考生須取得文化及語言證明之規定，以維護並發揚原住民語言及文化	歐秀梅，2009
	7. 東華大學成立全國第一所原住民民族學院	黃樹民，2008
2002	1. 教育部辦理族語種子教師研習	廖傑隆，2008
	2. 教育部再修正「原住民學生升學優待及公費留學辦法」第三條條文，增列報考高中及五專原住民考生以其他各類方式入學者，參採國中基測分數標準及第二階段非學科測驗分數標準者，均降低25%（2002.5.8）	全國法規資料庫，2002.5.8
	3. 原民會辦理第一次族語支援教師研習（36小時）	廖傑隆，2008
	4. 台師大辦理「原住民族語言能力認證」考試	歐秀梅，2009
	5. 訂頒「補助辦理原住民語言研習及族語著作出版要點」補助機關學校辦理族語研習觀摩活動	歐秀梅，2009
	6. 教育部與原民會共同委託政大編輯原住民族語言教材	原民會，2006
	7. 原民會委託六所大學院校辦理「原住民族語言教學支援教學人員研習」	原民會，2006
	8. 行政院原住民委員會更名為「原住民族	原民會，2009

	委員會」	
	9. 原民會「推動原住民族教育文化與語言發展」， 在原住民較多的縣市開辦原住民部落大學	黃樹民，2008
2003	1. 原民會辦理第二次族語支援教師研習	廖傑隆，2008
	2. 研訂「原住民族語言發展法」草案，並舉辦分區座談會	歐秀梅，2009
	3. 台師大續辦「原住民族語言能力認證」	歐秀梅，2009
	4. 研訂「原住民族語言書寫系統」	歐秀梅，2009
	5. 辦理「原住民族語言振興人員研習班」	歐秀梅，2009
	6. 委託台師大辦理族語師資、族語教材編輯、族語字辭典編篆、原住民族文化、電腦媒體等研習	歐秀梅，2009
	7. 教育部訂定「補助直轄市縣（市）推動國民中小學本土教育要點」鼓勵各縣市落實中小學本土教育，各縣市也自訂母語教學實施計畫，並派員至學校訪視	台國字第092178644A 號令
	8. 教育部訂定發布「辦理原住民英語及族語教學補助要點」協助中小學辦理原住民族語及英語教學	原民會，2007
2004	1. 台北市自編原住民族語電子書與自編教材軟體	廖傑隆，2008
	2. 東華大學辦理「原住民族語言能力認證」考試	歐秀梅，2009
	3. 立法院修正通過「原住民族教育法」部份條文，原 19 條（提供學習族語等機會）改為 21 條；第 24 條規定擔任族語教學師資，應通過族語能力認證	原民會，2007
	4. 原民會設置原住民族語言科並委託學者規劃「原住民族語言能力認證分級制」	原民會，2006

	6. 教育部再修正公布「原住民學生升學優待及原住民公費留學辦法」第三條，明定自 96 學年度招生考試開始起，原住民學生欲享有升學優待必須取得文化及語言證明（錄取標準降低 25%優待）	全國法規資料庫，2004.10.29
	7. 原住民電視台創立	黃樹民，2008
2005	1. 公布「原住民族基本法」，其第 9 條規定：政府應設置原住民語言研究發展專責單位，並辦理族語能力驗證制度，積極推動原住民族語言發展。政府提供原住民族優惠措施或辦理原住民族公務人員特種考試，得於相關法令規定受益人或應考人應通過前項之驗證或具備原住民族語言能力。原住民族語言發展，另以法律定之（2005.2.5）	原民會，2007
	2. 公告「原住民族語言書寫系統」並規劃語言能力認證分級制度（原民會與教育部 2005.12.15 會銜公告）	夷將‧拔路兒，2007
	3. 停辦「原住民族語言能力認證」工作	原民會，2006
	4. 原民會編列 900 萬經費，補助「地方政府辦理族語家庭化、部落化－原住民語言研習計畫」，以結合地方政府和民間團體力量，達成族語復振的目標，該計畫以教會、部落教室、活動中心、會議室為地點，利用暑假、例假日或夜間實施，招收對象不限戶籍，以全國原住民為主，或有心學習原住民族語言者	原民會，2005
	5. 教育部制定「2006-2010 年發展原住民族教育五年中程個案計畫」，其中配合升學優惠辦法規劃原住民學生「族語認證制度」	教育部，2005

即爲執行內容之一

2006	1. 行政院出版原住民族語教材，採用羅馬字書寫符號系統	廖傑隆，2008
	2. 啓用「台灣原住民族網站學院」線上學習族語	歐秀梅，2009
	3. 公告「原住民族語言發展會設置要點」，在原民會下設置原住民族語言發展會，以審議語言事項	汪秋一，2007
	4. 原民會（2006.6.12）發文建議教育部修正「原住民學生升學優待及原住民公費留學辦法」第三條條文，未取得語言文化證明者，自99學年逐年遞減加分比率及增訂但書	原民會函，原民教字第09500174181號
	5. 原民會與教育部（2006.9.11）會銜公告「96學年度原住民學生升學優待取得文化及語言能力證明要點」	原民會新聞稿，2006.9.20
	6. 停辦「原住民族語言能力認證」	原民會，2006
	7. 原民會訂頒語言發展會設置要點，成立原住民族語言發展會，分族語教學組、族語編纂組、族語研發組，任務爲審議族語保存、傳承及發展事項	原民會，2007
	8. 教育部（2006.9.8）修正發布「原住民學生升學優待及原住民公費留學辦法」第三條條文，升學優待自96學年度起改採加總分25%計算，另爲鼓勵學生取得文化及語言證明，取得證明者，以加總分35%計算	原民會新聞稿，2006.9.20
	9. 「原住民學生升學優待及公費留學辦法」第三條修正緣由是將升學優待一致化，錄取名額改爲依原住民人口數占全國2%爲	原民會新聞稿教育部詳細說明，2006.9.20

基礎，增訂以各校系組核定人數的 2% 保
障名額，另為給與原住民學生緩衝期適應
時間，始自 99 學年度起，未取得證明者
其加分比率方逐年遞減 5%，並減至 10%
止（升學優待辦法第三條第 5 項但書）

10. 參加「原住民學生升學優待取得文化及語言能力證明考試」限為原住民身分法規定之原住民學生，考科分 12 族 41 個方言別，依考生所屬族別自由選考，範圍為九年一貫族語教材第一至三階及基本生活用語，採聽錄音帶方式，滿分為 100，合格標準為 60 分	原民會答客問，2006.9.20
11. 原民會修正「甄選評分表」，公務人員通過族語認證者，參加原民會對外徵才可加分	原民會新聞稿，2006.8.17
12. 原住民族電視台自 11 月 3 日起於每日下午 5 點至 6 點推出族語教學新節目「族語學原」，是針對 96 學年度欲報考語言能力證明考試的原住民學生所設計的節目	原民會新聞稿，2006.11.15
13. 原民會與教育部（2006.12.15）會銜修正「96 學年度原住民學生升學優待取得文化及語言能力證明要點」第五點，各族方言別由中央主管機關核定公告，由考生自由選考（不限所屬族別）	行政院公報資訊網，2006.12.15
14. 政大原住民族研究中心編輯完成原住民族語言教材，共九階 40 語 360 冊，在世界各國中以國家力量進行少數民族語言課本編輯者，我國為首例	林修澈，2006
2007　1. 原民會開始推動原住民語言巢計畫	廖傑隆，2008

	2. 台師大開辦全國分區「96 學年度原住民學生升學優待取得文化及語言能力證明考試」（3 月合格率 77.22%、12 月合格率 76.6%）	陳誼誠，2007 歐秀梅，2009
	3. 原民會分年編輯「原住民族語字詞典」	歐秀梅，2009
	4. 復辦「原住民族語言能力認證」考試（台師大）	夷將・拔路兒，2007
	5. 原民會與教育部（2007.6.15）會銜修正公告「原住民學生升學優待取得文化及語言能力證明要點」，應考資格為報考 97 或 98 學年度之新生入學考試之原住民學生，考試科目方言別由考生自由選考	行政院公報資訊網，2007.6.15
	6. 教育部（2007.4.14）再修正原住民學生升學優待辦法第三條，將優待方式區分為：報考高中、五年制專科、技術校院四年制、二年制或專科二年制、大學，仍以國中基測成績或大學指考加總分 25%；取得語言文化證明者加總分 35%、名額以 2%為限，未取得證明者自 99 學年招生考試起，其加分比率逐年遞減 5%	全國法規資料庫，2007.4.14
2008	1. 原民會實施「原住民族語言振興六年計畫（2008-2013）」，主要工作項目有十：健全原住民族語言法規、成立推動原住民族語言組織、編纂各族語言字詞典及發展原住民族語言教材、推動原住民族語言研究與發展、培育原住民族語言振興人員、推動原住民族語言家庭化與部落化及社區化、利用傳播媒體及數位科技實施原住民族語言之教學、辦理原住民族語言能力之認證、原住民族傳統及現代歌謠創作收	原民會，2006

	集及編纂、重要政策、法令之翻譯及族語翻譯人才之培育	
	2. 台師大辦理「97 年度原住民學生升學優待取得文化及語言能力證明考試」，（3 月合格率 74.2%、12 月合格 61.8%）	原民會新聞稿，2008.12.26，2009.3.27
	3. 教育部修正「國民中小學本土語言指導員設置要點」，規定教育局應置本土語言指導員，到校輔導	台國（二）字第0970098489 號函
	4. 教育部再修正「教育部補助直轄市縣（市）推動國民中小學本土教育要點」，項目有編輯教材、辦理研習、辦理活動、製作媒體、蒐集建檔、培訓師資等	台國（二）字第0970098487c 號函
	5. 實施「2008-2113 年原住民文化振興發展六年計畫第二期」，詮釋振興的意義為：「振興，強調由被殖民與同化的困境振起，並以主體的思維進行文化創新發展。」	劉璧榛 ，2008
2009	1. 台師大辦理「98 年原住民族語言能力認證」考試，587 人合格（合格率 52%），其中有 3 位非原住 民。首次提醒自 99 學年度始，未取得合格證明的學生，加分優待將逐年遞減 5%，直到 10%為止	原民會新聞稿，2009.9.15
	2.台師大辦理「98 年度原住民學生升學優待取得文化及語言能力證明考試」，14 族 43 方言別，共 7542 人通過，合格率 72.2%，總平均 68.5 分	原民會新聞稿，2010.2.3
	3. 辦理原住民族語言教材及教法觀摩研討會	原民會，2009.11.5-6
	4. 辦理全國原住民都會型族語班教材及教法觀摩研討會	台北縣原民局，2009.11.12-13
	5. 教育部委由康軒文教基金會負責增補及	高市教三字第

	退換原住民族語教材，僅提供各校原住民學生和授課老師 1-4 階教材，不提供教師自行研究或圖書館藏書	0980046351 號函
	6. 教育部補助各縣市原住民族語教學支援工作人員經費，依開班族別及開班數總節數計算，每節單價 320 元，外加勞健保及勞退提撥 6%	教育部台國二字第 0980168682A 號函
2010	1. 原民會發布新聞稿，提醒原住民學生未取得族語能力合格證明者，其原先享有的 25%應試加分優待，自 99 學年度開始，逐年遞減 5%，一直減到優待 10%爲止	原民會新聞稿，2010.2.3
	2. 原民會與教育部（2010.5.5）會銜修正發布「原住民學生升學優待取得文化及語言能力證明要點修正規定」，修正應考資格，以能力考試舉行當年就讀國中二年級、三年級、高級中學或職業學校二年級、三年級、五專四年級、五年級學生或具同等學力之原住民學生爲限（不限參加新生入學考試者）	行政院公報資訊網，2010.5.5
	3. 教育部補助辦理家庭親子共學母語教育活動計畫，鼓勵縣市開辦本土語言研習班，學校、原委會、客委會可提出申請，教育部補助每班 15000 元	高市教四字第 0990006450 號函

附錄二　台灣原住民族語教育政策文本

（一）專書

尤哈尼‧伊斯卡卡夫特（2002）。**原住民族覺醒與復振**。台北：前衛。

巴蘇亞‧博伊哲努（2002）。**思考原住民**。台北：前衛。

王甫昌（2003）。**當代台灣社會的族群想像**。台北：群學。

行政院原住民族委員會（2007a）。**原住民族法規彙編**（初版二刷）。台北：作者。

孫大川（2000a）。**夾縫中的族群建構—台灣原住民的語言、文化與政治**。台北：聯合文學。

陳枝烈（2008）。**台灣原住民民族教育**。台北：師大書苑。

黃宣範（1995）。**語言、社會與族群意識：台灣語言社會學的研究**（新一版）。台北：文鶴。

（二）網站資訊

土地有心文化行動聯盟（2006.1.16）。**0118 反族語條款靜坐行動**。檢索日期：2009.02.12。取自 World Wide Web：
http://www.nobnog.org.tw/modules/newbb/viewtopic.php?topic_id=70&forum=2&post_id=2987

世界語言權宣言（1996）。**語言公平網站／重要非政府組織**。檢索日期：2010.02.12。取自 World Wide Web：
http://mail.tku.edu.tw/cfshih/ln/non-governmental.htm

台灣原住民族網路學院（2009）。**主網站公告：98 年度原住民學生升學優待取得文化及語言能力證明考試報名**。檢索日期：2009.09.26。取自 World Wide Web: http://iel.apc.gov.tw/default.asp

行政院原住民族委員會（2005.12.16）。**原住民族語言書寫系統**。檢索日期：2010.02.12。取自 World Wide Web：
http://www.apc.gov.tw/main/docDetail/detail_TCA.jsp?isSearch=1&docid=PA000000000154&cateID=A000075&linkSelf=0&linkRoot=0&

linkParent=0&url=

行政院原住民族委員會（2009）。**原住民族委員會組織系統**。檢索日期：2009.09.26。取自 World Wide Web：http://www.apc.gov.tw

馬賴古麥（2002.3.18）。**送尤哈尼‧伊斯卡卡夫特迎陳建年**。財團法人國家政策研究基金會國政評論。檢索日期：2010.04.26。取自 World Wide Web：
http://old.npf.org.tw/PUBLICATION/IA/091/IA-C-091-058.htm

孫大川（2005）。**原住民書寫系統**。臺灣大百科全書。 檢索日期：99.02.22取自 World Wide Web：http://taiwanpedia.culture.tw/web/index

浦忠勇（2001）。**升學母語條款二度剝削原住民學生**。南方電子報，2001.04.11 。檢索日期：2008.04.10。取自 World Wide Web：
http://iwebs.edirect168.com/main/html/south/241.shtml

原權會部落工作隊（2000.05.20）。**尤哈尼‧伊斯卡卡夫特要用功利的箭搶救原住民母語**。祖靈之邦－原住民觀點。檢索日期：2008.04.10。取自 World Wide Web：
http://www.abohome.org.tw/index.php?option=com_content&view=article&id=479:viewpoints-479&catid=65:2008-10-22-22-01-21&Itemid=60

國立教育資料館（2009）。**行政院原住民族委員會母語政策**。原住民教育－族語教育。檢索日期：2009.09.21。取自 World Wide Web：
http://192.192.169.108/2d/native/language/language_0201.asp

陳枝烈（2010）。**族語教育怎麼會這樣？1**。原教觀測站，2010-03-09 。檢索日期：2010.04.26。取自 World Wide Web：
http://lihpao.shu.edu.tw/search.php?search_ansr=%E6%97%8F%E8%AA%9E%E6%95%99%E8%82%B2%E6%80%8E%E9%BA%BC%E6%9C%83%E9%80%99%E6%A8%A3&getauthor=&getpage=-1&advanced=&start_date=&end_date=2010-04-26&pagenode=0&art_id=38579

陳枝烈（2010）。**族語教育怎麼會這樣？2**。原教觀測站，2010-03-16 。檢索日期：2010.04.26。取自 World Wide Web：

http://lihpao.shu.edu.tw/search.php?search_ansr=%E6%97%8F%E8%AA%
9E%E6%95%99%E8%82%B2%E6%80%8E%E9%BA%BC%E6%9C%83
%E9%80%99%E6%A8%A3&getauthor=&getpage=-1&advanced=&start_
date=&end_date=2010-04-26&pagenode=0&art_id=38772

（三）會議資料

行政院原住民族委員會主辦（2009.11.5-6）。**98 年度原住民族語言教材及教法觀摩研討會（兒童族語班）會議資料。**

行政院原住民族委員會主辦（2009.11.26-27）。**2009 年原住民族教育學術研討會－教育文化與人才培育手冊。**

陳枝烈（2007）。原住民族教育體系之規劃委託研究計畫期末報告書**II：焦點座談實錄**。行政院原住民族委員會委託專案研究。

（四）計畫辦法

行政院原住民族委員會（2005）。**94 年補助地方政府辦理族語家庭化、部落化－原住民族語言研習實施計畫。**

行政院原住民族委員會（2006.12）。原住民族語言振興六年計畫（核定本）。檢索日期：2009.03.30。取自 World Wide Web：
http://www.apc.gov.tw/main/index.jsp

教育部（2004）。**發展原住民族教育五年中程個案計畫**。台北：作者。

教育部（2008.6.20）。**國民中小學本土語言指導員設置要點**。台國（二）字第 0970098489 號函。

教育部（2008.7.1）。**教育部補助直轄縣（市）推動國民中小學本土教育要點**。台國（二）字第 0970098487C 號函。

「原住民族語言能力認證辦法」（2001.11.05）。原住民族法規彙編（初版二刷）。台北：原民會。

「原住民學生升學優待及原住民公費留學辦法」（2001.01.20）。

「原住民學生升學優待及原住民公費留學辦法」（2002.05.08）。

「原住民學生升學優待及原住民公費留學辦法」（2004.10.29）。

「原住民學生升學優待及原住民公費留學辦法」（2006.09.08）。

「原住民學生升學優待及原住民公費留學辦法」（2007.04.16）。全國
　　法規資料庫。檢索日期：2010.05.25。取自 World Wide Web：
　　http://law.moj.gov.tw/News/news_detail.aspx?id=40799&k1=%e5%8d
　　%87%e5%ad%b8%e5%84%aa%e5%be%85

「九十六學年度原住民學生升學優待取得文化及語言能力證明要點」（
　　2006.9.11）。行政院公報資訊網。檢索日期：2010.05.25。取自 World
　　Wide Web：
　　http://gazette.nat.gov.tw/EG_FileManager/eguploadpub/eg012174/ch0
　　2/type2/gov13/num2/Eg.htm

「九十六學年度原住民學生升學優待取得文化及語言能力證明要點」第
　　五點修正規定（2006.12.15）。行政院公報資訊網。檢索日期：
　　2010.05.25。取自 World Wide Web：
　　http://gazette.nat.gov.tw/EG_FileManager/eguploadpub/eg012241/ch0
　　2/type2/gov13/num2/Eg.htm

「原住民學生升學優待取得文化及語言能力證明要點」（2007.06.15）。
　　行政院公報資訊網。檢索日期：2010.05.25。取自World Wide Web：
　　http://gazette.nat.gov.tw/EG_FileManager/eguploadpub/eg013113/ch0
　　2/type2/gov13/num1/Eg.htm

「原住民學生升學優待取得文化及語言能力證明要點」（2010.05.05）。
　　行政院公報資訊網。檢索日期：2010.05.25。取自World Wide Web：
　　http://gazette.nat.gov.tw/EG_FileManager/eguploadpub/eg016092/ch0
　　2/type2/gov13/num3/Eg.htm

（五）新聞報導

行政院原住民族委員會新聞稿（2006.09.20）。**原住民學生升學優待取
　　得文化及語言能力證明考試取得證明者升學優待以加總分35%計
　　算**。檢索日期：2010.02.12。取自World Wide Web：
　　http://www.apc.gov.tw/main/docDetail/detail_news.jsp?rootCateID=A

000073&docid=PA000000000186&cateID=A000323&linkSelf=0&linkRoot=0&linkParent=

行政院原住民族委員會新聞稿（2006.11.17）。「**族語學原**」新節目～**快樂學習、輕鬆應考**。檢索日期：2010.02.12。取自World Wide Web：http://www.apc.gov.tw/main/docDetail/detail_news.jsp?rootCateID=A000073&docid=PA000000000683&cateID=A000323&linkSelf=0&linkRoot=0&linkParent=

行政院原住民族委員會新聞稿（2006.12.13）。**96學年度原住民學生升學優待取得文化及語言能力證明考試12月19日開始報名至12月29日截止**。檢索日期：2010.02.12。取自World Wide Web：http://www.apc.gov.tw/main/docDetail/detail_news.jsp?rootCateID=A000073&docid=PA000000000741&cateID=A000323&linkSelf=0&linkRoot=0&linkParent=

行政院原住民族委員會新聞稿（2009.07.17）。「**98年度原住民族語言能力認證考試**」**7月18日登場**。檢索日期：2010.04.26。取自 World Wide Web：http://www.apc.gov.tw/main/docDetail/detail_TCA.jsp?isSearch=&docid=PA000000003285&cateID=A000323&linkSelf=0&linkRoot=0&linkParent=0&url=

行政院原住民族委員會新聞稿（2009.09.15）。**族語傳承，原言流傳！～98年度原住民族語言能力認證考試榜首授證儀式暨學生升學優待取得文化及語言能力證明考試報名開跑記者會～**。檢索日期：2010.04.26。取自 World Wide Web：http://www.apc.gov.tw/main/docDetail/detail_TCA.jsp?isSearch=&docid=PA000000003490&cateID=A000323&linkSelf=0&linkRoot=0&linkParent=0&url=

行政院原住民族委員會（2009.09.15）。**98年度原住民學生升學優待取得文化及語言能力證明考試簡章**。檢索日期：2009.10.26。取自World Wide Web：http://www.sce.ntnu.edu.tw/

行政院原住民族委員會新聞稿（2010.02.03）。**原氣新種子　大顯原勢力！**

～98 年度原住民學生升學優待取得文化及語言能力證明考試榜首授證記者會～。檢索日期：2010.4.26。取自 World Wide Web：http://www.apc.gov.tw/main/docDetail/detail_news.jsp?docid=PA000000004110&cateID=A000075

行政院原住民族委員會新聞稿（2010.05.23）。**原民會肯定平埔族為南島民族，協助文化正名**。檢索日期：2010.05.27。取自 World Wide Web：http://www.apc.gov.tw/main/docDetail/detail_news.jsp?docid=PA000000004537&cateID=A000323

（六）論文

巴蘇亞・博伊哲努（2007）。台灣原住民族語教學發展之趨勢。收於台東大學華語文學系編。**原住民族語言發展論叢理論與實務**（頁135-145）。台北：行政院原住民族委員會。

夷將・拔路兒（2007）。邁向原住民族語言發展的康莊大道。收於台東大學華語文學系編。**原住民族語言發展論叢理論與實務**（頁 i）。台北：行政院原住民族委員會。

孫大川（2009）。花果燦爛之後－八八風災手記。**原教界**，**30**，6-7。

（七）成果報告

台北縣政府原住民族行政局主辦（2009.11.12-13）。**98 年度推展原住民族語學習實施計畫－全國原住民都會型族語班教材及教法觀摩研討會成果報告**。

台北縣政府原住民族行政局主辦（2009.08.18-21）。**98 年度推展原住民族語學習實施計畫－台北縣族語師資培訓計畫原住民族語言教學專業課程成果報告**。

行政院原住民族委員會（2006）。**行政院原住民族委員會十週年施政成果專輯**。台北：作者。

宜蘭縣南澳鄉公所（2008.03）。**96 年度原住民族語言學習暨語言巢實施計畫活動成果報告**。

（八）會議紀錄（於行政院原民會行政網下載）

「行政院原住民族委員會原住民民族教育審議委員會」第一次臨時會會
　　議紀錄（2002.08.01）。

「行政院原住民族委員會原住民民族教育審議委員會」第四次委員會議
　　會議紀錄（2002.12.16）。

「行政院原住民族委員會原住民民族教育審議委員會」第五次委員會議
　　會議紀錄（2003.03.31）。

「行政院原住民族委員會原住民民族教育審議委員會」第七次委員會議
　　會議紀錄（2003.11.05）。

「行政院原住民族委員會第五十九次委員會議紀錄」（2003.02.21）。

「行政院原住民族委員會第六十次委員會議紀錄」（2003.03.27）。

「行政院原住民族委員會第六十一次委員會議紀錄」（2003.06.26）。

「行政院原住民族委員會第六十三次委員會議紀錄」（2003.09.25）。

「行政院原住民族委員會第六十四次委員會議紀錄」（2003.10.30）。

「行政院原住民族委員會第七十一次委員會議紀錄」（2005.06.30）。

「行政院原住民族委員會第七十二次委員會議紀錄」（2005.07.28）。

「行政院原住民族委員會第七十三次委員會議紀錄」（2005.08.25）。

「行政院原住民族委員會第七十五次委員會議紀錄」（2005.10.27）。

「行政院原住民族委員會第七十九次委員會議紀錄」（2006.08.31）。

「行政院原住民族委員會第八十一次委員會議紀錄」（2006.10.26）。

「行政院原住民族委員會第八十二次委員會議紀錄」（2006.11.30）。

「行政院原住民族委員會第八十三次委員會議紀錄」（2006.12.28）。

「行政院原住民族委員會第八十九次委員會議紀錄」（2007.09.27）。

「行政院原住民族委員會第九十次委員會議紀錄」（2007.10.25）。

「行政院原住民族委員會第九十四次委員會議紀錄」（2008.11.13）。

（九）法規、公文書

原住民身分法（2001.01.17）。原住民族法規彙編（初版二刷）。台北：
　　原民會。

原住民教育法（2004.09.01）。原住民族法規彙編（初版二刷）。台北：
　　原民會。

原住民基本法（2005.02.05）。原住民族法規彙編（初版二刷）。台北：
　　原民會。

教育基本法（2006.12.27）。全國法規資料庫。檢索日期：2010.05.25。
　　取自 World Wide Web：
　　http://law.moj.gov.tw/LawClass/LawAll.aspx?PCode=H0020045

行政院原民會函（2006.06.12）。原民教字第 09500174181 號。

教育部（2009.10.07）。台國二字第 0980168682A 號函。

高雄市政府教育局函（2009.11.09）。高市教三字第 0980046351 號函。

高雄市政府教育局函（2010.02.24）。高市教四字第 0990006450 號函。

附錄三　受訪者身分識別及時間地點

受訪者姓名或代稱	訪談日期時間	訪談地點	紀錄員
布農族族語認證委員	2009.11.20 晚上	南投望鄉部落	高進來
布農族都市原住民家長	2009.11.20 晚上	南投望鄉部落	高進來
尤哈尼・伊斯卡卡夫特 （布農族）	2009.11.21 上午	南投望鄉部落	高進來
鄒族族群代表 （國小校長退休）	2009.12.07 下午	行政院原民會	高進來
原民會高層人士	2009.12.07 下午	行政院原民會	高進來
中研院研究員周惠民 （阿美族）	2009.12.08 上午	中研院民族所	高進來
原民會主委孫大川 （卑南族）	2010.04.12 上午	行政院原民會	高弘勳
考試委員浦忠成 （鄒族）	2009.12.07 下午 2010.04.12 下午	考試院委員室 考試院委員室	高進來 高弘勳
排灣族原運老兵 （不願具名）	2010.05.14 中午	屏東 85^0C 咖啡	
教育部高教司承辦人員	2010.05.20 下午	教育部電話	
原民會承辦人員	2010.05.20 下午 2010.06.28 下午	原民會電話 原民會 email 原民會電話	
都市原住民研究生	2010.08.04 下午	高雄市自宅	

附錄四 訪談提綱（原住民精英用）

您好：我是高雄市五權國小校長趙素貞，目前在屏東教育大學教育行政研究所博士班修業，論文指導教授為陳枝烈老師，題目為「臺灣原住民族語教育政策分析之研究」，主旨在分析族語教育政策的論述，以提供讀者更明晰的視野。

此訪談提綱的對象為臺灣原住民精英。係根據對象的身份與地位，瞭解其成長的背景、對現行族語教育政策的看法和經驗、對都市原住民學生和家長的建議等等。

1. 非常高興認識您，請您先談談您的出生地和學經歷。
2. 請問您會說族語嗎？是什麼原因/是如何學習的？
3. 請您談談對族語教育的理解和看法？（內涵和意義）
4. 請問現行族語教育政策是如何發展的？是基於什麼論述？
5. 根據研究指出族語的學習意願不高，您認為是什麼原因造成的？
6. 「族語是原住民的身分證」，您認為如何？
7. 原住民學生升學優待必須先通過「族語能力認證」，您覺得如何？
8. 目前原住民學生升學優待的加分方式，您有何看法？
9. 原民會主張「語言權」是集體的權利，您認為如何？
10. 「母語的故鄉是在部落」，部落中不同族群該用什麼語言交談呢？
11. 有些地區原住民異族通婚或外配很多，其母語或族語該如何決定？
12. 對於都市原住民低社經的家長，該如何教育他們的下一代，您的建議是？
13. 對於都市原住民低社經的孩子，您認為他們該如何學族語以順利升學，同時避免階級的複製呢？
14. 您認為族語教育未來的發展會是怎樣的？或怎樣才是最好的？
15. 「母語是用傳承的不是用教學的」，您認為現在學校教族語的功效如何？該如何修正才好？

981208 周惠民訪談紀錄

時間：2009 年 12 月 08 日 上午 9：50-11：30
地點：中央研究院民族研究所
受訪者：周惠民博士（阿美族）
訪談者：趙素貞 高進來
主要內容：

1. 出生地在台東成功鎮，每天走半小時的路到學校上課，父母不太管孩子，如果沒有吃飯就會到同學家，同學媽媽會給飯吃，小學二年級全家遷居到台北。因為讀師專英文很不好，剛出國時英文都聽不懂，很痛苦。

2. 據說小時候很會說族語，但是長大後就說得不太流利了，因為語言學習是要有環境的，有時候回故鄉跟老人家不能溝通，心裏還是有點遺憾。

3. 對族語教育不是很了解，但是如果可以營造一個族語的環境，我們的族語教育還是有希望的，都市裡面可以幾個據點來教族語，也可以一對一教學，族語只要會說就好，不一定要會書寫，書寫就交給專門的人就可以了，原住民的語言本來就沒有文字，都是用口傳心授，沒有必要文字化。

4. 升學加考族語是如何訂的，已經無法可考（研究者告之起初是原民會認為族語很重要，要教育部修改升學優待辦法，最後還訂在原住民基本法內，難怪現在教育部的態度很強硬），表示這個政策的制定草率，沒有經過公聽會等程序。

5. 升學優待辦法只是行政命令，只要教育部發現確實有問題應該可以改，但是現在每次開會教育部都派沒有可以做決定的人來，所以很難改變。

6. 原住民學生升學加考族語，對族語振興沒有幫助，考完試後就丟下了，每年花那麼多錢辦考試沒有必要。

7. 原住民學生升學優待加分是消極性的作法，現在加 35% 有人認為太高了，也有人乾脆不要認證，只要原來的 25%，可是以後會遞減到 10%，很多人不知道，至於外加 2% 的名額不是依人口數，因為原住民人

口不只 2%。

8.部落中應該可以用族語來教數學、教自然，如果可以有原住民自己的
　教育系統當然最好。

9.如果可以調查公教人員或不同階層的人對族語教育政策的看法是很
　好（研究者告之考試院調查大多數的公教人員反對族語教育）。

10.會說族語的人不見得認同原住民，不會說族語的人也不見得不認同
　　原住民，不能用族語來認定他是不是原住民；語言權是集體的權利
　　也是個人的權利，都會地區的家長或學生要選擇學什麼語言，應該
　　要尊重。

PS.研究者告之原民會強調過去國語怎麼做的，族語就要怎麼做，這是
　　一種霸權的複製，周博士未置可否。

附錄五 2010.04.12 孫大川訪談提綱

孫主委：您好！

我是高雄市五權國小校長趙素貞，目前在屏東教育大學教育行政研究所博士班修業，論文指導教授是陳枝烈老師，題目為「臺灣原住民族語教育政策之分析」，主旨在針對現行族語教育政策的批判論述分析，以提供讀者更明晰的視野。

曾拜讀大作如：久久酒一次、夾縫中的族群建構、山海世界等書，對您的文筆及學養早已萬分景仰，看到「花果燦爛之後－八八風災手記」後，更感佩您勇於承擔大任，可見您一路走來始終「大力入世」，實可作為原住民知識精英的表率！

因研究所需，除閱讀相關文獻外，曾數次上網收集資料，發現貴會網站公告的教育審議會議紀錄僅有 1-7 次，而委員會議紀錄也只有到 2009 年 3 月，為進一步釐清族語教育政策的發展脈絡，故預定於 4/12 北上向您當面請益，感謝您不吝指教！訪談的問題如下：

1.原民會自 2000 年尤哈尼主委任內即已確立母語政策，實施至今近十年，各界的評價不高，連尤哈尼前主委（2009.11.21）也認為是失敗的政策，請問孫主委您的看法如何？

2.您在 2000 年以學者的立場，主張重視原住民的母語教育，提出：文字化、母語教育落實在教育體制上、透過立法的手段、把自己符號化、把生命變成符號等訴求，如今一一實現，可是原住民學習母語的意願依然不高，甚至有學者指出：族語政策不利自然語言的發展，而且收不到「語言復振」的效果，語言瀕臨死亡的憂鬱症只有增加、沒有減少。請問您站在原住民最高首長的位置，有無其他對策？

3.您曾認為「原住民祖先歷經幾千年的發展，仍堅持不創制文字，或許是早已洞察到整體生命的伸展，優於任何有形符號系統的真諦」，而教育部和原民會 2005 年公告了原住民書寫系統，這和您的看法有無衝突？面對站在第一線的族語教師要求統一「實際上該怎麼讀」的寫法，以及至今沒有人使用也沒有讀者的情況，該如何是好？

4.請問您對現行「原住民族語言振興六年計畫」有何看法？該計畫強調

「語言權」是集體的權利，那麼學習者的主體性何在？族語的學習是權利還是義務？

5.請問您認同「母語是原住民的身分證」嗎？這樣的論述是否分化了原住民？這是否為您指稱的母語主義？

6.目前原住民學生享受升學優待必須先通過「族語能力認證」，您覺得如何？實施至今已三年，前二年報考率和及格率有降低趨勢，2009 年 12 月考試結果如何？原民會對沒有通過的學生有無補救措施？不通過的學生可能是弱勢中的弱勢，其升學之路是否因此中斷？原民會是否有責追蹤輔導其後續的發展？

7.對於現行原住民學生升學優待的加分方式及錄取名額，您有何看法？外加 2%的名額，造成原住民學生的自我排擠，學者（2009）發現：新制的升學加分制度限制了原住民學生的選讀某些學校，而且以國立大學情況更為明顯。亦有學者主張應取消升學優待，以免原住民學生受到歧視，您認為呢？

8.對於都市原住民低社經的孩子，您認為他們該如何學族語以順利升學，同時避免階級的複製呢？

9.建構原住民族自己的教育系統或許是解決族語教育困境的良方，請問您是否贊同？其可行性如何？

10.八八風災後，原住民部落百廢待舉，所有的資源勢必重新調配，請問孫主委對原民會既定的政策有無修正？有無困難？原住民族該如何「擅用」此契機，實踐「主體性」的願景？

附錄六　2010.04.12 孫大川主委訪談紀錄摘要

（2010.6.30 原民會秘書修正版）

一、　請問主委您認為的主體性是什麼？

主委：

　　我不認為主體性要構築在所謂的母語主義、血緣主義或是本質主義，我覺得我們原住民的主體性應該要相對應的建立在我們所處的世代，是可以跟客觀環境對話的主體性，一個環境的主體性，一個面對當代，與當代對話的主體性，並且找出原住民族自己創造力的角度。

　　為什麼需求談論原住民主體性的問題？是因為在過去原住民族在找尋自身確立其主體性前，主流社會的價值與國家的力量，在雙方沒有可能對話的機會與空間，滲透到原住民的社會。也就是說，主體性的重要的意義在於，國家或是主流社會在推動各種政策時，應該更加主動了解對方的文化背景，找出一個彼此都可以接受的方式去推動，去共同建構我們的未來，也就是多元文化主義的精神。

　　我主張的主體性，是以一個脈絡中的主體，對話中的主體來理解的，而這樣的主體性，有其制度上的意義，就像原民會的成立，不論其功能扮演如何，但至少原民會的成立，提供過去台灣法政社會裡，國家與原住民族對話的機會與空間，而這是原民會成立以前所沒有的。也因為有了原民會，促成了國家與原住民族兩造主體面對面的對話，並且讓主流社會有機會承認並面對彼此差異性的存在，而這種承認，是一個重要態度的開展，也就是國家是不是真的承認原住民的存在的差異性，國家是不是真的承認你的存在或是所屬社會的思維方式，一個存在的承認。

一、　是一個「是」或是「有」的問題嗎？

主委：

　　「是 to be」是從原住民的角度思考，「有 to have」則是過去政府對原住民族政策的思維，在沒有承認原住民族存在、文化或者價值之前，政府對於原住民過多「恩惠」政策，其實是會扼殺其文化的發展。

三、　有些人說原住民族資源不夠呢？

主委：

　　資源不夠當然是一個問題，但不是核心的問題。原住民族真正的問題還是在於存在的問題，我也反對同胞常常出現的一種自我中心、封閉的想法。即使是現在的漢人，又有多少人真正懂得現在所謂的中國文化？只是漢人的條件比較好，有能力抵擋西方文化的衝擊，而我們原住民族幾乎沒有抵抗的能力。

四、　原漢對立或是省籍問題也是被建構出來的嗎？

主委：

　　基於我自己的背景與了解，基本上我不認爲有什麼漢人(這裡談到中國的宗法姓氏制度)。我覺得中國人的歷史是一個逼迫人去遺忘自己媽媽的歷史史觀，強調的是族群的融合與同化，族群各自差異性的發展比較不被鼓勵，不過這也是因爲要治理一個大帝國可能不得不的一種作法，一個比較易於行政管理的想法。

五、　原住民好像也面對像這樣的狀況(問性別歧視)，要怎麼辦？

主委：

　　目前原住民身分法對於因爲過去嫁給非原住民而喪失原住民身分的婦女，只要她們願意，符合法律的規定，都可以讓她們回復原住民的身分。只要父母 1 方具原住民身分，不管爸爸是原住民，或者媽媽是原住民，子女都可以取得取得原住民身分。要是未來我們台灣所有人都承認，承認自己有平埔族的血統，我想對於台灣族群的未來是一個正面的發展，有利於一個多元存在的承認，平等對待的族群政策。人的存在本來就是被他周邊人的教養以及有他的社會屬性，這也就是歸屬感，這是很自然的事情，而邊界是存在認同的。

　　我一直說我們主體世界的邊界不能沒有，但是那應該是一種彈性的、變化的，要不然就是會變成一種固執。我覺得那些批評，什麼中國豬滾回去這種說法，我覺得那都是很殘忍的事情，例如一個河南人，他到老都會有一個自我認同的根源，我們不能否定他的情感，更不能因爲這樣情感的存在，而要求他一定要回去，因爲他在那裡的脈絡已經不在了。也不能因爲這樣，就質疑他不認同台灣，我認爲這樣的要求是不合理的要求，也不應該，每個世代都有每個世代的價值，也都應該被尊重，

這是一件好事。

六、　請問主委對於原住民族語政策的推動，至今仍未見成效，有什麼樣的看法？

主委：

　　就目前原民會推動的族語政策來看，都是以學生為教學設計及推動的對象，包括教材的編纂，如教育部及政大合作出版的母語九階教材；考試制度的建立，如以考高中或大學為受試對象的學生族語認證考試等等。但是因為對於建構族語環境著墨不足，加上其本身的侷限性，如想推動族語的家庭教育，必須父母本身亦具備族語能力，導致族語的學習失去了親近性，學習效果無法讓大家滿意，政策無法落實，則是可以想見的。

　　「族語教育推動效果不佳」不必然獲致「推動族語教育是沒有意義」的結論，重點是如何根本性的改變目前推動族語教育的方法。我覺得我們應該鼓勵研發更多的族語教材，包括結合影音與數位的教材、遊戲教材等等，任何可以提高小朋友學習興趣或引起他們注意的可能性作法，以他們願意接受，或方便他們學習的方式來設計，以前傳教士也翻譯語言學習教材方便使用者，我們也可以把西方名著像老人與海翻譯成阿美語等等。簡而言之，就是利用市場的研發與競爭，以學習者的角度去設計研發，試圖找出其他可能的學習空間和方法，讓族語的學習跳脫學校正規的學習模式，誠實面對若干族語在家庭、在整個生活環境中已經去脈絡化之現實。

　　族語學習除了在方法與教材上的檢討外，還牽涉到族語保存的問題，也就是要建立更完備的語料庫，有助於日後的研究與傳承。我們必須透過大量的、有計畫的語料儲備，保存我們的語言。拜科技之賜，保留語言已經不是問題，現在的族語問題應該是「使用」的問題。

另外，我覺得語言是公器，是公共財，我們應該嘗試跨越血緣的門檻，亦即要破除只有原住民使用族語才能享有獎勵的保守規定，尤其是在研究原住民事務的領域，一個非原住民朋友對某一特定的族群的問題有興趣，如他同時具備了使用該族群語言的能力，我們應給予相當的獎勵，這間接擴大了使用族語的人口，不再侷限於 2% 的人口。所以我認為我

們未來努力的方向，是把族語考試予以適度的簡化，減少資源的浪費，並投注更多的經費研發適合各個不同學習者需求所設計的語言教材，才是正確的路。

　　將來我們也許是有可能發展出 1、2 所民族學校，不同於現在重點學校採取一般性教育的民族學校，是給真正有興趣的人學習的學校正規教育環境，包括了傳統的教育，也可以連結到東華大學民族學院或是系所，是可以拿到碩士、博士的學位，讓你可以成為終身研究排灣族語言的傳承者，這是目前我想到的未來大概可能發展的方向。

附錄七　原民會第 75 次委員會議紀錄節錄(2005.10.27)

主席：瓦歷斯‧貝林　　報告人：汪秋一處長、顏志光科長

報告事項：原住民族語言振興六年計畫草案提請審議。

許委員進德：

> 有無調查所有原住民中有多少真正在使用原住民語，族語認
> 證者中有多少是爲了應付考試，而非真正使用族語，其人數
> 到底有多少。

黃委員長興：

> 本計畫（草案）第 8 頁執行策略及步驟（二）成立推動原住
> 民族語言組織是非常重要的，爲避免產生多頭馬車，應優先
> 推動本組織。

蔣委員正信：

> 有關詞彙方面是否更廣泛蒐集格言或詩詞部分，不應只是基
> 礎語言，更應保存更古老之詞彙或詩詞。另推展族語與教育
> 是息息相關的，教育部門對於原住民族語教學從幼兒到大學
> 的規劃如何，有無詳盡之計畫，本會亦應充分與其配合。

石委員慶龍：

> 重點應放在第（六）項推動原住民族語言家庭化、部落化及
> 社區化部分，只是蒐集資料，實際推動反而不夠，應加重執
> 行部分。

鄭副主任委員天財：

> 有關第（九）項原住民族傳統及現代歌謠創作蒐集及纂編部
> 分，教文處應研擬未來文化振興計畫，另第（二）項成立推
> 動原住民族語言組織是核心工作，機構成立不夠完整，未來
> 推動之工作亦將不夠完善，且本計畫所呈現的組織是任務型
> 編組，未來是否應朝向專責單位來提報，其將負責規劃、推
> 動及執行之任務。另第 10 頁第（六）項族語家庭化部落化
> 設置語言巢部分，目前 20 幾至 30 幾歲年輕之原住民父母親
> 母語皆已不會說，針對這些年輕父母親，如何建立學習族語

　　中心以達到家庭化之落實，請業務單位將本案列入計畫內呈
現，另經費配置部分，應強化讓不會族語者能學習族語，建
議業務單位重新調整經費分配。

吳委員珮瑛：

　　本計畫（草案）漏掉教育權部分，如何讓不想學母語者能夠
強制學習，應建立獎罰制度。

教育部專門委員林煌：

　　依據規定民族教育部分是原民會，一般教育是教育部，語言
教育在學校教育中是非常重要之一環，如何在學校教育執行
要推動的部分，請原民會務必與教育部合作。若本計畫成型
後，須學校教育推動部分，將責成部裡推動之相關單位協調
執行面，讓兩部會更密切配合，讓語言發展更能在學校教育
中落實。計畫第 14 頁（六）中提到之採行措施與分工單位，
學校單位沒有被特別強調，是否考量措施及分工列入學校單
位，主辦機關亦建議列入直轄市、縣市政府，因學校教育落
實應該是在國民中小學甚至幼兒階段。

決議：本案審議通過，另請業務單位參採與會人員建議事項並提
　　供書面資料。